DASA SZEKELY
Das Schweigen der Männer

DASA SZEKELY

DAS SCHWEIGEN DER MÄNNER

Warum der Mann in der größten Krise seines Bestehens ist und wie er wieder herauskommt

blanvalet

Der Verlag weist ausdrücklich darauf hin, dass im Text enthaltene externe Links vom Verlag nur bis zum Zeitpunkt der Buchveröffentlichung eingesehen werden konnten. Auf spätere Veränderungen hat der Verlag keinerlei Einfluss. Eine Haftung des Verlags ist daher ausgeschlossen.

Das Zitat auf S. 207 stammt aus: »Nur ein Wort« (Text: Judith Holofernes) aus dem Album »Von hier an blind« von WIR SIND HELDEN.
Mit freudlicher Genehmigung von Freudenhaus MV/Wintrup MV

Das Zitat auf S. 43 stammt aus: Erich Kästner »Ein Mann gibt Auskunft« © Atrium Verlag, Zürich 2015 (ISBN 978-3-85535-385-9)

Verlagsgruppe Random House FSC® N001967

1. Auflage
Copyright © 2016 by Blanvalet Verlag in der Verlagsgruppe Random House GmbH,
Neumarkter Str. 28, 81673 München
Umschlaggestaltung und -motiv: semper smile, München
WR · Herstellung: kw
Satz: Uhl + Massopust, Aalen
Druck und Bindung: CPI books GmbH, Leck
Printed in Germany
ISBN 978-3-7645-0552-3

www.blanvalet-verlag.de

Inhaltsverzeichnis

Liebe Männer 13
Liebe Frauen 15

Die Lage der Nation 18
Es waren einmal zwei Planeten 18
Frauenbewegung, Männerbremsen 20
Der Krieg der Geschlechter 22
Scheinerwachsene an der Macht 33
Angst is in the House 37
Die Zeit ist reif, die Männer sind es nicht 41

Warum der Mann ist, wie er ist 43
Wie die Natur den Mann geschaffen hat und wie ihm
das zu schaffen macht 44
Wie die Geschichte den Mann kleingekriegt hat 57
Wie der Vater, so der Sohn: Die Never Ending Story
der abwesenden Väter 71
Wie Mütter aus erwachsenen Männern
Babys machen 84

Mannsbilder 93
Funktioniert (noch): Der Old-School-Mann 94
Auf dem absteigenden Ast: Der Patriarch 97
Die perfekte Täuschung: Der moderne Despot 99
Bloß nicht erwachsen werden: Der ewige Junge 103
Wenn du willst, bin ich eine Frau: Der zahnlose Tiger 107

Babyboomer in den Wechseljahren: Der alte Wolf 110
Das große Bild 113

Strategien für eine schlechtere Welt 114
Strategie 1: Einfach nichts tun 118
Strategie 2: Ein entschiedenes Jein 124
Strategie 3: Ich kann nicht 129
Strategie 4: Kommunikationskondome benutzen 133
Strategie 5: Arbeiten wie ein Tier 137
Strategie 6: Ich habe kein Problem, x hat eins 142
Strategie 7: Ich habe kein Problem, ich habe
einen Coach 147
Strategie 8: An Wunder(heilung) glauben 151
Strategie 9: Ich bin nicht alt, meine Freundin
ist erst 28 156
Strategie 10: Ich trinke, also geht es mir gut 159
Zehn Strategien – ein Fazit 163

Schweigen ist teuer 164
Konsequenz 1: Steigende Gesundheitskosten 165
Konsequenz 2: Burnout 173
Konsequenz 3: Trennung 182
Konsequenz 4: Trennungskinder 191
Konsequenz 5: Abwesende Väter 196
Konsequenz 6: Zu wenige Kinder 200
Konsequenz 7: Staatskosten 203

Was jetzt geschehen muss 206
Was Männer jetzt tun müssen 206
Was Frauen jetzt tun müssen 218
Was Politiker jetzt tun müssen 235

Are you strong enough to be weak? 260
Nachsitzen oder Sitzenbleiben? 260
What's in it for me? 262
Die Zukunft kann beginnen! 264

Nachwort 267

Danke 269
Quellen 273

Für Lino

Bezogen auf unsere Epoche würde ich hervorheben, dass eine Gesellschaft in dem Maße untergeht, wie sie das Leben ihrer Mitglieder nicht mehr ordnen, strukturieren, berechenbar machen kann.

Wolfgang Streeck, Direktor Emeritus am Max-Planck-Institut für Gesellschaftsforschung, Köln

»*Er redet nicht!*«,
klagen meine Klientinnen (und Freundinnen) unisono.

Liebe Männer,*

wir müssen reden.

Und zwar darüber, dass Sie nicht reden.

Ich verstehe das – Sie befinden sich derzeit in einer Krise, vielleicht in Ihrer ersten überhaupt. Krisen sind unangenehm, sie zu leugnen und nicht darüber zu reden ist eine nachvollziehbare Strategie. »Problem? Ich? Nee, ich hab keins, meine Frau hat eins.«
Ihr Schweigen, Vermeiden und Verdrängen macht die Sache allerdings komplizierter, als sie ohnehin schon ist, und tief in Ihrem Innern wissen Sie das auch. Nur bleibt es leider meistens erst mal bei der Selbsterkenntnis. Und das gerade jetzt, da es zwischen Ihnen und uns Frauen so viel zu besprechen gäbe: Wie wollen wir unser Zusammenleben gestalten, das sich im Laufe der Zeit so stark verändert hat?
Sie treten auf der Stelle, liebe Männer, während sich um Sie herum alles bewegt. Die Frauen machen zusehends Boden gut und drängen Sie ganz schön in die Ecke. Da stehen Sie nun und

---

* Wenn ich »Liebe Männer« schreibe, dann meine ich natürlich nicht alle Männer. Aber durchaus eine Anzahl, die groß genug ist, dass man sich Sorgen machen muss. Ich beziehe mich vor allem auf in Deutschland sozialisierte Männer, wobei vieles von dem, was ich in diesem Buch beschreibe, bestimmt auch für andere Kulturkreise gilt. Ich beziehe mich außerdem auf gut ausgebildete Männer aus der Mittel- und Oberschicht, die theoretisch die Intelligenz, das Potenzial und die Möglichkeiten hätten, unser Land lebenswerter zu machen. Ich wünschte mir, sie täten es auch praktisch.

schweigen – keine gute Idee, wenn Sie in Zukunft noch mitreden wollen.

Die Konsequenzen Ihres Verhaltens sind schon seit Langem sichtbar: kaum noch funktionierende Beziehungen, eine geradezu grotesk unmenschliche Arbeitswelt, alarmierend hohe (und stetig steigende) Fälle psychischer Erkrankungen, skandalöser Machtmissbrauch, Umweltkatastrophen und exorbitante Staatsschulden dank einer stagnierenden Blabla-Politik, die zusehends an Glaubwürdigkeit verliert.

Ihr Schweigen, liebe Männer, kostet *uns alle* eine Menge Zeit, Nerven und Geld.

Bei aller Kritik, was Sie hier in der Hand halten, ist keine Abrechnung mit Ihnen. Im Gegenteil!

Ich will Sie vielmehr mit diesem Buch unterstützen, indem ich darüber rede, warum Sie nicht reden und wie Sie damit beginnen können. Denn ich mag Sie! Ich mag Ihre Kraft, Ihre Ausdauer, Ihre Risikobereitschaft – ich mag sogar, dass Sie nicht so viel reden. Nur gar nicht, das geht nicht. Ich mag, dass Sie anders sind als Frauen. Ohne Sie, davon bin ich überzeugt, wäre unser Leben trist. Ich erkenne an, dass Sie bereits viel Gutes getan haben, aber Sie können noch so viel mehr tun! Ich hätte Sie künftig gerne dabei, und zwar mit all Ihren männlichen Gedanken, Ecken und Kanten.

Ich schreibe dieses Buch, weil ich mir wünsche, dass wir, Männer und Frauen, einander wieder näherkommen. Ich wünsche mir, dass wir unsere Gemeinsamkeiten genießen und gegenseitig von unseren Unterschieden profitieren, denn wir sind sehr unterschiedlich, und das ist auch gut so.

Was bedeutet Männlichkeit im 21. Jahrhundert?

Zum Beispiel Freiheit. Die hat Ihnen doch mal so viel bedeutet, liebe Männer. Wollen Sie wieder frei sein? Dann brechen Sie Ihr Schweigen.

Möge dieses Buch Sie zum Reden bringen!

»Ich weiß nicht, was ich sagen soll, also sage ich lieber nichts«, sagen meine Klienten (und Freunde) und schauen mich traurig an.

Liebe Frauen,

wir müssen auch reden. In den letzten Jahrzehnten haben Sie – völlig zu Recht – viel Aufmerksamkeit und Unterstützung erfahren. Nur leider wurde die Seele der Männer darüber schlicht vergessen. Deshalb braucht sie jetzt mehr denn je unser aller Aufmerksamkeit. Keine Sorge, das bedeutet keineswegs, dass Sie gleich wieder zurückstecken müssen – natürlich nicht! Aber ein bisschen mehr Verständnis für das andere Geschlecht wäre schon schön. Die Männer haben es nämlich gerade nicht leicht mit Ihnen. Wir Frauen sind stark geworden, weshalb es der Mann nun nicht mehr sein muss. Nur was soll er stattdessen sein oder tun?

Frauen erobern den Arbeitsmarkt. Die Männer fürchten Sie als Konkurrenz, und sie haben auch allen Grund dazu, denn Frauen haben die besseren Abschlüsse und damit die besseren Karrierechancen. Noch dazu verfügen Sie über genau jene Fähigkeiten, die in der Arbeitswelt derzeit gefragt sind: allen voran soziale und kommunikative Kompetenzen. Ihr Marktwert steigt täglich, auch wenn man das Ihrem Gehalt leider noch nicht anmerkt. Sie sind gefährlich, liebe Frauen, da können Sie noch so nett lächeln!

Dennoch haben Sie es gerade nicht leicht mit den Männern, die es im Gegenzug nicht leicht mit Ihnen haben. Privat wie beruflich tragen Sie schwer an den Konsequenzen, und oft tragen Sie die schwachen Männer noch mit. Ich weiß, Sie leiden unter dem schweigenden Stillstand, denn Sie wollen sich endlich bewegen. Man hat ja lange genug am Herd gestanden. Genug haben viele von Ihnen mittlerweile auch von den Männern. »Dann lieber alleine!«, heißt es immer öfter. Aber mal ehrlich, eine Lösung ist das nicht. Die Männer müssen sich bewegen, da sind wir uns wohl alle einig. Nur: Sie müssen es auch!

Wie genau, erfahren Sie später, an dieser Stelle kann ich Ihnen aber schon mal verraten, wie Sie Männer garantiert nicht unterstützen: indem Sie davon ausgehen, dass Männer »einfach gestrickt« sind und man sie manipulieren kann à la »Gib ihm Sex, dann kommt er früher nach Hause«, oder: »Sag ihm, wie toll er ist, dann fühlt er sich bestätigt und tut alles für dich«, oder: »Mach ihn eifersüchtig.«

Wer sich derart über die Männer stellt und sie abwertet, liebe Frauen, der braucht sich über mangelnde Kooperationsbereitschaft nicht zu wundern. Solche Plattitüden dürfen Sie getrost Mario Barth und Konsorten überlassen, die noch im letzten Jahrhundert leben. Als moderne Frau haben Sie das nicht nötig!

Ja, auch Sie müssen sich bewegen, liebe Frauen, und zwar in Richtung »Ich bleib dann mal sitzen«, denn nur so werden die Männer lernen, sich zu bewegen. Ein bisschen weniger reden wäre auch gut, damit die Männer es mehr tun müssen.

Möge dieses Buch Sie also (hin und wieder) zum Schweigen bringen!

»*Eine gute Ehe ist ein Interview, das nie geendet hat.*«
Gregory Peck, amerikanischer Schauspieler

Liebe Männer, liebe Frauen,
ich wünsche Ihnen allen viel Spaß beim Lesen und viele Erkenntnisse, über die Sie im Anschluss miteinander reden.

Dasa Szekely

»*Die Natur, meine Damen, hat Ihrem Geschlecht so viele
Vorteile gegeben, dass wir frauenfeindliche Gesetze schaffen
mussten, um sie wieder auszugleichen.*«
Samuel Johnson (1709–1784), britischer Gelehrter

Die Lage der Nation

Es waren einmal zwei Planeten

Lange, lange Zeit lebten Männer und Frauen fein säuberlich voneinander getrennt auf zwei verschiedenen Planeten. Auf dem Männerplaneten war die Businesswelt, es gab Bars, Clubs und Puffs, Sport und jede Menge Hobbys – gerne in Bezug auf die Instandhaltung des Hauses.

Auf dem Frauenplaneten dagegen gab es den Haushalt, die Kinder, vielleicht noch ein kleines Ehrenamt und ebenfalls Hobbys – gerne in Bezug auf die Dekoration des Hauses.

Der Mann repräsentierte die Außenwelt, führte ganz selbstverständlich beim Walzer und allem anderen, versorgte die Familie mit Geld und die Gesellschaft mit moralischen do's and don'ts. Er kämpfte fürs Vaterland und beschützte Frau und Kinder (na ja, zuerst einmal brachte er sie in Gefahr, aber das ist eine andere Geschichte). Die Frau repräsentierte die Innenwelt. Sie versorgte die Familie mit Liebe, Gemütlichkeit und lecker Selbstgekochtem. Sie kümmerte sich um das soziale Leben der Familie, organisierte Gartenpartys für Freunde und Abendessen für den Chef ihres Ehemannes nebst dessen Gattin.

Neu: Jetzt mit 50 Prozent mehr Frau!

Vor etwa einem halben Jahrhundert begannen die beiden unterschiedlichen Planeten zu einem zu verschmelzen. Der Mann musste fortan damit leben, dass sich auf seinem Planeten immer mehr Frauen niederließen. Daraus entstanden naturgemäß Konflikte, die bis heute bei weitem noch nicht gelöst sind. Viele Männer wollen offenbar immer noch nicht wahrhaben, dass sie nicht mehr alleine auf ihrem Planeten sind, und versuchen daher, die Verschmelzung aufzuhalten. »Ihr Frauen habt hier nichts zu suchen«, signalisieren sie dem anderen Geschlecht mit erstaunlicher Beharrlichkeit, »das ist unser Planet.«

Noch ist dem so. Noch ist der Männerplanet überwiegend mit Männern bevölkert, vor allem im oberen Management. Wir befinden uns derzeit in einer Übergangsphase, wenn auch mit einem klaren Trend: Die Frauen kommen. Aus den vielen Männern werden immer weniger, und zwar alleine deshalb, weil aus den anfangs wenigen Frauen immer mehr werden.

Für die friedliche Erschließung des Männerplaneten zahlen die Frauen einen hohen Preis. Während die Männer die meiste Zeit auf ihrem Planeten verbringen, pendeln Frauen zwischen beiden Planeten hin und her. Diese Pendelei und der Versuch, beiden Planeten gerecht zu werden, bringen viele Frauen an die Grenzen ihrer Belastbarkeit.

Warum ist das so? Ganz einfach: Weil die Männer an der alten Planetenordnung festhalten, damit sie weiter in Ruhe arbeiten können.

Kurz gesagt hat der Mann in dem Maße seine Ruhe, in dem die Frau bereit ist, hin und her zu switchen.

Wie lange diese Übergangszeit noch dauert, kann keiner mit Sicherheit sagen, aber die vor etwa 50 Jahren in Gang gekommene Entwicklung schreitet voran. Die Bereitschaft der Frauen zum einseitigen Pendeln nimmt ab, und die Konflikte auf beiden

Seiten verschärfen sich – weil Männer nicht bereit sind, sich mit der Entwicklung zu entwickeln.

Frauenbewegung, Männerbremsen

Die Frauen haben sich in den letzten Jahrzehnten immens weiterentwickelt, sei es beruflich, sei es privat. Angesichts dieser umfassenden Frauenbewegung, so möchte man meinen, müssten sich doch auch die Männer bewegt haben. Aber dem ist nicht so. Derzeit hat es viel eher den Anschein, als wären sie stehen geblieben. Je mehr die Frauen sich bewegen, desto mehr stagnieren die Männer. Das kann man in privaten Beziehungen beobachten – und in der Politik. Dort sitzen schließlich dieselben Männer, die zu Hause auf dem Bremspedal stehen. Wieso sollten sie im Bundestag auf einmal Gas geben?

Die Gründe hierfür sind nachvollziehbar: Mit Frauen zu Hause und ohne Frauen im Beruf war das Männerleben deutlich angenehmer. Keine Frage, es ist anstrengend, sich Hausarbeit und Kindererziehung zu teilen. Angenehmer ist es, abends nach Hause zu kommen, und wirklich Feierabend zu haben. Ein Blick hinter die Beziehungskulissen zeigt, dass noch sehr viele Vulkane aus den 50er Jahren aktiv sind. Hingegen laut auszusprechen, dass man es gerne hätte, wenn die eigene Frau nicht mehr arbeitet, ist nach wie vor ein Tabu. Irgendwie merkwürdig …

Natürlich gibt es auch in der heutigen Zeit Frauen, die das alte Rollenschema als entlastend empfinden, und das sei ihnen unbenommen. Als eine Klientin, die ihren Job verloren hatte, mir erzählte, wie schön ihr Eheleben nun wieder sei, da sie sich in Ruhe um den Haushalt kümmern und ihren Mann abends mit etwas Selbstgekochtem verwöhnen könne, habe ich mich für sie gefreut, ehrlich!

Sofern die Frauen das wollen, funktionieren die guten alten Zeiten noch immer. Für alle anderen darf diese Rollenverteilung jedoch kein Muss sein. Damit gibt es kein flächendeckendes Zurück mehr, denn ob wir wollen oder nicht, die Zeiten ändern sich – wer kommt mit?
Die Männer offenbar nicht. Statt sich zu bewegen, klammern sie sich an ihre alten Rollen – Ernährer, Beschützer, Bestimmer – und wollen sich nicht damit abfinden, dass sie sich künftig alles mit den Frauen teilen müssen: den Arbeitsmarkt und die Führungsetagen ebenso wie die Rolle des Familienoberhaupts und Versorgers.
Nur wie? Leider gibt es dafür derzeit so gut wie noch keine Vorbilder, an denen die Männer sich orientieren könnten, und wenn die Väter von heute nicht langsam mit diesem Thema umgehen, wird es auch für deren Söhne noch lange Zeit keine geben. So führt die Unbeweglichkeit in der einen Generation zur Unbeweglichkeit in der nächsten.
Bisher sieht der Umgang damit so aus: Auf vermeintlich großer Fahrt stehen wir mit dem einen Fuß auf dem Gaspedal und dem anderen auf der Bremse. Wie anstrengend, eine Frau zu sein! Wie anstrengend, ein Mann zu sein!
Geht das nicht anders? Leichter? Schöner?
Doch!
Aber nur, wenn die Männer sich bewegen. Nur wenn sie sich an die eigene Nase fassen und endlich den Mund aufmachen. Leider tun die meisten Herren der Schöpfung derzeit weder das eine noch das andere. Deshalb herrscht in unserer Nation vielerorten derzeit Krieg, und zwar zwischen Mann und Frau.

Der Krieg der Geschlechter

*Beziehung ist nicht mehr, was sie mal war –
der Mann schon*

> *I want a girl, just like the girl that married dear old
> Dad.
> She was a pearl and the only girl that Daddy ever had.
> A good old fashioned girl with heart so true,
> One who loves nobody else but you.
> I want a girl, just like the girl that married dear old
> Dad.*
>
> Alexander's Ragtime Band, »I want a girl« (1911)

»Wenn ich abends nach Hause komme, will ich einfach nur meinen Frieden haben.«

Diesen Satz sagen viele der Männer, die in meine Coaching-Praxis kommen. Offenbar herrscht im heimischen Wohnzimmer oft eine Art Krieg, sonst wäre sie sicher nicht so groß, die Sehnsucht nach Frieden – ihrem Frieden.

Oft seufze ich dann mit ihnen und sage: »Jaja, war schon schön früher.«

Darauf erschallt dann meist bedauerndes Gelächter. »Ja, damals war die Welt noch in Ordnung.«

Zur Erinnerung an diese schönen ruhigen Zeiten hier ein paar Regeln für die gute Ehefrau aus dem britischen Magazin *Housekeeping Monthly* von 1955:

- Seien Sie fröhlich, machen Sie sich interessant für ihn! Er braucht vielleicht ein wenig Aufmunterung nach einem ermüdenden Tag.

- Hören Sie ihm zu. Sie mögen ein Dutzend wichtiger Dinge auf dem Herzen haben, aber wenn er heimkommt, ist nicht der geeignete Augenblick, darüber zu sprechen.
- Der Abend gehört ihm. Beklagen Sie sich nicht, wenn er spät heimkommt oder ohne Sie zum Abendessen oder irgendeiner Veranstaltung ausgeht.
- Zweifeln Sie nicht an seinem Urteilsvermögen oder seiner Rechtschaffenheit. Er ist der Hausherr, und als dieser wird er seinen Willen stets mit Fairness und Aufrichtigkeit durchsetzen. Sie haben kein Recht, ihn in Frage zu stellen.

Das ist gerade mal 60 Jahre her!

Nur allzu verständlich, dass die Frauen ihre Rolle irgendwann in Frage stellten und die alte Ordnung zwischen Mann und Frau zu wanken begann. Der »Krieg der Geschlechter« begann mit dem Ende des Zweiten Weltkriegs, als die Frauen zwangsläufig Männerarbeit verrichten mussten, weil die Männer vermisst, gefallen oder in Gefangenschaft waren. Schon zu Beginn des 20. Jahrhunderts hatte Coco Chanel ihre Geschlechtsgenossinnen vom Korsett befreit und ihnen Hosen angezogen. Wenige Jahre später war es keine Frage von Stil mehr, sondern Notwendigkeit geworden: Ein langer Rock war beim Wiederaufbau der zerbombtem Städte doch sehr hinderlich.

Die Hosen haben Frauen seitdem nicht mehr ausgezogen. Fortan stellten sie das Patriarchat in Frage, und damit begannen die Probleme für die Männer. Zunächst nur für einzelne arme Seelen, aber spätestens in den 80er Jahren war es für die meisten mit dem häuslichen Frieden vorbei, wie er in *Housekeeping Monthly* so schön beschrieben ist. Denn die Frauen waren nun nicht mehr ausschließlich zum Wohlergehen ihres Gatten auf der Welt, sondern auch zu ihrem eigenen.

Die Frauen hielten in die Universitäten und die Berufswelt Einzug und hatten demzufolge nicht nur weniger Zeit für Haushalt und Kinder, sondern auch für den Mann, der am Feierabend wie gewohnt nach seinen Friedenspantoffeln verlangte. Statt eines devoten Weibchens erwartete ihn eine Frau, die mit ihm Haushalt und Kinder organisieren und sich mit ihm austauschen wollte. Das empfanden nicht wenige Männer als belastend – und vielen geht es auch heute noch so.

Ich bin dann mal weg!

Theoretisch hätte ein jeder Mann die Möglichkeit, sich konstruktiv mit der Situation und damit auch seiner Frau auseinanderzusetzen. Mit ihr zu reden. Praktisch aber löst er einen Beziehungskrieg aus, indem er sich zumeist destruktiv verhält, je nach Charakter entweder aggressiv oder passiv-aggressiv. Da geht es nicht um Lösungen auf Augenhöhe. Die Aggressiven fordern dann lautstark ihren Frieden, aber das ist mittlerweile politisch nicht mehr korrekt. Daher tun die meisten Männer Letzteres: Sie treten den Rückzug an.

Dafür steht ihnen mittlerweile eine Vielzahl an Möglichkeiten zur Verfügung: Computer (»Ich muss dringend noch arbeiten«), Playstation und Facebook sind willkommene moderne Alternativen zu Hobbykeller, Modelleisenbahn und fordernden Frauen. Auf diese vermeintlich pazifistische Weise verschaffen sich die Männer ihren Frieden. Vermeintlich deshalb, weil sie mit ihrem Rückzug in Wahrheit nur Briketts in den bullernden Kriegsofen werfen. Solange sich der Mann auf seinem persönlichen Friedenskongress befindet, ist er nicht angreifbar, und alle Versuche seiner Frau, ihn zum Austausch zu bewegen, laufen ins Leere. Da sich die Frau damit aber nicht zufriedengibt, beginnt eine neue Angriffsrunde. Über einen längeren Zeitraum, auch »Ehe« genannt, werden so aus vielen einstmals netten Mädchen fürchterliche Drachen, die »bloß noch herumzicken und ständig was von einem wollen«.

Dies ist eine Spielart des Beziehungskrieges, wie ich ihn seit Jahren sowohl in meinem privaten Umfeld als auch in meiner Coaching-Praxis beobachte.

Der gemeinsame Frieden

Halten wir noch mal kurz fest: Seinen Frieden aus alten Tagen wird der Mann nicht mehr bekommen. Das ist ihm zwar dunkel bewusst, aber er tut einfach so, als wäre alles wie früher. Das ist seine Friedenspolitik: den Krieg ignorieren. Beilegen lässt dieser sich dadurch natürlich nicht. Vielmehr tobt er im Untergrund weiter, und genau das ist das eigentliche Problem. Der Krieg wird nicht ausgetragen, sondern vermieden.

Dazu tragen übrigens nicht nur die Männer bei. Statt die eigenen Wünsche, Bedürfnisse und Erwartungen einander offen und ehrlich mitzuteilen, schreiben beide Beteiligten heimlich To-do-Listen für den anderen. Ist das Blatt irgendwann voll, kommt es zum großen Streit, weil alle beide unzu*frieden* sind. Läuft die Auseinandersetzung dann noch nach den üblichen destruktiven Regeln ab, führt sie letztlich dazu, dass beide eine neue Liste beginnen.

Ich schlage vor, lieber gleich ein neues Buch zu beginnen: das Buch von Mann und Frau, die einander zum jeweils Besten des anderen ergänzen, statt sich in zerstörerischen Streitereien gegenseitig zu verletzen. Die auf diese Weise eingesparte Energie könnte man in ein faires Gespräch auf Augenhöhe stecken. Das wäre ein Quantensprung in der menschlichen Evolution!

Beide Seiten werden dabei Federn lassen müssen – die Männer sicherlich etwas mehr als die Frauen, weil sie sich schon so lange nicht mehr bewegt haben –, aber am Ende winkt der gemeinsame Frieden.

Arbeit ist nicht mehr, was sie mal war – der Mann schon

Auf dem Männerplaneten steht nichts mehr an seinem Platz, auch die Arbeit nicht. Die Invasion der Frauen ins Berufsleben hat den Mann in seinen Grundfesten erschüttert. Das gilt vor allem für Akademiker im mittleren und oberen Management sowie in der Politik. Die Männer in diesen Bereichen und Positionen sind insofern am interessantesten, weil sie den größten Einfluss haben. Noch.

Frauen gucken nämlich neuerdings den Männern bei der Arbeit zu. Sie hinterfragen kritisch, fordern, bemängeln, decken Missstände auf und machen Vorschläge. Frauen sind so anders als die ursprünglichen Bewohner des Planeten und neuerdings so selbstbewusst. Nichtsdestotrotz gilt es mit ihnen zu arbeiten. So ein Ärger! Natürlich beeinflussen Frauen auch die Art und Weise, wie gearbeitet wird. Und ihre Ideen können nicht schlecht sein, denn weibliche Verhaltensmuster, Lösungsstrategien und Wertesysteme setzen sich in jüngster Zeit mehr und mehr durch.

Noch finden in Konferenzräumen Balztänze statt – oder auch simple reaktionäre Unterdrückung unter Zuhilfenahme peinlicher Altherrenwitze à la: »Das sind aber saubere Layouts. Sie sollten mal zu mir nach Hause zum Putzen vorbeikommen.« Auch der Kampf um Wortbeiträge wird derzeit noch häufiger von den Männern gewonnen, unter anderem deshalb, weil sie vor allem in den oberen Etagen in der Mehrzahl sind. Leider verhalten sich zudem nicht wenige Frauen in Spitzenpositionen wie Männer, weil sie es anders nicht nach oben schaffen.

Aber es ist nur noch eine Frage der Zeit, bis Frauen auch ohne Quotenschubs mehrheitlich in Spitzenpositionen vertreten sein werden. Denn Frauen haben mittlerweile nicht nur wie erwähnt die besseren Abschlüsse, sondern ihre sozusagen von Haus aus mitgelieferten sozialen Kompetenzen korrespondieren besser mit den Anforderungen der modernen globalen (Berufs)welt.

Aufruhr auf dem Männerplaneten

Konkurrenz! Katastrophe!, schreien die Männer. Das ist durchaus nachvollziehbar, vor allem wenn man bedenkt, wie wichtig ihnen die Arbeit ist. Nach wie vor betrachtet sich der Großteil der Männer laut diverser Studien als Versorger. Das tun sie nicht ohne Grund, denn nimmt man ihnen die Arbeit weg, beraubt man sie nicht nur ihrer Lieblingsrolle. Vielmehr nimmt man ihnen Struktur, Anerkennung, Sinn, Selbstwert, Status und, nicht zu vergessen, auch die außerfamiliären sozialen Kontakte. Letztere sind zurzeit besonders wichtig, und zwar wegen der gerade oft problematischen Beziehungen zur Partnerin.

Was bleibt dem Mann da noch? Nicht viel. Vielleicht ein bester Freund. Für Beziehungspflege hatte er als Versorger nun mal keine Zeit, abgesehen davon, dass das sowieso in den Aufgabenbereich seiner Frau fiel. Ohne Hedwig keine Gartenpartys, ohne Gartenpartys keine Freunde, und überhaupt: Wo soll man künftig grillen?

Sie sehen: Keine Arbeit ist eine Katastrophe.

Hinzu kommt, dass die Jobs auch unabhängig von den Frauen unsicherer geworden sind. Der immer höhere Leistungs- und Wettbewerbsdruck als Folge der Globalisierung, gesteigerte Anforderungen an Flexibilität, Mobilität und Anpassungsfähigkeit und ein insgesamt höheres Tempo durch E-Mail & Co. tragen dazu bei. Hinzu kommt der ständige Druck durch Rationalisierungs- und Restrukturierungsmaßnahmen, die in der Regel zu Personalabbau führen. Die Angst vor Arbeitsplatzverlust treibt derzeit Männer und Frauen mit scharlachroten Schnupfennasen und Schlimmerem zur Arbeit, um nur ja keinen Kündigungsgrund zu liefern. Dieser Trend findet immer mehr Anhänger, nicht zuletzt weil Männer so nebenbei ihre Männlichkeit zur Schau stellen können. »Krank, ich? Nee!«

Ein Klient mit Eheproblemen sagte mal zu mir: »Ich bin zuverlässig im Job, nicht im Privatleben.«

Ganz gegen meinen Willen habe ich volles Verständnis für diese Aussage.

Ich verstehe den Aufruhr auf dem Männerplaneten, nicht nachvollziehen kann ich hingegen, wie man angesichts all dieser Veränderungen einfach stehen bleiben kann. Das ist in meinen Augen die wahre Katastrophe. Noch dazu haben die Männer sie selbst fabriziert, indem sie nach wie vor an einer Arbeitswelt festhalten, die es so nicht mehr gibt.

Top Down ist out

Top Down ist ein Prinzip, das jahrhundertelang praktiziert wurde, schon lange bevor es CEOs und Vorstände gab. Ganz oben stand Gott, gefolgt von diversen Halbgöttern, Engeln, Adligen, »einfachen« Menschen, Tieren, Bakterien usw. Vor gar nicht allzu langer Zeit funktionierten auch die meisten Ehen nach diesem Prinzip: oben Mann, unten Bakterie.

Top Down bedeutet: oben Macht, unten Ohnmacht.

In einer nach diesem Prinzip strukturierten Organisation ist klar, wer das Sagen hat. Das Gute daran ist, dass jeder weiß, woran er ist, das Schlechte… Nun ja, Bakterien verdienen heutzutage im Schnitt immer noch 22 Prozent weniger als Männer, die den gleichen Job machen. Anders gesagt: Das System ist so fair wie der Gott, der an der Spitze steht.

Aus diesem linear-hierarchischen Denken wird seit einigen Jahren zunehmend vernetztes Denken. Es gilt also, in alle Richtun-

gen zu schauen, statt nur von oben nach unten und umgekehrt, und zwar aus den folgenden Gründen:
1. Wir leben in einer Wissensgesellschaft.
2. Aus einzelnen Ländern ist eine globale Welt geworden.
3. Auf dem Männerplaneten gibt es immer mehr Frauen in Top-Positionen. In einer vernetzten Welt sitzen Frauen quasi in Gott-Nähe und steuern das Schiff in eine neue Richtung.

Diese neue Richtung sieht so aus: klar definierte Funktionen, feste Rollenbilder, Hierarchien? Alles passé!

Das alte Männer-Arbeitsparadies mit seiner maximalen Orientierung, den zahlreichen Vorgaben und Kontrollen verändert sich gerade zugunsten eines flexiblen Miteinanders. Während früher der autoritäre Chef sagte, was zu tun ist, sind die Mitarbeiter heute vermehrt selbst für die Rahmenbedingungen ihrer Arbeit verantwortlich. Das heißt, der Mann muss sich neuerdings selbst organisieren und eine große Anzahl Projekte eigenverantwortlich steuern. Er muss für seine Firma durchaus auch mal ökonomisch Verantwortung übernehmen und sowohl das eigene Handeln als auch die Entwicklung und Vermarktung seiner Fähigkeiten selbst kontrollieren.

Die Grenzen der einzelnen Aufgaben verschwimmen, sind oft gemeinschaftlich zu definieren und damit zu diskutieren. Wer hier schweigt, verliert!

Es genügt als Chef nicht mehr, auf den Tisch zu hauen – und gern gesehen wird es auch nicht mehr. Heutzutage muss man seine Mitarbeiter »kooperativ« oder »auf Augenhöhe« führen. Wo früher ein kurzes Knurren oder Bellen ausreichte, muss der Vorgesetzte nun diese lästigen Mitarbeitergespräche führen und dabei einfühlsam sein UND »chefig rüberkommen«. Da ist es wenig hilfreich, dass Kommunikation für die meisten Männer ein Minenfeld ist, das sie lieber erst gar nicht betreten.

Wirklich zu dumm: Wer es genauso macht wie zu Hause – die

Augen zumachen und hoffen, dass sich der Konflikt auf wundersame Weise von selbst auflöst –, der hat zum privaten bald auch noch beruflichen Stress.

Die neue Arbeitswelt verlangt nicht nur Kommunikation und ein gerüttelt Maß an sozialen Kompetenzen, sondern auch Autonomie und Eigenverantwortung. Das ist schlicht das Gegenteil von dem, was Hänschen vom alten Hans gelernt hat. Katastrophe! Die Folgen: Stress und Burnout – aber nur, wenn Hänschen sich weiter an alte Arbeits- und Rollenmodelle klammert.

Dann wird es vom modernen beruflichen Tsunami schlicht überrollt und über kurz oder lang auf der Strecke bleiben.

Vor allem aber kann der Mann das Gute an der veränderten Arbeitswelt nicht nutzen, nämlich den deutlich größeren Gestaltungsspielraum und die damit verbundene größere Selbstbestimmtheit.

Schade! All das würde auch seinem Privatleben zugutekommen.

Beziehung ist in

Der Übergang von der Top-Down-Industriegesellschaft zur vernetzten Wissensgesellschaft ist gleichzeitig der Übergang von Funktion zu Persönlichkeit, also vom »Management Director« zu »Hans Meier«. Wichtiger als sein Titel ist heutzutage, wie Herr Meier so als Mensch ist.

Es menschelt also zunehmend in den Unternehmen. Damit gewinnen Beziehungen an Bedeutung – jene zu sich selbst und die zu anderen. Ein klarer Trumpf für die Frauen also, immerhin ist Beziehungspflege traditionell ihre Angelegenheit. Das war schon immer ihr Ressort, nur eben im privaten Bereich, auf dem Frauenplaneten.

In Beziehung zu anderen muss man gehen, und dazu muss

man sich bewegen. Wenn man das tut, denkt und handelt man in *Bezug* zu anderen Menschen, zu seinem Umfeld, zur Umwelt. Man öffnet das eigene Blickfeld für das, was außerhalb der eigenen Person ist, und bedenkt die Auswirkungen seines Handelns. Das ist gelebte Verantwortung.

In Beziehung gehen heißt auch, sich untereinander vernetzen und übergreifend denken, und zwar in alle Richtungen. Das ist das Ende des Spezialistentums – und damit auch des Spezialisten, der in seinem hermetisch von allen anderen Spezialisten abgetrennten Raum vor sich hin arbeitet. Dieser Raum hat neuerdings Fenster, der Spezialist könnte hinausschauen und wahrnehmen, was es außer ihm und seinem Gebiet noch alles gibt.

Wie es ist, wenn dieser Blick aus dem Fenster nicht funktioniert, durfte ich unlängst miterleben, als die Großmutter meines Sohnes wegen eines schlimmen Ausschlags ins Krankenhaus kam, in die Dermatologie. Dort erlitt sie einen leichten Schlaganfall, woraufhin man sie in die Neurologie verlegte. Nach ein paar Tagen sprach ihre Tochter den Chefarzt der Station darauf an, dass der Ausschlag keineswegs besser, sondern schlimmer geworden sei. Daraufhin hob der Chefarzt beide Hände auf Brusthöhe, um anzudeuten, dass er damit nun wirklich nichts zu tun habe, und sagte: »Ich bin kein Dermatologe.«

In der alten Welt kann er als Spezialist für neurologische Erkrankungen den Ausschlag mit Fug und Recht ignorieren, schließlich trägt er dort keine Verantwortung dafür. In der neuen Welt hätte die Patientin wesentlich weniger Schmerzmittel nehmen müssen, und der Ausschlag wäre schneller abgeheilt.

Welche Welt ist nun besser?

Das war eine rhetorische Frage und eine obsolete dazu: Denn genau da geht es derzeit hin, in eine neue, vernetzte Welt. Der Fenstereinbau läuft auf Hochtouren.

Das wird auch höchste Zeit! Denn wenn man durch die Räume unserer Gesellschaft schlendert, entdeckt man darin jede Menge

Beziehungs- und Bezugslosigkeit. Die Schulen sind ein anderes gutes Beispiel, denn dort wird immer noch Wissen um des Wissens willen gelehrt. Wozu? »Wofür brauche ich das?«, fragen die Schüler völlig zu Recht.

Lernen ohne Bezug ergibt keinen Sinn, da bleibt PISA eine Stadt in Italien – und die gleichnamige Studie ohne positive Auswirkungen. Die Hirnforscher pfeifen es übrigens schon lange von den Dächern: Bezugloses Lernen weckt in unserem Gehirn keine Begeisterungsstürme, der Lernerfolg im alten Bildungssystem tendiert demzufolge gegen null. Hören will das keiner. Wie dick ist eigentlich die Wand zwischen Hirnforschung und Bildungssystem? Fenster scheint es darin jedenfalls keine zu geben.

Positiv nimmt sich dagegen das in Managerkreisen vielgepriesene »Story Telling« aus, das nach eben diesem Bezugsprinzip funktioniert. Wer von jemandem eine Geschichte erzählt bekommt, versucht sofort eine Beziehung zu sich selbst herzustellen: Was hat das mit mir zu tun? Wer bin ich in dieser Geschichte, wer sind die anderen? Dagegen können Balkendiagramme nur verlieren!

Egal ob wir ins Kino gehen oder ein Buch lesen, immer setzen wir uns in Bezug zu den Personen, die in den Geschichten vorkommen, und zwar ganz automatisch. Unser Gehirn, behaupten Wissenschaftler, ist ein soziales Organ, ein »Ich ohne Wir« wird es nicht geben, solange es Menschen gibt. Die Vermeidung von Beziehung widerspricht unserer Natur! Ein Leben ohne Bezug zu anderen Menschen oder einer Sache, der wir uns leidenschaftlich widmen, ist sinnlos. Schneller, höher, weiter ohne Bezug zu irgendetwas ist ebenso sinnlos.

Und Macht ohne Bezug ist gefährlich.

Die letzte Bankenkrise war nichts anderes als das Ausblenden der Tatsache, dass die verantwortungslose Entscheidung eines einzigen verantwortungslosen Bankers Auswirkungen auf viele andere Menschen haben kann. Der Berliner Flughafen hingegen zeigt sehr eindrucksvoll, was passiert, wenn ein paar Entscheider vollkommen beziehungslos vor sich hin planen. In diesem Fall bezogen sich die »Verantwortlichen« noch nicht einmal auf die bereits vorhandenen Pläne, sondern machten lieber gleich alles neu.

Für wen eigentlich? Und warum? Was macht das mit der Umwelt? Lohnt sich das Ganze überhaupt noch?

Sie sehen: Keine Fenster weit und breit in der alten, beziehungslosen Top-Down-Arbeitswelt.

In der neuen Arbeitswelt dagegen schon. Die Frauen sind da, die Fenster sind da – die moderne Arbeitswelt ist fast bezugsfertig. Jetzt müssen sich nur noch die Männer an die neuen Umstände anpassen. Ob sie wollen oder nicht.

Scheinerwachsene an der Macht

Einem gestandenen Mannsbild sieht man nicht an, ob es psychisch noch in die Hose macht. Oft verstärken Anzüge – und neuerdings sehr viele Vollbärte – den durchaus gewollten Eindruck, es handle sich bei dem jeweiligen Träger um eine reife Person mit Verantwortung. Bei zu vielen Männern ist meines Erachtens genau das Gegenteil der Fall, und kindliches Verhalten ist an der Tagesordnung.

Im Gegensatz zu Kindern verfügen diese »Scheinerwachsenen«, wie ich sie nenne, über wichtige Positionen, Geld, Macht und die entsprechenden Netzwerke. Sie haben großen Einfluss auf das Geschehen – und nutzen diesen verantwortungslos.

Sie »spielen« mit Fonds, staatlichen Geldern, nicht zuletzt auch mit unseren Ressourcen und tun dabei, als gäbe es kein Morgen – und als wären sie alleine auf dem Planeten.

Die Lebensmittelindustrie zeugt zum Beispiel in vielerlei Hinsicht von Verantwortungslosigkeit, denn die Hersteller dürfen Lügen auf Verpackungen schreiben oder die Wahrheit verschweigen. So werden immer noch vermeintlich gesunde »Frühstücks-Cerealien« angeboten, die in Wirklichkeit ungesunde Zuckerbomben sind. Noch dazu richtet sich die Werbung für diese Produkte gezielt an Kinder, die naturgemäß gar nicht einschätzen können, was sie da essen – Hauptsache ein lustiges Tier ist auf der Packung. Haben die Verantwortlichen alle keine Kinder? Haben die noch Zähne im Mund?

Der ganz normale Größenwahnsinn

Scheinerwachsene »führen« nicht nur Beziehungen, sondern auch Unternehmen und Regierungen. Sie planen kurzsichtig und verantwortungslos, treffen egozentrische, größenwahnsinnige Entscheidungen und verschwenden das Geld anderer. Konflikte sitzen sie aus, indem sie sich in ihre Komfortzone zurückziehen und wie ein Kleinkind auf ein Wunder hoffen. Trotzig schmollen und schweigen sie, obwohl es dringenden Redebedarf gibt. Mit ihrem ichbezogenen Starrsinn setzen sie sich selbst Denkmäler und verhindern alles, was ihnen nicht in den Kram passt. Sie gehen unorganisiert und unstrukturiert ihrer Arbeit nach und laden ihr Chaos einfach bei anderen ab. Ungeachtet der ethischen Grundsätze, die sie in ihren »Mission Statements« publikumswirksam formulieren, stellen sie den Profit ins Zentrum ihrer Handlungen.

Im Grundgesetz steht der Satz: »Eigentum verpflichtet. Sein Gebrauch soll zugleich dem Wohle der Allgemeinheit dienen.« Das klingt erst mal gut, aber wo keiner die Verantwortung für sein Handeln trägt, kann jeder tun und lassen, was er will. Machthunger, Habgier und Selbstverherrlichung scheren sich jedoch nicht ums Grundgesetz und treiben ihr Unwesen unter anderem an den Finanzmärkten. Das Finanzwesen ist die sensibelste Stellschraube einer Marktwirtschaft – können wir es uns leisten, dass ausgerechnet die Unternehmen in dieser Branche überwiegend von Kindern in Anzügen geführt werden?

Offensichtlich ja, denn wenn die Sache schiefgeht, was zuletzt 2008 vorgekommen ist, finden sich ja genügend Schäfchen, die dafür zahlen. Nur leider sind das nicht diejenigen, die das Ganze zu verantworten haben. »Banken kann man doch nicht ins Gefängnis schicken«, hört man in dem Zusammenhang oft. Mit der Folge, dass es den damaligen Hauptakteuren immer noch prima geht. Der Scheinerwachsenen-Wahnsinn ist international und hat Methode. Der eine deckt den anderen, und in der heutigen Zeit deckt die Männer-Politik vor allem die Männer-Wirtschaft.

Die Entscheider können sich noch so unverantwortlich verhalten, eine Strafe haben sie nicht zu erwarten. Im Gegenteil, oft erhalten sie sogar noch Unterstützung in Form von neuen Gesetzen, unterlassenen Gesetzen oder Subventionen. Denken Sie nur mal an die Pharmaindustrie, an Energiekonzerne, an die FIFA oder TTIP. Werden Sie wütend, falls Sie es nicht schon sind.

Im Zuge der Globalisierung werden politische Entscheidungen zunehmend außerhalb der einzelnen Länder getroffen. Globale Firmen, Großinvestoren, Banken, finanzstarke Lobbyverbände und supranationale Organisationen wie die EU haben an Macht hinzugewonnen und bestimmen, was am Ende jeden einzelnen Bürger betrifft. Unethisches Verhalten ist demnach kein rein deutsches Thema, ebenso wie es unter den Scheinerwachsenen etliche nicht deutsche Männer gibt. Wie man den Planeten ruiniert oder, besser, wie man ihn rettet, ist eine Aufgabenstellung, die Deutschland nicht alleine lösen kann. Allerdings sind wir eine starke Wirtschaftsmacht und könnten mit gutem Beispiel vorangehen. Mit einem klaren Standpunkt für eine ethisch vertretbare Zukunft.

Frauenquote für Männerstarrsinn

Die Frauenquote für Aufsichtsräte wird den Wandel hin zu mehr Verantwortungsbewusstsein hoffentlich beschleunigen. Übrigens: Dass ein solches Gesetz überhaupt notwendig war, zeigt die mangelnde Flexibilität der Männer (oder deren Unlust), sich mit gesellschaftlichen Entwicklungen mit zu entwickeln. Die bereits vor 14 Jahren von der Regierung eingeführte »Selbstverpflichtung zur Förderung von Chancengleichheit« brachte bisher nämlich nichts. Die Unternehmen, pardon, die Männer, haben es einfach ausgesessen. Das war auch nicht weiter schwierig, denn noch sitzen sie in der Mehrzahl in den Schaltzentralen der Macht und drücken die Knöpfchen, wie es ihnen in den Kinderkram passt. Und solange sie in der Überzahl sind, werden sie auch noch eine Weile dort verbleiben. Ich fürchte, da helfen auch die ganzen Gender-Maßnahmen für Frauen nichts, denn Männer in Führungspositionen produzieren Männer in Führungspositionen und stabilisieren so ihre Old-School-Männer-Kultur. Hier greift das Prinzip der therapeutischen Gruppen: Die Homogenität der Gruppe schafft Vertrauen, Sicherheit, Stabilität sowie gegenseitige Anerkennung und Akzeptanz. Heterogenität hingegen schafft Verunsicherung, und die gilt es zu vermeiden.

Nichtsdestotrotz: Der Widerstand der Frauen wird von Tag zu Tag größer, ebenso wie die Zahl an hoch qualifizierten Kolleginnen. Der dringend notwendige Paradigmenwechsel hin zu mehr Beziehung und Verantwortungsübernahme ist bereits angelaufen.

All jene Männer, die da nicht mitmachen, werden mittelfristig auf der Strecke bleiben. Umdenken ist also angesagt. Zum Beispiel ließen sich die homogenen Gruppen zur psychischen Hygiene nutzen, um dort jene Kompetenzen zu erlernen, die es für eine funktionierende Heterogenität braucht.

Damit aus den vielen Scheinerwachsenen endlich verantwortungsbewusste Erwachsene werden.

Angst is in the House

Unfertige Milliardenprojekte, monetär zugrunde gerichtete Unternehmen und unethisches Verhalten haben etwas gemeinsam: Angst.
Scheinerwachsene verhalten sich oft deshalb so verantwortungslos, weil sie Angst haben. Die einen behelfen sich, indem sie die Verantwortung abgeben, die anderen, indem sie damit Schindluder treiben. Beides wird geduldet, schließlich leben wir in einem System, das darauf basiert, auch wenn dieses System mehr schlecht als recht funktioniert – auf Kosten anderer, Frauen zum Beispiel.
Angst macht blind. Es gibt ein Gemälde, das für mich sehr treffend die aktuelle Lage der Nation beschreibt: Pieter Bruegels »Der Blindensturz«. Darauf führen Blinde andere Blinde – direkt in die Grube.

Männer und Angst?

Viele Männer wirken nach außen selbstbewusst und stark. Stimmt, so *wirken* sie. Doch unter ihrer harten Schale liegt zumeist ein ängstlicher (nicht nur ein weicher!) Kern. Viele Männer haben mehr Angst, als man glaubt, als man glauben soll, und genau das macht sie zu Marionetten.
Ihr ständiges Streben nach Anerkennung, Aufmerksamkeit und Liebe macht sie abhängig von anderen, denn ihre Selbstliebe und ihr Selbstwert reichen nicht aus. Diese Problematik wird derzeit durch den weiblichen »Angriff« auf den Männerplaneten verstärkt. Die Männer sind nicht mehr automatisch Gott. Sie müssen jetzt anderweitig dafür sorgen, dass sie die Besten, die Tollsten sind. Dafür brauchen sie andere Menschen, die ihnen dieses Gefühl geben, und das macht sie enorm abhängig von ihrem Um-

feld. Genau das macht sie seelisch labil und damit anfällig für unerwachsenes Verhalten. Wer abhängig ist, kann sich nicht autonom verhalten, sondern reagiert immer auf die Außenwelt. Wie finden mich die anderen? Sind sie der Meinung, dass ich das gut gemacht habe?

Alphatiere und Pantoffeltierchen

Derzeit kristallisieren sich zwei Varianten des angstgesteuerten Mannes heraus, die ich kurz und plakativ skizzieren möchte. Nicht zufällig haben sie eine Menge mit dem alten Top-Down-Prinzip gemein. Der eine spielt Gott, während es sich der andere in seinem Bakterien-Universum gemütlich macht. Der eine ist oben, der andere unten – Begegnungen auf Augenhöhe sucht man hier vergeblich.

Der unten Stehende, nennen wir ihn den »Angepassten«, traut sich nicht, Position zu beziehen oder seine Meinung zu vertreten. Weil er fürchtet, dass die anderen ihn dann nicht mehr mögen, duckt er sich weg und entzieht sich, passt er sich bestmöglich an die äußeren Umstände und andere Menschen an. Er bleibt klein, damit andere sich groß fühlen können. Sein Fähnchen weht immer in die Richtung, aus der er sich die meiste Anerkennung erhofft.

Der oben Stehende, nennen wir ihn den »Größenwahnsinnigen«, pocht bei jeder sich bietenden Gelegenheit auf seinen Status und seinen Erfolg. Er braucht die Aufmerksamkeit anderer, um sich geliebt und anerkannt zu fühlen. Deshalb tut er alles dafür, damit die Menschen in seinem Umfeld das von ihm denken – wirklich alles. Er geht nicht selten über Leichen (und Anleger), hortet Statussymbole wie ein Imker Bienen und bevorzugt sehr alte Autos sowie sehr junge Frauen. Alles an ihm schreit: »Ich! Bin! Super!«, vor allem aber: »Ich!«

So unterschiedlich das jeweilige Verhalten der beschriebenen

Typen ist, sie handeln alle beide aus der Angst heraus, nicht zu bekommen, was sie so dringend benötigen: Anerkennung (beruflich) und Liebe (privat). Das ist ihre Nahrung, und sie müssen ständig dafür sorgen, dass ihr Umfeld sie ausreichend damit versorgt. Angstgetriebene Männer sind im Grunde ständig auf »Futtersuche« und leben im permanenten Stress, nicht genug »zu essen« zu bekommen. Kommt dann noch Stress von außen dazu, verfallen sie noch mehr in ihre destruktiven Verhaltensmuster. Der Angepasste passt sich noch mehr an, der Größenwahnsinnige wird noch (größen)wahnsinniger. »Wir haben kein Geld mehr? Die ganzen fünf Milliarden schon ausgegeben? Mal überlegen, wen könnten wir wie bestechen? Wer schuldet uns noch einen Gefallen?« Da wird's schnell kriminell, schließlich hängt nichts weniger als der Selbstwert davon ab, dass die Finanzierung funktioniert.

Der Angepasste ist nicht minder gefährlich, denn er macht oft bei diesen gefährlichen Spielen mit. Er beherrscht die Kunst der Mimikry perfekt – abgeleitet von dem altgriechischen Wort *mímos*, was so viel bedeutet wie Nachahmer, Imitator, Schauspieler.

Aber nicht nur der Angepasste ist nicht echt, sondern auch der Größenwahnsinnige, denn beide haben das Gleiche zu verbergen: ihren Angstkern.

Egal ob Selbstunter- oder Selbstüberschätzung, beide Männertypen stehen nicht ihren Mann. Das können sie auch gar nicht, denn dazu bräuchten sie einen seelisch sicheren Boden, und den haben sie nicht. Stattdessen wanken und wabern sie sich durchs Leben, auch wenn es vor allem bei dem Größenwahnsinnigen so gar nicht danach aussieht.

Vielleicht halten sie deshalb auch so oft aneinander fest. Der Angepasste hat so einen Gott, dem er sich unterordnen kann, und der Größenwahnsinnige hat ein Opfer, das alles für ihn tut. Eine perfekte Symbiose, die sich durchaus nicht nur im Tierreich häufig beobachten lässt. Wobei dieser Vergleich hinkt, denn im Tierreich findet Symbiose zum Besten von beiden und damit zum Besten des Tierreiches statt. Im Menschenreich profitieren ausschließlich zwei Tiere, nämlich das Alphatier und das Pantoffeltierchen. Die anderen dürfen hinterher die Scherben zusammenkehren.

Also wehe dem, der in einem Top Down geführten Unternehmen einen seelisch labilen Gott oben sitzen hat, und erst recht dem, der von einem seelisch Labilen abhängig ist…

Keine Eier oder zu viele

Mit diesem Satz brachte eine wütende Freundin die Misere mal auf den Punkt. Sie hatte sich unlängst von einem Mann mit zu vielen Eiern getrennt und wurde gerade von einem hofiert, der gar keine hatte. Von beiden war sie gleichermaßen genervt, denn beide konnten ihr nicht bieten, was sie sich sehnlichst wünschte: Augenhöhe.

Besagte Freundin verfügt allerdings selbst über ziemlich viele Eier und ist ein »tough cookie«, wie man so schön sagt. Damit ist sie sowohl für das eine als auch für das andere Extrem extrem attraktiv. Der Angepasste findet in ihr eine Person, die ihn führt und zu der er aufschauen kann, während der Selbstüberschätzer sich in seiner Größe bestätigt fühlt. Allerdings geht eine Beziehung mit Letzterem oft nur so lange gut, wie die Frau ihn uneingeschränkt toll findet. Kritik kann er gar nicht vertragen. Das war auch bei der zitierten Freundin der Trennungsgrund.

Dominante Frauen wie sie gibt es derzeit viele, sie sind die Antwort auf den männlichen Eiermangel. Verkehrte Welt!

Aus dem Techtelmechtel mit dem Mann ohne Eier ist übrigens nichts geworden, meine Freundin ist wieder Single. Ihr erging es wie so vielen anderen dominanten Frauen in der heutigen Zeit, die gerade die Qual der Wahl haben zwischen Angst oder Angst.

Das Traurige an der ganzen Sache ist, dass unreife Männer

ihre Qualitäten nicht ausleben; der angepasste Mann nicht seine starke, männliche Seite, der Größenwahnsinnige nicht seine weiche, weibliche Seite. Damit bleiben sie nicht nur eindimensional, sondern auch weit unter ihren Möglichkeiten. Letztlich geht uns allen dadurch eine Menge verloren.

Die Zeit ist reif, die Männer sind es nicht

Lassen Sie mich zunächst kurz definieren, was ich unter Reife verstehe. Ein reifer Mensch übernimmt Verantwortung für sich selbst, seine ihm Anvertrauten und die Gesellschaft. Er ist weitestgehend autonom in Bezug auf seine Entscheidungen, die auf seinen ethischen Grundsätzen basieren. Seine Werte verleihen ihm die nötige Stabilität, engen ihn aber keineswegs derart ein, dass er sich nicht mehr bewegen kann. Ein reifer Mensch ist insofern gleichermaßen ausreichend stabil und flexibel. Je nach Kontext ist er entweder seiner selbst oder seiner Meinung sicher, bezieht, wenn nötig, Position und reagiert flexibel auf die unterschiedlichsten Gegebenheiten oder Situationen. Rigidität ist in meinen Augen ein Zeichen für Unreife. Wer sich niemals bewegt, bleibt ungut stehen, und zwar nicht selten auf den Füßen anderer.

Ich weiß, dass dies ein hoher Anspruch an mich und meine Mitmenschen ist, dennoch halte ich ihn für umsetzbar. Er verlangt Aufmerksamkeit, Achtsamkeit und Arbeit an sich selbst – aber bitte ohne dem Selbstoptimierungswahn zu verfallen. Jener wäre ein weiteres untrügliches Zeichen von Unreife, jegliche Extremisierung erachte ich als unreif. Wer maßvoll am Ball bleibt, der wird durch eine bessere Beziehung zu sich selbst und zu anderen belohnt. Glauben Sie mir, es ist eine wahre Freude, nach Reife zu streben. Und nichts mehr erwarte ich als das ehrliche Streben nach einem erwachsenen, authentischen Selbst.

Gewiss, es gibt auch reife Männer, und natürlich hat jeder Mann auch reife Anteile. Allerdings zeigen sowohl meine Erfahrung als Coach als auch meine privaten Erlebnisse, dass zurzeit bei Männern unreifes Verhalten überwiegt.

Das muss sich ändern!

Und damit das möglich ist, müssen sich die Männer ändern.

Warum der Mann ist, wie er ist

Wir sind um so viel ärmer, als ihr seid.
Wir suchen nicht, wir lassen uns bloß finden.
Wenn wir euch leiden sehn, packt uns der Neid.

Ihr habt es gut. Denn ihr dürft alles fühlen.
Und wenn ihr trauert, drückt uns nur der Schuh.
Ach, unsre Seelen sitzen wie auf Stühlen
und sehn der Liebe zu.

Erich Kästner, »Ein Mann gibt Auskunft«

Warum verhalten die meisten Männer sich so unreif? Warum haben manche zu viele Eier und andere gar keine? Vor allem aber: Warum reden sie nicht?

Diese Fragen lassen sich beantworten, wenn man mal schaut, wie es überhaupt so weit kommen konnte. Daher kommt der Mann auf den folgenden Seiten unters Mikroskop. Dabei wird er selbstverständlich nicht plattgemacht, im Gegenteil, er gewinnt an Mehrdimensionalität, da wir ihn unter verschiedenen Blickwinkeln betrachten, die zusammengefügt ein für viele sicher überraschendes Männerbild ergeben.

Wie die Natur den Mann geschaffen hat und wie ihm das zu schaffen macht

»Hurra, es ist ein Junge!«, steht in so mancher Geburtsanzeige. In der Tat dürfen sich die Eltern freuen, wenn ihr Sohn auf die Welt gekommen ist. Seine Chancen standen nämlich nicht besonders gut, und zwar allein deshalb, weil er ein Junge ist.

Laut einer 2008 in 15 Ländern durchgeführten US-amerikanischen Studie haben männliche Babys ein um 24 Prozent höheres Sterberisiko als weibliche. Die Wahrscheinlichkeit einer vorzeitigen Geburt ist bei Jungen 60 Prozent höher als bei Mädchen. Dabei sind die frühgeborenen Jungen besonders gefährdet, da sie wegen ihres schwachen Immunsystems eine hohe Anfälligkeit für Infektionskrankheiten haben.

Ähnlich schlechte Nachrichten kommen aus Israel, wo Professor Marek Glezerman, ein anerkannter Arzt und Wissenschaftler sowie Präsident der International Society of Gender Medicine, von 1996 bis 2006 mehr als 64 000 schwangere Frauen untersucht hat. Laut seiner Studie ist die Gefahr einer Frühgeburt bei männlichen Babys sogar um 70 Prozent höher als bei weiblichen. Außerdem mussten die Jungen nach einer Frühgeburt durchschnittlich länger im Krankenhaus behandelt werden als die Mädchen. Die Wahrscheinlichkeit eines Kaiserschnitts war bei männlichen Föten ebenfalls um zehn Prozent höher als bei weiblichen. Gleiches gilt für das Risiko einer Saugglocken- oder Zangengeburt. Komplikationen bei der Geburt von Jungen sind allein deshalb wahrscheinlicher, weil sie größer sind als Mädchen.

Kaum sind sie dann heil auf der Welt, geht es nicht weniger gefährlich weiter. Männliche Säuglinge sind um 60 Prozent häufiger vom plötzlichen Kindstod betroffen und auch als Babys und Kleinkinder empfindlicher und anfälliger für Krankheiten als weibliche. Die noch schlechtere Nachricht lautet: Das bleibt auch später so. Generell ist das männliche Immunsystem schwächer als das weibliche, weshalb Männer ein erhöhtes Risiko für Herz-Kreislauf-Krankheiten, Darm-, Lungen- und Leberkrebs sowie Melanome und Infektionskrankheiten haben. Ein einfacher Schnupfen haut sie also tatsächlich eher um als eine Frau. Die Wissenschaft ist sich einig: Der Mann ist das konstitutionell schwächere Geschlecht. Warum das so ist? Weil ihm ein Chromosom fehlt. Mädchen haben zwei und damit eins in Reserve sozusagen, falls das erste ausfällt. Das macht sie stärker.

Halten wir also fest, dass es für den Mann erstens nicht leicht ist, auf unserem Planeten zu landen, zweitens gesund zu bleiben – und drittens zu überleben. Letzteres ist allerdings nicht nur auf die schwächere Verfassung zurückzuführen, sondern auch auf die Art und Weise, wie die Männer sich um ihren Körper und ihre Seele kümmern, nämlich wenig bis gar nicht.

Die Folgen dieses gemischten Doppels aus biologischer Schwäche und Ignoranz führen dazu, dass Männer im Schnitt acht bis zehn Jahre früher sterben als Frauen.

Das Tragische ist: Es gilt als überaus männlich, sich seinem Körper und seiner Psyche gegenüber ignorant zu verhalten, es entspricht dem männlichen Rollenbild. Stärke, Mut, Tapferkeit und Risikobereitschaft sind gefragt, und zwar dalli und ständig.

Klar, auch viele Frauen erwarten genau das von den Männern und werten sie ab, sobald sie Schwäche zeigen. »Weißeich!«, flüsterte eines Vormittags meine thailändische Masseurin verächtlich, als ein Mann im Nebenraum laut aufschrie, und zählte daraufhin triumphierend unzählige Beispiele von anderen »Weicheiern« auf, die unter ihren Händen schon geschrien hatten. Leider reichte weder mein Thailändisch noch ihr Deutsch dazu aus, ihre Aussage zu relativieren.

Das Tragische ist, dass die Rollenerwartungen an den Mann mit dem »natürlichen« Mann kollidieren.

Nur die Harten kommen in den Garten

Von klein auf lernt der Junge über seine Sozialisation, dass es männlich ist, möglichst lautstark wütend und verachtend unterwegs zu sein. Seine Trainer sind neben älteren Jungen oft der eigene Vater und andere Männer (echte wie fiktionale) sowie Wesen von anderen Planeten, die mit den besten Absichten (Rettung der Welt und dergleichen) alles abmurksen, was ihrer Meinung nach böse ist.

Gleichzeitig erzählen ihm die Frauen in seinem Umfeld, dass hauen »nicht schön« ist. Das ist problematisch, denn der Junge möchte nun mal dazugehören zur Männerwelt – wer könnte ihm das verübeln? Also spricht er auf dieses Männlichkeitstraining gut an. Es verheißt ihm Zugehörigkeit, Anerkennung, Status, Erfolg in den eigenen Reihen und – was später in der Pubertät relevant wird – in den Reihen gegenüber auch.

Vielleicht grenzt sich der Junge durch Hauen und Förmchenklauen ja auch instinktiv von der Frauenwelt ab? Dies wäre meines Erachtens sogar überaus gesund. Weniger gesund allerdings ist die Art der Abgrenzung, die nicht auf einem Sowohl-als-auch, sondern auf einem Entweder-oder basiert. Ein »richtiger« Mann wertet alles Weibische ab, sonst ist er kein Mann. Dies habe ich in meiner Zeit als freie Texterin und Strategin unzählige Male selbst miterlebt. Sogar wenn ich mit am Tisch saß, haben Männer in der Runde abwesende Frauen degradiert, und zwar zu »Weibern, die das zu emotional sehen«. Damit werten Männer sich durchaus auch gegenseitig ab, etwa wenn sich jemand in einer Männerrunde zögerlich oder nachdenklich zeigt. »Bist du eine Frau, oder was?«, heißt es da schon mal. Das ist natürlich ironisch gemeint, und so lacht man den Ernst, der darin steckt, einfach weg.

Wie echt ist der echte Kerl?

Im Laufe ihres Lebens lernen Männer, ihre Gefühle in erlaubte und unerlaubte zu kategorisieren. Wut ist super, Angst und Schmerz sind doof.

Natürlich hat ein Mann auch »typisch weibliche« Gefühle, aber er lernt über seine Sozialisation, seine Verletzlichkeit in etwas umzuwandeln, das seinem erlernten Bild von einem Mann entspricht. Folgende Situation haben Sie vielleicht schon mal selbst erlebt oder mitbekommen: Empfindet ein Junge Angst, verlangt er oft von sich selbst, nun erst recht mutig zu sein, um sich selbst (und allen anderen) zu beweisen, dass er ein echter Kerl ist. Schmerz hingegen wird nicht selten in Wut umgewandelt, »Arschloch!« ist das neue »Aua!«.

Man kennt das aus Westernfilmen, etwa wenn der verletzte Held die hübsche Barfrau anschreit, während sie mit Hingabe mehrere Pistolenkugeln aus seinem Arm pult. Natürlich weiß die Dame ganz genau, dass der Held gerade höllische Schmerzen erleidet, trotzdem spielt sie sein Spiel mit, lächelt weise in die Kamera und lässt sich weiter anbrüllen. Stellen Sie sich nun bitte vor Ihrem geistigen Auge die gleiche Situation vor, nur dass der Held, statt rumzuschreien, leise wimmert: »Du kannst dir ja nicht vorstellen, wie weheheh das tut.«

Das geht nicht. Er muss brüllen, sonst ist er kein Held. Am Ende kommen die beiden dann meist zusammen, das Raubein und die Barfrau, die um sein weiches Herz weiß. Solche Paarungen kommen nicht nur in Westernfilmen häufig vor. Ob das Ganze auf Dauer gutgeht, erfährt der Zuschauer nie. Kurt Tucholsky hat das mal sehr treffend zusammengefasst: »Es wird nach einem Happy End im Film jewöhnlich abjeblendt.«

Nun leben wir weder im 19. Jahrhundert noch im Wilden Westen, und auch die 50er und 70er Jahre des 20. Jahrhunderts, die Blütezeit jenes Genres, sind schon ein Weilchen vorbei. Die

Jungen von heute wachsen in einem völlig anderen Umfeld auf, wenngleich oft noch mit eben jenen Idealen vom harten Cowboy, der stoisch Schmerz erträgt, und dem tapferen Indianer, der nicht weint. Davon abgesehen flimmern diese beiden Männertypen auch weiterhin über den Bildschirm, nur tragen sie neuerdings komische Anzüge, können fliegen und haben mehrere Leben.

Das Biotop, in dem Jungen heutzutage aufwachsen und mehr oder weniger gedeihen, variiert nach Ort, Schicht und den damit verbundenen Identifikationsfiguren und Rollenerwartungen. Stark verallgemeinernd könnte man dennoch folgende Faustregel aufstellen:

Je niedriger die Schicht, aus der er stammt, desto mehr muss der »echte Kerl« unecht sein und seine wahren Gefühle verleugnen oder umwandeln. Dies bedeutet im Umkehrschluss jedoch nicht, dass Jungen aus der Mittel- und Oberschicht echter sind. In gewisser Weise sind sie vielleicht sogar noch stärker im Clinch mit ihrer Männlichkeit. Denn während in niedrigeren Schichten (wie im Western) recht klar ist, was ein Mann ist, was er tut und nicht, wird das nach oben hin immer unklarer. Kleine Akademikerjungen hören von ihren Vätern häufig kein eindeutiges »Da geht's lang!« mehr. Da gibt es kein Schild an der Kreuzung, noch nicht einmal eins, auf dem »Vielleicht da lang?« steht. Die Väter sind heutzutage nämlich überwiegend gar nicht da, um ihre Söhne zu erziehen, sondern bei der Arbeit.

Diese tiefe Verunsicherung, die auf den fehlenden Schildern fußt, ist aktuell bei vielen Männern spürbar und wird durch die weibliche Sozialisierung in unserem Bildungssystem noch verstärkt.

Was ist also der Status quo? Eine beachtliche Menge vermeintlich »echter« Männer und dazu ein Haufen verunsicherter Akademikermänner, plus die Erwartungshaltung an alle beide, sie mögen doch bitte stark sein. Damit sind sie aber überfordert, denn der Mann ist im Grunde das schwache Geschlecht. Kein

Wunder, dass dieser Gegensatz den Männern von heute zu schaffen macht.

Der Held macht Spagat

Es mag wie Ironie des Schicksals klingen, dass ausgerechnet das schwache Geschlecht Stärke zeigen muss, dass ausgerechnet der Mann sich beständig zu mehr Stärke und Risiko anstiftet. Oft bemerkt er gar nicht, dass er längst nicht mehr kann – und nicht mehr will. Die eine Seite zieht nach links: »Ich fühl mich furchtbar«, die andere nach rechts: »Es geht mir großartig!« Wer schon einmal einen Spagat versucht hat, der weiß, wie sehr das schmerzt. Wie hält der Mann das auf Dauer aus?

Manchmal gar nicht, wie im Fall von Robert Enke, dem an Depressionen leidenden Torwart von Hannover 96, der sich 2009 das Leben genommen hat. Vielleicht ist er an seinem inneren Spagat gescheitert, vielleicht hätte er gerettet werden können. Das vermag mit absoluter Sicherheit niemand zu beantworten.

Nach wie vor ist Schwäche im Leistungssport tabu. Daran hat weder Enkes Tod noch der seines Kollegen Andreas Biermann fünf Jahre später etwas geändert. Beim DFB wird viel davon geredet, künftig offener mit solchen Krankheiten umzugehen. Die Absichten sind sensationell, die Folgen eher weniger. Im Fußball, dieser expliziten Männerwelt, ist das Mannsein in Beton gegossen.

Die Art und Weise, wie sich Dirk Zingler über seinen ehemaligen Spieler Biermann geäußert hat, spricht Bände. »Er hat sich lange und mutig gegen seine Krankheit gestemmt, aber er konnte den Kampf nicht gewinnen«, sagte der Präsident des FC Union Berlin. Kampf ist immer gut, denn Kampf ist männlich. Keiner stört sich offenbar daran, dass jemand einen depressiven Menschen ausgerechnet mit Kriegsmetaphern beschreibt.

Offensichtlich ist es wichtig, dass Biermann »lange und mutig« gekämpft hat, dass er überhaupt gekämpft hat. Dabei ist es eher unwahrscheinlich, dass man sich ernsthaft gegen eine Depression »stemmen« kann, und wenn der Umgang mit der Depression tatsächlich ein Kampf ist, dann einer, den man nur verlieren kann.

An dem Punkt beißt sich der Kater in den Schwanz. Menschliche, vor allem männliche Schwächen gilt es unbedingt zu verbergen, indem man von einem »langen und mutigen Kampf« spricht. Robert Enke wurde nach seinem Tod zum Helden stilisiert. Vielleicht ist er ja genau deshalb gestorben, weil er es nicht geschafft hat, sich zu Lebzeiten wie einer zu fühlen.

Nach dem Tod des ehemaligen Nationaltorwarts haben die Verantwortlichen beim DFB einige Maßnahmen ergriffen. Unter anderem wurde ein ambulantes Netz für psychisch angeschlagene Sportler aufgebaut, um Anzeichen für eine Depression rechtzeitig zu erkennen. Darüber hinaus hat man Jugendtrainer darauf sensibilisiert, schon bei Kindern auf Warnzeichen zu achten. Wie kommen diese Leute darauf, dass das etwas nutzt?

Das Ganze erinnert mich an die Straße vor unserem Haus. Statt sie einmal aufzureißen und ordentlich neu zu teeren, hat man Jahr um Jahr immer nur die Schlaglöcher geflickt, was ihr auf lange Sicht alles andere als gutgetan hat.

Aber weg von den Fußballern, hin zu den Männern, die ab und zu sonntags im Park kicken. Auch für die ist der Spagat verdammt strapaziös, wie ich aus erster Hand weiß, denn ich rede mit ihnen oft darüber. Über ihre Angst zu versagen, den Ansprüchen nicht zu genügen – den eigenen und denen des Chefs. Über ihre Angst, als Mogelpackung entlarvt zu werden, nicht so stark und leistungsfähig zu sein, wie ein Mann sein muss.

Daher bin ich dafür, eine ordentliche Ladung Teer in die Hand zu nehmen und zur Tat zu schreiten. Wir brauchen nämlich dringend neue Straßen. Es ist zu anstrengend geworden, ein Mann zu sein. Genauso ist es für die Frauen zu anstrengend geworden, gemeinsam mit den Männern auf den alten, beschädigten Straßen herumzuholpern.

Gibt es Hoffnung auf eine bessere, weniger anstrengende Welt für die Männer (und die Frauen) von heute?

Die männliche Sozialisierung könnte man verändern, aber vielleicht bringt das ja gar nichts? Vielleicht sind Männer einfach von Natur aus halbstarke Wesen, die sich mit einer schwachen Gesundheit herumschlagen müssen?

Bestimmt unser Geschlecht unsere Verhaltensweisen?

Wie groß ist der Einfluss der Gene, wenn es um den Unterschied zwischen den Geschlechtern geht? Bevor ich mich dieser Frage widme, möchte ich Ihnen zwei kurze Geschichten erzählen, welche die allgemeine Wahrnehmung von Geschlechtsunterschieden untermalen.

Bei der ersten war ich live dabei.

Ein Sommertag auf Mallorca. Ich liege am Strand, ein paar Meter neben mir verzieren drei Mädchen im Alter von fünf bis sieben eine beeindruckend große, schöne Sandburg mit Muscheln. Gesprächsfetzen auf Deutsch dringen zu mir herüber: »Kann ich mal deinen Eimer haben?« – »Danke.« – »Das sind aber schöne Muscheln.« – »Ich hab sie da vorne gefunden.« – »Krieg ich eine?«

Ein Stück entfernt baut mein Sohn zusammen mit einem achtjährigen Jungen ebenfalls eine Sandburg. Sie ist nicht ganz so beeindruckend wie die der Mädchen, ehrlicherweise sogar überhaupt nicht beeindruckend. Egal, Hauptsache die Kinder sind glücklich, und den Eindruck erwecken sie. Zufrieden widme ich mich wieder meiner Strandlektüre.

Kurz darauf Gebrüll. Ich sehe gerade noch, wie mein Sohn Hand in Hand mit dem älteren Jungen lauthals grölend in Richtung Wasser rennt. Dann fällt mein Blick auf das Häufchen Sand, das die Burg der Mädchen gewesen war, und drei weinende Burgfräulein.

Die zweite Geschichte habe ich gelesen. Sie stammt von der Kardiologin und Gender-Medicine-Pionierin Marianne J. Legato, und ich fand sie einfach zu schön, um sie nicht weiterzuerzählen. Frau Legato war bei Freunden eingeladen, deren Tochter Geburtstag hatte. Die Kleine hatte von ihren progressiven Eltern drei Spielzeugtrucks geschenkt bekommen. Nachdem die kleinen Gäste alle gegangen waren, unterhielten sich die Erwachsenen noch eine Weile. Irgendwann bemerkten sie, dass das Geburtstagskind nicht mehr im Raum war und auch kein Laut aus dem Kinderzimmer drang. Sie gingen nachsehen, ob alles in Ordnung sei. Offenbar waren die Erwachsenen auf dem Weg zum Kinderzimmer recht laut, denn das Mädchen empfing sie mit einem: »Psssst!« Sie deutete auf die drei Trucks, die zugedeckt in ihrem Bett lagen, und flüsterte: »Leise, sie schlafen.«

Zurück zur Ausgangsfrage: Sind Mädchen von Anfang an dazu bestimmt, Autos eine Gutenachtgeschichte zu erzählen, und müssen Jungs zwangsläufig Sandburgen zerstören?

Die Antwort lautet: Ja und Nein.

Warum Ja

Ja deshalb, weil wir im Bauch der Mutter ein Mann, eine Frau oder etwas dazwischen werden und dementsprechend sehr unterschiedliche biochemische Prozesse stattfinden. Unser Leben beginnt auch jenseits des Schlafzimmers mit Paaren, und zwar den XX- oder XY-Chromosomen. Aufgrund des Y-Chromosoms bilden sich beim männlichen Embryo Hoden, in denen jede Menge Testosteron steckt. Die vorgeburtliche männliche Entwicklung beginnt also mit der Ausschüttung eben jenes Hormons. Letzteres führt nicht nur dazu, dass sich die männlichen Geschlechtsorgane bilden, sondern auch ein anderer Skelettaufbau, mehr Muskelmasse und ein in Relation zur Körpergröße entsprechend größeres Gehirn als bei den weiblichen Embryonen (nur fürs Protokoll: Nein, Männer sind deshalb trotzdem nicht intelligenter als Frauen).

Testosteron, so die landläufige Meinung, macht Männer aggressiv, asozial und destruktiv. Kein Wunder, dass die Sandburg der Mädchen auf Mallorca dem Tode geweiht war. Doch halt, so einfach ist es – wie immer beim Menschen – nicht.

Beispielsweise kam das Team um Dr. Jack van Honk an der Universität Utrecht bei einer wissenschaftlichen Studie zu den Auswirkungen von Testosteron auf das Verhalten zu erstaunlichen Ergebnissen. Menschen, die denken, dass sie Testosteron bekommen haben, verhalten sich aggressiver als jene, die annehmen, dass sie keines bekommen haben. Umgekehrt kann die tatsächliche Gabe von Testosteron sogar zu Fairness bei Verhandlungen führen. Die Forschung in diesem Bereich steht derzeit noch am Anfang, aber ein bedeutsamer Schritt in Richtung Relativierung des »bösen Hormons« ist getan. Die neuen Erkenntnisse weichen das bisherige Entweder-oder auf, und das finde ich immer gut.

Frauen bilden übrigens auch Testosteron. Genau genommen kann man gar nicht von *dem* Mann oder *der* Frau sprechen, denn entscheidend ist die jeweilige Testosteron-Menge im Körper. Daher gibt es auch eher »weibliche« Männer (mit wenig Testosteron) und eher »männliche« Frauen (mit viel Testosteron). Der Vollständigkeit halber sei an dieser Stelle hinzugefügt, dass es durchaus sein kann, dass der Embryo im Mutterleib nicht genügend Testosteron produziert. Dann entstehen Zwitterwesen mit mehr oder weniger ausgeprägten Geschlechtsorganen.

Wir halten also fest: Männer haben ein anderes Gehirn als Frauen, starten anders ins Leben und denken und handeln deshalb auch anders als Frauen. Jetzt kommt das Aber …

Warum Nein

Vorhang auf für eine der großartigsten Erkenntnisse der jüngeren Hirnforschung: Das menschliche Gehirn ist zeit unseres Lebens formbar, es lernt und verändert sich, so lange wir leben, sofern wir nicht durch Alzheimer, Altersdemenz oder dergleichen beeinträchtigt werden. Unser Gehirn sitzt quasi ein Leben lang auf der Schulbank. Daher ist es äußerst bedeutsam, auf welche Schule wir gehen. Was wir lernen, hängt nämlich davon ab, ob das Lernen Spaß macht, und bekanntlich begeistern wir uns eher für Dinge, die wir gut gebrauchen können und die uns nachvollziehbar nutzen, als für Dinge, die wir als unnötig erachten.

Das ist vermutlich der Grund dafür, warum ich von meiner Physiklehrerin nur noch ihren üppigen, stählernen Busen in Erinnerung habe, von dem eine überlange Perlenkette in beträchtlichem Abstand zu ihrem Bauch baumelte. Ihr Bemühen, uns für die fantastische Welt der Physik zu begeistern, erschöpfte sich in Versuchen, die sie ausschließlich mit dem Klassenbuch und ihrem Schlüsselbund durchführte. Die Begeisterung von uns Schülern hielt sich in Grenzen, weshalb unsere Gehirne gar nicht erst versuchten, irgendetwas davon zu verstehen. Ich glaube nicht, dass irgendwer aus meiner Klasse Physik studiert hat.

So ähnlich muss man sich das Gehirn eines kleinen Jungen vorstellen, das gerade dazulernt. Kann er sich für eine Sache oder jemanden begeistern, beginnt es mit dem Vernetzen. Dadurch entstehen mit der Zeit gigantische neuronale Netze, die – tja – auch mal dazu führen, dass die eine oder andere Sandburg eine eher kurze Lebensdauer hat.

Nur warum begeistert sich ein kleiner Junge für Zerstörung?

Auf der Suche nach Halt

Von dem Neurowissenschaftler Gerald Hüther gibt es hierzu eine These, die ich sehr schlüssig finde.

Noch mal zur Erinnerung: Der Mann ist von Beginn seines Lebens an das konstitutionell schwächere Geschlecht. Als Folge dieser Ur-Schwäche, so Hüther, sucht er, im Gegensatz zu den stabileren Mädchen, nach etwas, das ihm Halt gibt. Logischerweise ist das etwas, das selbst stark und mächtig ist. In diesem Sinn nutzt der Junge laut Hüther sein Gehirn von Beginn an anders als ein Mädchen. Er sucht Halt im Außen, weil er innerlich keinen findet. Während die Mädchen sich also in aller Ruhe dem Erforschen von Gesichtern widmen können, haben die Jungen eher das große Ganze im Blick. So entwickeln sie unter anderem von Anfang an die Fähigkeit zur Orientierung im Raum. Darüber hinaus begeistern sie sich schon früh für alles, was ihnen Erfolg, Status und Geltung im Außen verschaffen könnte. Sie orientieren sich an Stärkeren, an mächtigen Vorbildern, die ihnen als Türöffner dienen.

Dies würde erklären, warum sich mein damals vierjähriger Sohn auf Mallorca dem Achtjährigen angeschlossen hat, der ihn dann zur Zerstörung der Sandburg anstiftete. Die beiden hatten einen Riesenspaß und keinerlei Schuldgefühle. Für mich als Frau war das hingegen eine Katastrophe. Was hatte ich nur falsch gemacht? Ich spüre heute noch die verachtenden Blicke der Mütter der drei Mädchen auf mir: *Das ist die mit dem kleinen Monster.*

Aber ich habe kein Monster erzogen. Die Gründe für das destruktive Verhalten meines Sohnes ergaben sich – was ich damals leider nicht wusste – aus der Wechselwirkung mit dem, was er ins Leben mitgebracht hatte, und dem, was er meinte sein und tun zu müssen, um Anerkennung zu erhalten. Seine typisch männliche Freude an kraftvoller, expansiver körperlicher Aktivität entwickelte sich erst durch die Sozialisation zu seinem destruktiven Verhalten.

Wenn ich meinen inzwischen volljährigen Sohn betrachte, kann ich mit Sicherheit sagen, dass er in keinerlei Hinsicht Ähnlichkeit mit Monstern hat.

Es ist also nicht das Wesen des Mannes an sich, das auf asoziales Verhalten programmiert ist. Vielmehr formt die Wechselwirkung zwischen Gehirn und Umwelt sein Gehirn ein Leben lang, was im Einzelfall dazu führen kann, dass er sich asozial verhält.

Mag sein, dass Gerald Hüther mit seiner These recht hat und der konstitutionell instabilere männliche Säugling Halt sucht. Mag sein, dass dieser biologische Nachteil in Verbindung mit Testosteron aggressives, konkurrierendes Verhalten nach sich zieht. Aber selbst dann könnte der Mann lernen, damit anders umzugehen.

Genau das ist wie erwähnt die gute Nachricht, die sich aus den Forschungen der Neurowissenschaftler ergibt: Unser Gehirn lernt ein Leben lang – aber nur wenn die großen Männer das auch wollen. Nur dann werden auch die kleinen Jungen zu einem neuen Umgang mit sich finden. Wenn im Idealfall gar viele große Männer das wollen, könnte dies dem flächendeckenden Erhalt von Sandburgen, Beziehungen und der Umwelt dienen.

Männer müssen also erst mal lernen, dass sie genau so in Ordnung sind, wie sie sind. Dass sie weder Sandburgen noch andere Dinge zerstören müssen, um die Liebe und Aufmerksamkeit anderer Männer und/oder Frauen zu erhalten. Sie müssen ebenfalls lernen, dass sie ihre Stärke nicht allein daraus beziehen, dass sie andere beherrschen. Und dass sie um Himmels willen keine Trucks ins Bett bringen müssen, um den Frauen zu gefallen.

Wie die Geschichte den Mann kleingekriegt hat

Klient: »Am Donnerstag kann ich nicht, da kommt meine Frau spät von der Arbeit, da muss ich kochen.«

Ich: »Verstehe. Vielleicht könnte sich Ihre Frau an diesem Abend selbst etwas zu essen machen?«

Klient (lacht): »Sie ist nicht so die Köchin...«

Ich: »Vielleicht kann sie sich ja etwas zu essen holen oder essen gehen?«

Klient: »Äh, natürlich, aber... Es ist besser, wenn ich etwas koche. Sie mag das lieber.«

Dieser Dialog stammt aus einem Vorgespräch mit einem Mann, der bei mir ein Coaching buchen wollte, um sein Zeitmanagement zu optimieren. Seines Erachtens war er nicht in der Lage, seine Aufgaben gut zu organisieren, und geriet dadurch immer wieder in Zeitnot.

Er wurde nie zum Klienten, denn es war auch an sämtlichen anderen von mir vorgeschlagenen Tagen unmöglich, einen Termin mit ihm zu finden. Ständig kamen ihm seine Pflichten als Hausmann dazwischen. Er war Vollzeit berufstätig und kümmerte sich nach der Arbeit um den Haushalt und die Kinder – einfach um alles. Auf meine Frage, was seine Frau zu den häuslichen Pflichten beitrage, nannte er genau eine Aufgabe, für die sie »wirklich begabt« sei. Allerdings hatte er schon mehrfach darüber nachgedacht, diese ebenfalls zu übernehmen, um seine hart arbeitende Frau zu entlasten.

Ich wartete kurz ab, ob er gleich lachen würde, um den letzten Satz als Ironie verbuchen zu können, aber er sah mich nur freundlich an. Er hatte es also ernst gemeint. Ich war sprachlos.

Spielarten dieser »Unterwerfung« unter das weibliche Regiment erlebe ich oft. So mancher Mann saß schon mit tiefdunklen Augenringen vor mir, weil er nach einer harten Arbeitswoche am Wochenende noch den IKEA-Schrank aufbauen musste. Im

Gespräch zählen sie dann oft noch weitere Beispiele auf. Wenn die Frau das will, macht der Mann das, Punkt. Nein, ein Nein ist keine Option. Entweder er tut es einfach und sich damit nicht gut, oder er verschiebt es und kassiert den immer gleichen Rüffel. »Aber du hast doch gesagt, du bringst das Auto weg/den Müll runter/den Leo zum Arzt«, heißt es dann vorwurfsvoll. Letzteres mündet in die immer gleichen Streitereien, die beide Beteiligten nur ermüden. Enttäuschte Erwartungen auf der weiblichen Seite, Scham auf der männlichen. Dennoch: Sich ducken, sich ergeben scheint für den Mann das kleinere Übel zu sein. Das größere, nämlich der Konflikt oder die Auseinandersetzung, wird weiträumig umfahren.

Genauso oft erlebe ich es aber auch umgekehrt, nur sitzen dann die Frauen in meiner Praxis. Der im Kapitel »Angst is in the House« bereits beschriebene größenwahnsinnige Mann braucht grundsätzlich keine Hilfe von anderen. Er findet sich völlig in Ordnung, das Problem haben stets die anderen, oft die Frauen.

Wie konnte es so weit kommen? Wie sind aus Männern Scheinerwachsene geworden, all diese zu kleinen oder zu großen Männer? Um das zu beantworten, braucht es einen Blick in die Geschichte.

Die Sache mit der Rippe und den Tomaten

Es gab eine Zeit, da ging der Mann davon aus, dass die Frau aus seiner Rippe hergestellt worden war und demzufolge in der Rangordnung automatisch den zweiten Platz belegte. Selbst nachdem die Wissenschaft die Sache mit der Rippe aus der Welt geschafft hatte, behielt man dieses Ranking bei. So stand es schließlich geschrieben, in der Bibel und anderen Bestsellern, und bequem war es außerdem.

In erfolgreichen Fernsehserien wie *Mad Men* oder *Masters of*

Sex können wir Frauen dabei zusehen, wie sie jenseits ihrer Kurven um eine neue Rangordnung und um Wertschätzung in der Männerwelt ringen und wie sich einige der Männer tatsächlich, wenn auch widerwillig, dafür öffnen (vielleicht trinken die Männer bei *Mad Men* ja deshalb so viel Whisky?). In den 50ern und 60er Jahren waren diese Frauen noch Einzelkämpferinnen, die als adrett zurechtgemachte Sekretärinnen durch die Gänge der Männertempel tippelten. Der Großteil der Frauen war damit zugange, der Familie ein heimeliges Zuhause zu schaffen, allerdings scharrte die Emanzipation damals bereits mit den Hufen.

In den 70ern startete der Feminismus dann so richtig durch und entwertete in den kommenden Jahrzehnten alles, was männlich war. Plötzlich lag sie am Boden, die einst so gepriesene Männlichkeit, quasi erledigt von der eigenen Rippe.

Wie die Frauen seinerzeit mit der Abwertung der Männer das feministische Ziel der Gleichstellung erreichen wollten, ist mir schleierhaft. Aber so weit haben die Frauen damals wohl nicht gedacht, als 1968 die ersten Tomaten in Richtung Mann flogen – jenes Ereignis, das als die Geburtsstunde des Feminismus gilt. Da war nichts als blanke Wut auf jahrhundertelange Unterdrückung durch das Patriarchat; die Frau musste dem Mann erst einmal einen ordentlichen Kinnhaken verpassen.

Die Feministinnen entwarfen seinerzeit ein Horrorbild von Mann, das all seine einstigen Tugenden ins Gegenteil verkehrte. Leistungsstark? Autonom? Pah! Alles karrieristische, egozentrische Schweine!

So kam es zu einer schlichten Umkehrung der alten Verhältnisse. Auf einmal war der Mann nichts wert, er galt als destruktiv, aggressiv, war schuld an allem. Die Frauen dagegen liefen mit einem Heiligenschein herum. Sie gaben sich konstruktiv und progressiv, präsentierten sich als Opfer der bösen Männer. Ihre Wut ist nachvollziehbar, wenngleich nicht gerade die feine englische Art.

Jeder von uns, behaupte ich jetzt einfach mal, kennt pauschal abwertendes Verhalten aus einer Streitsituation. Da ziehen wir Register, die uns im Nachhinein erröten lassen. So erröte auch ich nun stellvertretend für mein Geschlecht, obgleich ich die Frauen von damals nur zu gut verstehen kann, und füge schnell hinzu, dass nicht allein der Feminismus das Bild der Männlichkeit geschwärzt und geschwächt hat. Der Mann hat vielmehr selbst dazu beigetragen, dass er in vielen Bereichen von der Bildfläche verschwunden ist. Er hat sich quasi selbst abgeschafft – oder vielmehr das, was man einst gemeinhin mit ihm als Mann verband. Der Zweite Weltkrieg und die damit verbundene Abwesenheit der Männer hatten ein prima Klima für die Tomaten geschaffen, die 23 Jahre nach Ende des Krieges in Richtung Männer flogen.

Zusammenfassend könnte man sagen, dass der Mann seit Beginn des 20. Jahrhunderts gemeinsam mit den Feministinnen an seiner Entwertung – und damit an seiner Abschaffung arbeitet.

This was a man's world: Der Mann schafft sich selbst ab

Mit der Industrialisierung im 19. Jahrhundert hat sich der Mann schon einmal selbst abgeschafft (Frauen hatten damals rangordnungsbedingt eher nichts damit zu tun). Er schaffte das ab, was man gemeinhin unter Männlichkeit verstand und was James Brown in den 60er Jahren in seinem Lied »Man's World« so eindringlich auf den Punkt gebracht hat:

> *Man thinks about a little baby*
> *girls and a baby boys.*
> *Man makes them happy 'cause*
> *man makes them toys.*
> *And after man has made everything,*
> *everything he can*

*You know that man makes
money to buy from other man.
This is a man's, a man's,
a man's world.
But it wouldn't be nothing,
nothing without a woman or
a girl.*

Der Mann hat also *alles* erschaffen, in seiner Fantasie auch noch, lange nachdem er bereits durch Maschinen ersetzt worden ist. Letztere haben die Arbeitswelt komplett verändert. Vorbei war die Zeit des autonomen Kraftprotzes, der fröhlich ächzend Archen baut, vorbei die Zeit des hemdsärmeligen Bauern, der im Schweiße seines Angesichtes tagsüber seine Felder und abends Met bestellte, vorbei die Zeit des findigen Handwerkers, der fleißig hämmerte, nagelte, schleifte und klebte. Maschinen erledigten einen großen Teil der Aufgaben besser und schneller, womit sie den körperlich hart schuftenden Mann von einst arbeitslos machten. Aus dem Arbeiter wurde der Fabrikarbeiter, der im schlimmsten Fall für kleines Geld seine oft große Familie durchbringen musste. Er verdiente es fortan mit erniedrigend stupiden Tätigkeiten, die seiner Männlichkeit nicht mehr viel abverlangten, jedenfalls nicht genug. Natürlich gab es auch Höhergestellte, die nicht nur besser verdienten, sondern ihre Männlichkeit noch ausleben konnten, indem sie als Chefs regierten.

Aber was die breite Masse betraf, begann die Identität des Mannes zu bröckeln. Der Mann war nicht mehr, was er einmal war, und was er zu bieten hatte, war nicht mehr State of the Art. Damals hat er die Kurve noch bekommen, nicht zuletzt weil er im Krieg seine Manneskraft wieder unter Beweis stellen konnte.

Im Ersten Weltkrieg fand dann die allergrößte Männerselbstabschaffung statt, die sich bis in die heutige Zeit auswirkt. Insgesamt kamen 20 (!) Millionen Soldaten körperlich und seelisch verwundet aus diesem Krieg nach Hause.

Sie waren wieder da und doch nicht da.

Sie konnten nicht mehr arbeiten, nicht mehr sprechen, nicht mehr schlafen.

Sie hatten nicht nur Arme und Beine, sondern auch ihre Stimme verloren, ihre Libido, ihre Werkzeuge, ihre Identität.

Nur 21 Jahre später machte der Zweite Weltkrieg mehr als 1,7 Millionen Frauen zu Witwen sowie fast 2,5 Millionen Kinder zu Halb- oder Vollwaisen.

Durch die beiden Weltkriege verloren Millionen Frauen ihre Männer, viele wurden zu alleinerziehenden Müttern, Millionen Männer kehrten als körperliche und/oder seelische Krüppel von der Front zurück, und Millionen Frauen gingen Tätigkeiten nach, die zuvor ausschließlich Männer ausgeübt hatten.

Neben ihren Hausfrauentätigkeiten übernahmen sie nun zwangsläufig auch noch die Rolle des Familienoberhauptes. Sie versorgten die Familie, kochten aus zwei Kartoffeln eine Mahlzeit für acht Kinder und einen halben Mann und bauten nebenbei noch Städte wieder auf. Mit der Zeit stellten daher mehr und mehr Frauen das herrschende Weltbild in Bezug auf Mann und Frau in Frage. Sie fühlten sich auf einmal stark und fragten sich, warum sie nicht die gleichen Rechte hatten wie die Männer. Was hatten die Männer, was sie nicht hatten? Und was bitte schön hätten die Männer im Krieg ohne ihre starken Frauen getan? Als die Männer nach dem Krieg verkündeten: »Wir sind jetzt wieder da, also husch, husch zurück ins Haus, liebe Damen«, stieß das nicht mehr überall auf Begeisterung.

Aktuell können wir übrigens die dritte mögliche Selbstabschaffung des Mannes beobachten. Mit der von ihm selbst eingefädelten Dienstleistungs- oder Serviceindustrie könnte er sich erneut überflüssig machen. Denn die Arbeitswelt erfordert derzeit eher die Qualitäten, die der Mann seit Jahrhunderten den Frauen zugeschrieben hat: Beziehungsfähigkeit, Kommunikationsfähigkeit, Einfühlungsvermögen. Setzen am Ende etwa die Männer selbst die Frauen auf den Thron, den sie so lange innehatten? Aber noch einmal zurück in die Vergangenheit. Die Abwesenheit und die Dezimierung der Männer durch den Krieg ist nur ein Problem, die seelischen Wunden der Kriegsrückkehrer sind das andere.

Der verwundete Apfel fällt nicht weit vom Stamm

Die aktuellen Probleme haben vor etwa 100 Jahren begonnen. Wenn wir verstehen wollen, warum viele Männer zwischen 40 und 55 heute Scheinerwachsene sind, müssen wir ihre Väter betrachten und ebenso deren Väter, also die Großväter der Männer von heute. Wir müssen zwei Generationen zurückschauen.

Die Großväter waren unmittelbar vom Krieg betroffen, viele von ihnen sogar von beiden Weltkriegen. Sie kämpften, litten unvorstellbare Schmerzen, sahen Kameraden sterben, töteten die Kameraden anderer, gerieten in Gefangenschaft, wurden gefoltert... So etwas nimmt die Seele nicht einfach hin, das tut weh. So weh, dass die Heimkehrer alles verdrängten. Damals sprach man ohnehin nicht über »Seelenkram« (die Männer tun es bis heute kaum). So lehrten die Großväter ihre Söhne das (Ver)schweigen und das stumme Ertragen, indem sie es ihnen vorlebten.

Die Väter der heutigen Generation 40 plus erblickten das Licht der Welt während des Zweiten Weltkrieges – obwohl: Oft erblickten sie es gar nicht, weil sie in Luftschutzkellern aufwuchsen. Viele von ihnen wurden also in den Zweiten Weltkrieg hineingeboren. Oder sie gingen als junge Männer, manchmal sogar schon als Jugendliche in den Krieg, und zwar freiwillig. Das machte man damals so, dem Vaterland zuliebe.

Als junger Mensch einen Krieg zu erleben ist natürlich eine

noch viel schrecklichere Sache. Ich will mir gar nicht vorstellen, wie schrecklich. Aber ich muss, ich möchte es ganz bewusst, um die Probleme der Männer von heute besser verstehen zu können. Es ist wichtig, dass wir alle das tun, denn vielleicht leidet der Mann an unserer Seite immer noch unter den unbewältigten Schmerzen seines Vaters. Dessen Wunden haben sich – ebenso wie bei dessen Vater – unter der dicken, über die Jahre gewachsenen Verdrängungsschicht entzündet, und sie werden so lange weiterschwelen, bis sie behandelt werden.

Doch, man kann das aushalten. Irgendwie. Nur zu welchem Preis? Will man den heute noch zahlen?

Auch die Probleme von Hannes haben vor 100 Jahren begonnen. Hannes ist 48 Jahre alt, und seine Ehe hängt an einem seidenen Faden, er ist nach eigener Aussage »am Ende«. Deshalb schauen wir bei ihm zunächst an den Anfang und rekonstruieren:

Sein Großvater Fritz wurde 1917 geboren, mitten in den Ersten Weltkrieg hinein. Er war 22 und Soldat, als der Zweite Weltkrieg begann. Vermutlich war Fritz auf Heimaturlaub, als Hannes' Vater Egon gezeugt wurde. Egon wurde 1940 geboren, mitten im Zweiten Weltkrieg. Er lebte mit seiner Mutter allein, da Fritz an der Front war und erst 1945 aus russischer Gefangenschaft zurückkehrte. Nach außen hin war alles paletti: Die Familie bezog eine hübsche Wohnung, Egon bekam noch zwei Geschwister. Wie es in ihnen aussah, darüber können wir nur spekulieren. Egon hat von seinem Vater Fritz nie erfahren, warum er manchmal so still und betrübt war und tagelang kein Wort sprach, um dann wieder plötzlich auszurasten und den kleinen Egon zu schlagen. »Das war schon hart«, erzählt Egon heute seinem Sohn Hannes, aber er sagt es sehr gefasst und fügt achselzuckend hinzu: »Aber ich hab's überlebt.«

Hannes kann das nicht verstehen. Seine Kinder schlagen? Er hat einen Sohn (12) und eine Tochter (10), die sein Ein und Alles sind. Er hasst seinen Großvater dafür, dass er seinen Vater geschlagen hat, und er mag an seinem Vater nicht, dass der sich damit abgefunden hat, dass er sich überhaupt mit allem abfindet. Wo ist dessen Wut? Gute Frage! Wo eigentlich ist Hannes' Wut? Und wieso lässt er sich von seiner Frau so viel gefallen? Er verstummt, wird nachdenklich, als ich ihm diese Frage stelle. Im Grunde sei er wie sein Vater, stellt er betrübt fest. So mag er sich zwar gar nicht, aber er kann nicht anders, als sich zu ducken, sich zu entziehen, zu schweigen.

Hannes musste begreifen, dass Wut nicht per se etwas Schlechtes ist, das es zu unterdrücken gilt. Hannes musste lernen, wütend zu werden, sich abzugrenzen, Nein zu sagen. Heute steht er für sich ein, geht in den Konflikt und wird auch mal richtig sauer – ohne jedoch die Grenzen von anderen zu überschreiten. Heute redet er mit seiner Frau, und die Chancen stehen gut, dass die beiden wieder zueinanderfinden. Beinahe hätte Fritz sie auseinandergebracht. Beinahe wäre Hannes ebenso wie sein Vater ein Pantoffelheld geworden.

Aus Kriegshelden werden Pantoffelhelden

Nach dem Zweiten Weltkrieg kehrten neben Hannes' Großvater viele andere Männer mit ihrer ziemlich zerstörten Psyche auf ihren ziemlich zerstörten Männerplaneten zurück. Den Frauenplaneten mieden sie wie gehabt, und so schien nach außen hin alles wie zuvor: zwei Planeten, ein Herrscher.

Aber in vielen Fällen regierte die Dame des Hauses auch nach dem Krieg weiter – man darf sich durch geblümte Schürzen nicht täuschen lassen. Man kann seinen Mann getrost mit der Krone auf dem Kopf herumspazieren lassen, wenn man zu Hause das Zepter schwingt. Der ehemalige Herr im Haus war nicht selten nur noch ein »Schein-Autonomer«, der unter dem Pantoffel seiner Frau stand.

Nach außen ein König, im eigenen Haus ein Untertan – wie viele Männer waren in dieser Zeit todunglücklich? Zu ihrem vermeintlichen Glück hatten sie ihre Gefühlswelt mit dicken Mauern umgeben, um die Kriegstraumata nicht mehr fühlen zu müssen. Zu ihrem tatsächlichen Glück hatten sie ihre Arbeitswelt. Dort waren sie unter sich, konnten ungestört Männersachen machen und vor allem: Dort waren sie noch wer. Arbeit als Flucht und Identitätsbildungsmaßnahme.

Auf dem Männerplaneten nervten ihre Frauen nicht mit ihrem Gemecker und ihrem Geputze.

Wenn ich an nervende Ehefrauen denke, habe ich sofort das Bild von einer Sofa-Schutzhülle vor Augen. Als ich ein Teenager war, gab es so etwas oft bei meinen Freunden zu Hause, als Schutz vor dem Dreck, den der Mann nach Hause brachte (selbst dann, wenn er im Büro arbeitete). Die Mütter meiner Freunde sprachen gern liebevoll tadelnd mit ihren Männern: »Zieh deine Schuhe aus, Liebling. Du machst ja alles schmutzig!« Brav kamen die Lieblinge der Aufforderung nach, oft ohne es zu wollen. Aber was zählte das schon?

Ein sauberer Haushalt war in den 60er und 70er Jahren das Nonplusultra. Die nicht (oder noch nicht) »emanzipierten« Frauen ließen ihr Zuhause wie Schlösser prunkvoll erstrahlen. Nach dem Krieg sollte alles blitzen und blinken, inklusive der Hausbewohner. Das fand auch der Mann schön, der sich nach außen damit brüsten konnte.

Die Nachkriegssehnsucht nach einem trauten Friedensheim ist verständlich, dennoch muss man sich fragen, warum so viele in den Kriegsjahren durch die Umstände gestärkte Frauen nun wieder anstandslos Hemden stärkten. Vielleicht waren sie schlicht erschöpft. Vielleicht waren sie dankbar für die einfachen Tätigkeiten wie Rasen mähen, Staub wischen, Fenster putzen – ein Klacks gegen das, was sie im Krieg schuften mussten (manche sogar schon als Mädchen). Vielleicht genossen sie es, endlich wieder Frau sein zu können, mit bunten Kleidern und Röcken, anstelle des bleiernen Kriegsgraus. Vielleicht suchten sie Schutz und Geborgenheit bei einem Mann, nachdem sie lange Zeit alleine gewesen waren. Ja, vielleicht genügte ihnen auch die *heimliche* Herrschaft über ihre Ehemänner.

Viele Vielleichts, ein klarer Grund: Frauen verdienten damals noch kein Geld, weshalb die meisten von ihnen gar nicht aus der alten Ordnung aussteigen konnten. Noch war der Männerplanet der herrschende Planet. Selbst wenn die Männer zu Hause still auf Sofa-Schutzhüllen vorm Fernseher oder auf abwaschbaren Stühlen beim gemeinsamen Abendbrot saßen. Außerdem gab es natürlich auch noch genügend laute Väter.

Aus Kriegshelden werden Monster

Das krasse Gegenstück zum Pantoffelhelden war der Mann, der seine Aggressionen aus dem Krieg zu Hause auslebte. Er führte seine Familie wie ein General sein Heer: mit militärischer Strenge, die keinen Widerspruch duldete. Notfalls auch mit Gewalt.

Noch eine Erinnerung aus meiner Jugend: Brüllende Männer, die ihre Söhne fertigmachten, sie als Nichtsnutz oder faulen Hund beschimpften und Sätze sagten wie: »Halt's Maul, du hast hier gar nichts zu melden.« Oder: »Solange du deine Füße unter meinen Tisch stellst, tust du, was ich sage.«

Wohlgemerkt, es handelte sich hierbei um Angehörige der Mittelschicht oder sogar der oberen Mittelschicht.

Die meisten Söhne schwiegen. Sie hatten nicht nur Angst, sie hatten auch keine Chance gegen ihre übermächtigen Väter. Sie grollten ihnen heimlich. Ein paar wenige wehrten sich, erhoben die Hand zum Gegenschlag. Das Ergebnis: Rebellion gegen den Unterdrücker, Rebellion aus Selbstschutz – und aus Loyalität zur ebenfalls unterdrückten Mutter. Die Söhne litten derart unter ihren Vätern, dass sie sich (und damals mir als ihrer Freundin) schworen, nicht so zu werden wie sie. Viele von ihnen sind heute angepasste Männer, die nicht wütend werden können. Genau wie Hannes.

Meine Freunde waren allesamt eher von der Ich-will-auf-keinen-Fall-so-werden-wie-mein-Vater-Fraktion. Aber wie sollten sie dann werden? Es fehlte ihnen an Vorbildern. Jimmy Hendrix kam nur bedingt in Frage, nichtsdestotrotz entschieden sich damals einige für die Variante »Rockstar«, wenngleich das mit dem »Star« bei den meisten nicht geklappt hat.

Ein reales, lebbares Vorbild war nicht in Sicht, und Therapie kannte man nur aus Woody-Allen-Filmen: zu verrückt.

Natürlich gab es auch jede Menge Söhne, die auf dem besten Wege waren, so zu werden wie ihre Herrscher-Väter. Dafür bekamen diese Männer etwas, das damals sehr rar und damit kostbar war: Anerkennung von ihrem Vater. »Sei wie ich, dann mag ich dich«, lautete die Formel. Welchem Jungen könnte man es verübeln, dass er diesem Ruf folgte? Noch dazu da es einfacher war, als sich zu widersetzen.

Die Kinder von damals sind die Männer und Väter von heute. Sie wuchsen zumeist entweder mit einem Unterdrückten oder einem Unterdrücker auf. Einige entschieden sich dazu, Kopien ihrer Väter zu werden, andere, eben dies zu vermeiden. Mal taten sie es bewusst, mal unbewusst.

Diese Männer sind heute zwischen 45 und 55 Jahre alt, und viel zu viele von ihnen tragen immer noch eine Menge von dem mit sich herum, was ihre Väter und Großväter nicht (mit Hilfe von Therapeuten) lösen konnten.

Seelisch Ungelöstes kommt immer wieder, genau wie der Fleck im Teppich aus Oscar Wildes Erzählung *The Canterville Ghost*, in der ein rastloser Geist einen Fleck so lange erneuert, bis ihn ein mutiges Mädchen erlöst und er endlich ruhen darf. In etwa so stelle ich mir das mit den Männern auch vor, nur dass es neben mutigen Mädchen und Frauen vor allem mehr mutige Männer braucht, damit die Erlösung stattfinden kann. Die darauf folgende Ruhe, die stelle ich mir recht lebendig und lebensfroh vor.

Papa ist nicht da, wollen Sie die Chefin sprechen?

Die kriegsbedingte Abwesenheit der Väter sowie deren ungelöste seelische Probleme hatten zweierlei Konsequenzen:
1. Die Frauen hatten deutlich mehr Spielraum als zuvor und erzogen ihre Söhne mehr oder weniger alleine. Selbst wenn das »Monster« sich lautstark einmischte, die durch den Krieg gestärkte Frau hatte inzwischen als Bezugsperson ein Eigenleben entwickelt und konnte sich zumindest heimlich von ihrem Mann distanzieren. Etwa indem sie Sätze sagte wie: »Komm zu mir, mein Schatz. Das hat Papa nicht so gemeint. Mama macht dir jetzt erst mal einen Pudding.« Mama war lieb, Mama war das bessere Vorbild.
2. An die Stelle des starken Mannes als Vatervorbild trat entweder der geschwächte, kranke Mann, der nicht selten ebenfalls unter dem Regiment der Mutter stand, oder das »Monster«, das für viele Söhne keinesfalls als Vorbild in Frage kam.

In beiden Fällen kamen die Söhne fortan, wie man so schön sagt, »mehr nach der Mutter«. Kurz: sie verweiblichten. Das gilt natürlich nicht für alle (ich verallgemeinere wie immer zum besseren Verständnis des Prinzips), aber es waren ziemlich viele.

Die starke Mutter, die alles zusammenhielt, ist aber nur die eine Seite der Medaille. Wenn man verstehen möchte, warum viele Männer heutzutage so angepasst sind, muss man sich auch die andere Seite der Mutter ansehen, die depressiv-bedürftige. Die Mutter, die mit all der nötigen Tatkraft im Alltag überfordert war, die unter der Krankheit, Verstörtheit oder Abwesenheit ihres Mannes litt, die sich allein gelassen fühlte, die müde und ausgelaugt war.

Zum einen lernte der Sohn von klein auf, dass seine Mutter die Chefin ist (und die anderen Mütter auch). Zum anderen lernte er sie als leidendes Opfer kennen. In den meisten Fällen versuchte er, ihr Leid zu mindern und sie zu entlasten.

Warum tat er das?

Nun denn, Anpassung ist das, was Kinder tun, um zu überleben. Wenn wir auf die Welt kommen, sind wir hilflos, daher brauchen wir die Erwachsenen, in der Regel unsere Eltern, die uns schützen und uns mit Nahrung und Liebe versorgen. Beides ist übrigens gleichermaßen wichtig für die gesunde Entwicklung eines Kindes. Von Geburt an entwickeln Kinder Antennen dafür, was sie tun müssen, damit es den Erwachsenen gutgeht. Und wenn es Mama nicht gutgeht (sie stöhnt, während sie die Kohlen hochträgt, sie weint, während sie die Kartoffelsuppe umrührt), geht es den Kindern auch nicht gut.

Traditionell hatten die Töchter früher ihre Mütter entlastet und waren ihnen »zur Hand gegangen«, nun taten es auch die Söhne. Während die Tochter wahrscheinlich mit Kartoffelsuppe befasst war, übernahm der Sohn eher Männeraufgaben – oft auch jene, die sein Vater zuvor innegehabt hatte. Im Krieg schlüpfte er nicht selten in die Vaterrolle und war damit körperlich wie seelisch überfordert. Denn er entlastete seine Mutter nicht nur mit den Händen, sondern auch psychisch. Hätten die Mütter damals Zeit und die Möglichkeit gehabt, einen Therapeuten zu konsultieren, hätte dieser vermutlich in sein Büchlein gekritzelt, dass die Mutter ihren Sohn emotional als Ehemannersatz missbraucht, und sie entsprechend behandelt. Aber das war damals ebenso wenig ein Thema wie die Tatsache, dass die Mutter ihren Sohn bei der Entwicklung seiner männlichen Identität behinderte, weil sie eine Frau war und nicht wissen konnte, was ein Junge baucht.

Es versteht sich von selbst, dass man unter diesen Umständen als Mann nicht psychisch gesund aufwachsen kann. Spätestens an dieser Stelle wird deutlich, wie dramatisch die Folgen von abwesenden Vätern sind. Seit etwa 100 Jahren fehlt der Vater als liebevoll begrenzender Gegenspieler der Mutter und als Vorbild für eine erfüllte, gesunde Männlichkeit.

Das gilt auch für den zu Beginn dieses Kapitels zitierten Mann, der nie ein Klient von mir wurde, da bin ich mir sicher!

Wie der Vater, so der Sohn: Die Never Ending Story der abwesenden Väter

Die zwischen 1933 und 1945 geborenen Jungen, über deren Generation Susanne Bode mit ihrem Buch *Die vergessene Generation* ein beeindruckendes Porträt geschrieben hat, hatten nicht nur keine Kindheit, sondern auch keinen Vater mehr – oder einen, der seine Vaterrolle nicht mehr oder nur sehr unzulänglich ausüben konnte. Diese Jungen wurden in den 60er und 70er Jahren dann selbst Väter und traten ihren Job als Vater mit einem schweren Erbe an, nämlich mit von der Gesellschaft zu Helden idealisierten Vätern und idealisierten und zugleich gefürchteten (Über-)Müttern. Mit Vätern, die ihre Gefühle abgespalten und den Mantel des Schweigens über ihre Kriegswunden gelegt hatten. Väter, die ihre Aggressionen entweder destruktiv auslebten oder ebenso destruktiv in sich hineinfraßen.

In meiner Jugend gab es einige solche Väter in meinem Freundeskreis, und sie waren meistens nicht da. Sie lebten fast ausschließlich auf ihrem Arbeitsplaneten, und wenn sie mal zu Hause waren, durften sie keinesfalls gestört werden. »Psst, Vati arbeitet« oder: »Nicht so laut, Vati hat sich hingelegt«, hieß es dann. Mit versteinerter Miene saßen sie beim Abendbrot, einsilbig. Die einen, weil sie sich dem Pantoffelheldentum verschrieben hatten und generell recht still waren, die anderen, weil sie zu sehr mit sich selbst beschäftigt waren. Manchmal regten sie sich über die Arbeit auf, aber als Gesprächspartner, als Resonanzkörper für ihre Kinder waren sie so gut wie nicht vorhanden. Erziehung war die Sache der Mutter, und der Vater griff nur dann ein, wenn die Mutter mit ihrem liebevoll ermahnenden Latein am Ende war. Dann wurden (bisweilen auch auf mütterliches Geheiß hin) väterliche Macht- und Drohworte gesprochen, bisweilen sogar untermalt von Schlägen. Auf diese Weise – und leider meistens nur so – zeigten die Väter ihre Gefühle: ausschließlich abwertend.

Es sei denn, der Sohn entwickelte sich zu ihrem Ebenbild, war ehrgeizig und brachte guten Noten nach Hause. Leistung wurde gelobt.

Die Entfernung zwischen Vater und Sohn hätte größer nicht sein können, und je älter der Sohn wurde, desto mehr vertiefte sich der Graben zwischen den beiden Männern, die einander so nah hätten sein können, ja, sollen.

Um diese Gräben geht es oft, wenn ich mit männlichen Klienten über ihre Väter und ihr damaliges Sohn-Sein spreche. Obwohl die Geschichten aus ihrer Kindheit stammen und manchmal sogar über 30 Jahre her sind, ist die Wut auf ihre Väter so frisch wie einst. Oft erinnern sie sich an Schlüsselszenen wie zum Beispiel diese: »Ich habe bei einem Nachbarsjungen übernachtet. Plötzlich stand mein Vater vor mir, hat mich einfach gepackt und mitgenommen, ohne mir zu erklären, warum. Den ganzen Nachhauseweg über hat er kein Wort gesagt. Ich wusste nicht, was los war, warum er sauer war.« Schuldig im Sinne der unausgesprochenen Anklage – ein heftiges Urteil. Bis heute hat mein Klient nicht erfahren, was damals los war. Bis heute ist das Verhältnis zum Vater sehr belastet.

Die Ignoranz der abwesenden und abwertenden Väter tut heute immer noch weh, und zwar einer ganzen Generation von

Vätern, die damals die Söhne der Söhne der kriegsbedingt abwesenden Väter waren.

Ein anderer Klient von mir, ein Witwer um die 70, hatte Ähnliches zu berichten. Dass er den Weg zu mir gefunden hatte, grenzte an ein Wunder, und bis er seine Sprache wiederfand, dauerte es eine ganze Weile. »Aus Neugierde« sei er gekommen, was »so ein Kotsching« wohl sei, erklärte er mir in unserer ersten Sitzung. Wir plauderten ein bisschen, mehr war noch nicht möglich, aber offenbar tat es ihm gut.

»Interessant«, sagte er anschließend, außerdem sei ich nett, er habe sich mich ganz anders vorgestellt.

»Wie denn?«, fragte ich.

»Nicht so halt«, sagte er knapp, hielt mir seine große Hand zum Abschied hin und teilte mir mit, dass er wiederkommen wolle.

Er war dann noch drei Mal da, und in der letzten Sitzung weinte er. Um seinen Sohn, der sich gerade von seiner Frau trennte, um seinen kleinen Enkel, der darunter so sehr litt.

»Ich bin schuld«, schluchzte er. »Ich war ein schlechter Vater.«

»Vielleicht«, erwiderte ich leise, »weinen Sie auch ein bisschen um Ihren Vater?«

Daraufhin weinte er noch mehr – und ich auch.

Wir sprachen dann noch darüber, was er sich von seinem Vater gewünscht hätte, was er von ihm gebraucht hätte, um seinem Sohn der Vater zu sein, der er gern gewesen wäre. Der Vater meines Klienten war in den Ersten Weltkrieg hineingeboren und war schwer verwundet aus dem Zweiten Weltkrieg zurückgekommen. Ein Bein hatte er an der Front verloren und seine Lebensfreude. Damals war sein Sohn – mein Klient – gerade fünf Jahre alt. Tagsüber redete er kaum etwas, dafür schrie er nachts im Schlaf. Manchmal brüllte er auch seinen Sohn an: »Du Idiot! Du Muttersöhnchen!« Darauf suchte der Junge umso mehr Schutz bei seiner Mutter. Der Vater meines Klienten starb bald nach Kriegsende, mit nur 39 Jahren. An seinen Verletzungen, hieß es, und damit waren die körperlichen gemeint, aber die waren es wohl nicht. Jedenfalls nicht nur. So erzählte es mir der Klient, und von Wort zu Wort fiel ihm das Reden leichter. Ich lauschte gebannt.

»Ich danke *Ihnen*«, sagte er zum Schluss, »und ich verzeihe *mir*.« Wow!

Vielleicht, denke ich rückblickend, war das eine der ersten Sitzungen, die mich für dieses Väter-/Männerthema sensibilisiert hat. Ich war jedenfalls noch den ganzen Tag sehr gerührt und schickte in Gedanken viele liebevolle Worte an meinen eigenen Vater, die ich ihm zu Lebzeiten nie gesagt hatte, leider.

Solche Geschichten wurden tausendfach in vielen Variationen erlebt. Woher hätte mein Klient wissen sollen, was sein Sohn braucht, dass er einen liebevollen Vater an seiner Seite braucht?

Auf die Frage, was im Zeitraum ihres fast hundertjährigen Lebens die wichtigste Veränderung gewesen sei, soll Astrid Lindgren geantwortet haben: »Aus Männern sind Väter geworden.«

Wohl wahr. Vor dem Krieg durfte man sich als Mann besser nicht mit einem Kinderwagen erwischen lassen. Vielleicht ist es Ironie des Schicksals, dass die Väter erst verschwinden mussten, um zurückzukommen – diesmal mit der Chance, zu jenen Vätern zu werden, die sie sein wollen, die in ihnen stecken. Denn die Chance ist da, auch wenn sie derzeit nur sehr rudimentär genutzt wird.

Wenn ich groß bin, werde ich auch so abwesend wie du, Papa!

Es gibt einen schönen Song von Harry Chapin: »Cat's in the Cradle«. Er stammt aus dem Jahr 1974, jener Zeit, in der einige Männer begannen, sich als Vater kritisch zu hinterfragen. Hier ein Auszug daraus:

My child arrived just the other day
He came to the world in the usual way
But there were planes to catch and bills to pay
He learned to walk while I was away
And he was talking ‚fore I knew it and as he grew
He'd say, »I'm gonna be like you, dad
You know, I'm gonna be like you«

And the cat's in the cradle and the silver spoon
Little boy blue and the man in the moon
»When you coming home, dad?« »I don't know when
We'll get together then, son, you know we'll have
a good time then«

Well, I've long since retired and my son's moved away
Called him up just the other day
I said, »I'd like to see you if you don't mind«
He said, »I'd love to, dad, if I could find the time«
»You see, my new job's a hassle and the kid's got
the flu but it's sure nice talking to you, dad
It's been sure nice talking to you«
And as I hung up the phone, it occurred to me
He'd grown up just like me
My boy was just like me

Wunderbar traurig. Vor allem, weil seitdem über 40 Jahre vergangen sind und sich nicht allzu viel verändert hat. Zwar leben wir in Zeiten, in denen die meisten Väter bei der Geburt dabei sind und auch danach mithelfen, wo sie können ... Nur leider können sie meistens nicht.

Die Männer- und Frauenplaneten sind immer noch hübsch voneinander getrennt, die Väter von heute sind immer noch überwiegend abwesend – physisch *und* psychisch. Schlimmer noch:

Zwar wirken sie nach außen oft anwesend und empfinden sich selbst auch so, doch in Wirklichkeit sind sie es nicht.

Eine meiner Klientinnen hat gerade immense Probleme wegen ihres anwesend-abwesenden Mannes, besser gesagt, ihr gemeinsamer Sohn hat Probleme. Immer öfter lebt er seine Aggressionen ihr gegenüber aus, wertet sie verbal ab und hört nicht auf sie (ganz der Papa). Jeglicher Versuch, den Vater zu einem gemeinsamen Gespräch über den Sohn zu bewegen, scheitert. »Keine Zeit«, sagte er, »irgendjemand muss ja die Familie ernähren.«

Oft bin ich in meinem ersten Berufsleben als Werbetexterin Männern begegnet, die, kaum Vater geworden, keine Überstunde scheuten, nur um nicht nach Hause zu müssen. Wie Basketballspieler, die sich in Korbnähe anbieten, den Ball zu übernehmen: »Hier, hier! Ich kann den Job übernehmen. Hier, hier bin ich.«

Bloß nicht nach Hause gehen, wo Mutter und Kind um die Wette schreien und man nicht weiß, wie man das aushalten oder was man tun soll.

Tja, die Arbeit ist der neue Krieg. Sie sorgt dafür, dass die meisten Männer auch heute abwesend sind. Damit bleiben die Mütter allein aus zeitlichen Gründen das Hauptbezugssystem für die Kinder.

Viele Frauen wünschen sich mehr gemeinsame Familienzeit, ebenso mehr Engagement von ihren Männern. Nicht zu vergessen: Viele Frauen erziehen ihre Kinder nach einer Trennung quasi allein, da die Männer den Erziehungsstab dann oft komplett an die Mutter abgeben. Ebenso nicht zu vergessen: Viele Väter tappen unfreiwillig als unscharfe Hintergrundväter durchs Leben ihrer Kinder, weil die Mütter ihr K.o.-Argument auspacken: »Das Kind braucht jetzt seine Mutter.« Diese Väter springen dann bei mir in der Praxis im Dreieck (ich habe dafür extra ein paar Geräte aufgebaut … nein, natürlich nicht), weil sie es nicht fassen können, dass ihre Ex den geplanten Ausflug mit ihrem Kind schon wieder abgesagt hat. Am Ende bleiben Wut, Frust, Ratlosigkeit. Das K.o.-Argument ist einfach unschlagbar.

Engagierte Väter sind jedoch die Ausnahme. Die meisten Männer finden sich nach der Trennung damit ab, bei ihren Kindern künftig die fünfte Geige zu spielen. Die meisten Kinder – egal ob Trennungskind oder nicht – wachsen also auch heute noch im Dunstkreis ihrer Mutter auf. Sie hat das Erziehungsmonopol, und das Kartellamt schweigt dazu. Dabei ist mittlerweile glasklar, dass der Vater vor allem für die Entwicklung des Sohnes genauso wichtig ist wie die Mutter – ab dem Teenageralter sogar noch wichtiger.

Papa, wo bist du, wenn man dich braucht?

Wenn die Mutter »immer« für den Sohn da ist und der Vater nur manchmal, ist das schlecht für den Sohn. (Natürlich müssen sie auch für ihre Töchter da sein, aber das ist eine andere Geschichte, die den Rahmen dieses Buches sprengen würde.) Die Balance stimmt nicht, denn die Mutter hat, wie bereits gesagt, zu viel Raum. Darüber hinaus braucht ein Junge beide Elternteile jeweils für ganz unterschiedliche Dinge.

Große Männer sind Experten für den kleinen Mann, von ihnen lernt er, was ein Mann so alles braucht. Psychologen sprechen von drei Bereichen, in denen ein Vater eine tragende Rolle für seinen Sohn spielt:
1. Die Förderung von Autonomie,
2. Die Ermutigung zur Expansion,
3. Der Beitrag des Vaters zur Gestaltung der Geschlechtsidentität.

Riiiisikoooo!

Väter gehen von Anfang an anders mit ihrem Baby um als Mütter. Während die Mutter einen sehr engen Kontakt zum ihrem Kind pflegt (vor allem in den ersten Wochen, der sogenannten »symbiotischen Phase«), hält der Vater mehr Distanz. Er schneidet lustige Grimassen, macht den kleinen Sohn oder die kleine Tochter nach oder fuchtelt mit irgendetwas Buntem oder Quietschenden oder einer Kombination aus beidem vor deren Näschen herum, bis sie ihrerseits quietschen. Mit seinem Vater macht das Baby völlig andere Erfahrungen als mit der Mutter, und es lernt: Papa ist ganz anders als Mama.

So viel zu Töchtern *und* Söhnen, ab hier lasse ich die Mädchen mal wieder links liegen und fokussiere mich auf die Vater-Sohn-Beziehung.

Sobald der Sohnemann nicht mehr ganz so fragil ist, nähert sich der Vater ihm mehr auf der Körperebene. Er beginnt zum Beispiel, ihn hochzuwerfen und aufzufangen oder spielerisch mit ihm zu raufen. Oft spielt sich dann im heimischen Wohnzimmer in etwa folgende Szene ab:

Mutter im Hintergrund (noch nett): »Nicht so hoch! Nicht so doll! Nicht so weit!«

Vater (leicht außer Atem und frohgemut): »Ihm gefällt's doch. Guck mal.«

Mutter (nicht mehr ganz so nett): »Er hat Angst.«

Vater (sich seiner Sache noch sicher): »Aber er lacht. Guck, es macht ihm Spaß.«

Mutter (wissend): »Es macht ihm Angst. Er lacht, weil er aufgeregt ist.«

Vater (leicht genervt): »Blödsinn. Er sieht fröhlich aus, er lacht.«

Mutter (zynisch): »Na, du kennst deinen Sohn ja offenbar besser als ich.«

Vater (lenkt genervt ein): »Ach, Claudia…«
Mutter (laut): »Wer hat das Kind denn neun Monate im Bauch gehabt, du oder ich?«

Da haben wir es wieder, das K.o.-Argument der Mutter: »Ich, nur ich allein weiß, was für mein Kind gut ist. Geh du in die Garage und schraub an deinem Motorrad weiter, davon verstehst du was.«
Wer kann es dem Vater verübeln, dass er genau das immer öfter tut?
Dabei ist das, was in der beschriebenen Szene zwischen Vater und Sohn passiert, eine super Sache. Es handelt sich nämlich um eine sehr freudvolle Begegnung, die nur ein ganz kleines bisschen gefährlich ist, gerade so viel, dass das Kind lustvoll erschauert. Darüber hinaus entwickelt der Sohn auf diese Weise Vertrauen zu seinem Vater, schließlich wird er nach jedem Wurf wieder von ihm aufgefangen. Er bekommt Halt von seinem Artgenossen. Der Vater ist für ihn da, ganz und gar. Als Vater und als Mann mit all seinen männlichen Bedürfnissen nach ein bisschen mehr Weite, Krach und Kampf. Auf die Art und Weise lernt der Sohn, dass solche Dinge auch zu seinem Leben gehören. Er erfährt: Ich bin okay in meiner Lust an solchen Spielen, am Risiko. »Noch mal, Papa, noch mal!«

Ich erinnere mich noch gut an eine Geschichte, die mein Vater gern erzählte. Er war mal wieder in einen Autounfall verwickelt (was häufiger vorkam, in der Regel mit geringfügigen Blechschäden). Ich saß auf dem Rücksitz und bekam einen leichten Schubs nach vorne, als er auf den Wagen vor ihm auffuhr.
»Noch mal bumm«, soll ich freudig gesagt und begeistert in die Hände geklatscht haben.
Darauf drehte sich mein Vater lachend um und sagte: »Ein andermal wieder.«

In dieser Hinsicht hat mich mein Vater nie enttäuscht.

Es ist komisch, aber ich bin mir sicher, dass ich ihn damals genau dafür liebte, weil er so fröhlich arglos mit der Situation umging. Nun ist das ein Beispiel für eine wirklich gefährliche Situation, nicht zuletzt deshalb, weil es damals weder Kindersitze noch Sicherheitsgurte gab. Und ja, es ist ein Beispiel mit einem kleinen Mädchen. Ich erzähle Ihnen die Geschichte trotzdem, weil sie so schön illustriert, wie anders Väter mit ihren Kindern umgehen als Mütter. Allein wie stolz er diese Geschichte präsentierte – einen Autounfall!

Meine Mutter fand das gar nicht lustig, und ihre Sicht auf die Situation hat natürlich ebenfalls ihre Berechtigung.

Männer sind auch in finanziellen Belangen risikoaffiner als Frauen, was uns unlängst eine Bankenkrise eingebracht hat. Da wäre ein weiblicher, verantwortungsvoll sicherheitsorientierter Blick sicher hilfreich gewesen. Was nicht heißt, dass dieser Blick immer der bessere ist. Frauen sind zum Beispiel oft zu wenig risikobereit, wenn es um die Gründung einer Firma geht. Sie haben tolle Ideen, aber sie setzen sie nicht um.

Sie sehen, es braucht beides: Mal ein bisschen mehr Sicherheit, mal ein bisschen mehr Risiko. Mal ein bisschen mehr Angst, mal ein bisschen mehr Mut. Deshalb ist es auch (unter anderem) von wirtschaftlicher Bedeutung, dass Männer und Frauen an einem Tisch sitzen und auf Augenhöhe miteinander reden, statt zu sagen:»So wie ich es mache, ist es besser.«

Zusammenfassend könnte man also sagen, dass die Väter die wichtige Aufgabe haben, eine Gegenwelt zu der begrenzenden, sicherheitsbedachten Mutterwelt zu etablieren. Sie fördern die Autonomie ihrer Kinder, wo die Mutter eher sicherheitsorientiert und bindungsbedürftig ist, und ermutigen sie, sich weiter zu entfernen, während die Mutter sie eher zurückpfeift.

Allerdings ermutigt der Vater seinen Sohn nicht nur zur Expansion, er zeigt ihm auch auf, wo die Grenzen sind, und begegnet auf diese Weise dessen aggressiven und bisweilen destruktiven Tendenzen. So lernt das Kind, sich diesbezüglich zu regulieren, und zwar von jemandem, der sich damit auskennt.

Schon mal auf einem Spielplatz gewesen? Oder in einer Einrichtung, in der die Frauen nicht sofort herbeieilen, sobald Jungs sich mal raufen? Dann wissen Sie, wovon ich spreche. Auch hier gilt natürlich: Nicht alles ist erlaubt. Aber im Umkehrschluss gar nichts zu erlauben, ist eben nichts für Jungs. Sie brauchen den Kampf, den Austausch mit anderen auf körperlicher Ebene.

Wenn ein Mann seine Vaterrolle gut ausfüllt, wird sein Sohn in seiner Entwicklung zum Mann bestärkt. Schließlich hat er ein Vorbild, mit dem er sich identifizieren kann, fühlt sich verstanden und anerkannt. Hin und wieder wird er ein bisschen kämpfen und sich dafür nicht schämen, und er wird Grenzen akzeptieren lernen. Eines hingegen wird er nicht: von seiner Mutter abhängig sein, weshalb er auch auf ihre Überfürsorglichkeitsangebote nur wenig oder gar nicht eingehen wird.

Penis-zu-Penis-Dialog

Diesen schönen Begriff habe ich mal irgendwo gelesen und fand ihn sehr passend für das, worum es als Nächstes gehen soll. Der Dialog über die männliche Sexualität ist für Frauen verständlicherweise schwierig, in der Pubertät allerdings von größter Bedeutung. Daher muss hier der Vater ran, der weiß einfach am besten, wovon er spricht.

Die Pubertät markiert den Übergang vom Kind zum Erwachsenen und ist vergleichbar mit der sogenannten »Trotzphase« im Alter von etwa zwei Jahren. In dem Alter erkennt das Kind zum ersten Mal, dass es ein autonomes Wesen ist. Es ist nicht mehr untrennbar mit den Eltern verbunden und muss demzufolge nicht mehr allem zustimmen. Folgerichtig hält ein neues, geradezu magisches Wort in das kindliche Universum Einzug: Nein! Jenes Wort sagt das Kind in dieser Phase zum Leidwesen der Eltern oft und gern. Den Begriff »Trotzphase« finde ich übrigens total daneben, denn er verleiht einer sehr positiven Sache einen negativen Touch. Immerhin liegt es in den Genen eines jeden Menschen, sich irgendwann von seinen Eltern zu lösen und sein eigenes Ding zu machen.

Sein eigenes Ding machen, unter anderem mit seinem eigenen Ding – darum geht es in der Pubertät auch, wenngleich auf einer höheren Ebene. Denn das Kind spricht zu dem Zeitpunkt bereits fließend eine oder sogar mehrere Sprachen, hat ein eigenes Bewusstsein ausgebildet und durchläuft eine kleine sexuelle Revolution. »Umbauarbeiten bei laufendem Betrieb«, beschrieb einer meiner Klienten seine Zeit zwischen 13 und 18 sehr treffend.

In dieser Phase der Mannwerdung wird der bislang eher körperorientierte Austausch (Sport, Rangeln) im besten Falle durch einen geistigen Austausch flankiert, eben den »Penis-zu-Penis-Dialog«.

Damit meine ich nicht nur Gespräche im Sinne einer Penis-Gebrauchsanweisung, das vielleicht sogar am allerwenigsten. Ich meine vielmehr den Dialog in Bezug auf die männlich sexuelle Identität. Das bezieht sich gleichermaßen auf den verbalen Austausch und den nonverbalen, in dem der Vater Vorbild ist, auch wenn er gerade nicht redet. Ein gutes Vorbild, versteht sich, mit der genau richtigen Anzahl Eier – nicht zu viele und nicht zu wenige.

Mit der richtigen Anzahl Eier kann der Vater unbeschadet in Auseinandersetzungen gehen, er bietet seinem Sprössling Reibung, geht offen in Konflikte. So ermutigt er den Jungen zur Autonomie und Expansion und lehrt ihn gleichermaßen die Begrenzung derselben – vormals auf körperlicher, jetzt auf intellektueller Ebene. Der Große, der in vielerlei Hinsicht noch klein und unreif ist, obwohl er das ganz und gar nicht so empfindet, erfährt so durch seinen Vater maximale Orientierung.

In vielen primitiven Kulturen gibt es Initiationsrituale, in denen Jungen um die 12, 13 Jahre von älteren Männern zu Männern gemacht werden. Unter anderem lernen sie bei der gemeinsamen Jagd eine Menge über Autonomie, Expansion und Begrenzung. Darüber hinaus bekommen sie noch etwas ganz Wesentliches mit auf den Weg: Anerkennung von Vertretern des eigenen Geschlechts.

Das ist etwas völlig anderes als mütterliche Anerkennung. Die Bestätigung durch einen Mann ist wie ein Ritterschlag, der besagt: Nun gehörst du zu uns, bist einer von uns. Das stärkt Selbstwert und männliche Identität, zum Beispiel für jene Zeiten, in denen die Partnerin versucht, daran etwas zu ändern. In dem Fall ist es nämlich wichtig, dass der junge Mann dem etwas entgegenzusetzen hat, dass er Position bezieht.

In der heutigen Zeit überwiegt noch immer die Anerkennung durch die Mutter, und der Sohn wird in Ermangelung von Alternativen (zu Hause wie auch in Kindergärten fehlt es an Männern) sehr wahrscheinlich in eine dysfunktionale Beziehung zur Mutter rutschen. Gleichzeitig wird er zeitlebens getrieben sein von seiner Sehnsucht nach männlicher Anerkennung. Er wird sie in allen anderen Männern suchen, etwa in seinen Chefs oder den Führern einer extremistischen Partei.

Es hat also auch Folgen für die Gesellschaft, wenn der »Vater *nicht* mit dem Sohne« und die Mutter deshalb zu viel Raum bekommt. Was die Mutter genau damit anrichtet, ist die nächste Frage, der ich nachgehen möchte.

Wie Mütter aus erwachsenen Männern Babys machen

A chi io parlerò, se non a te?
A chi racconterò tutti i sogni miei?
Lo sai, mi hai fatto male lasciandomi solo così,
ma non importa, io ti aspetterò!

Fausto Leali, »A chi«

Mit wem soll ich reden, wenn nicht mit dir?
Wem soll ich all meine Träume erzählen?
Du weißt, du hast mir wehgetan, als du mich verlassen hast.
Aber das ist egal, ich werde auf dich warten!

Diese Zeilen sang Fausto Leali im Jahr 1967 herzerweichend, und es ist unklar, wen er mit »dir« meint. Seine Mutter? Seine Exfrau? Fausto ist verzweifelt. Offenbar ist er von seinem Versorgungssystem abgekoppelt worden, und das wirft ihn völlig aus der Bahn. Ohne sie ist er nichts, war er nichts. Sie ist schuld, sie hat ihn schlecht behandelt, trotzdem kann er nicht ohne sie. Da hilft nur noch leiden, jammern, den Kopf in den Sand stecken. Die altbekannte Vogel-Strauß-Taktik.

Nur wie wird aus einem Mann ein großer Vogel, der nicht alleine fliegen kann und Probleme nur zu gerne verdrängt oder ignoriert? Die Spur führt, wenig überraschend, zu Mama. Was mich bei meiner Recherche allerdings erstaunte, war die Art und Weise, wie Mama verhindert, dass ihr Sohn Verantwortung übernimmt – und wie das auf gesellschaftlicher Ebene Blüten treibt.

Wendet man die Subventionierungsmetapher nämlich auf die Mutter-Sohn-Beziehung an, wird klar, warum der Vogel nicht fliegen lernt. Die zinslose Frühförderung durch die Mutter ist im Grunde ein lebenslanger Kredit. Das Wörtchen »noch« ist somit obsolet. Der Sohn muss nicht *noch* keine Verantwortung übernehmen – er muss es nie. Der Preis dafür ist allerdings hoch, denn er hat ein Leben lang Schulden bei der Mutter. Das schafft Abhängigkeit.

Fremdfinanzierte Startups, die sich innerhalb einer gewissen Zeit nicht selbst tragen, müssen aufgeben, wenn der Investor den Geldhahn zudreht. Sie haben nicht gelernt, auf eigenen Füßen zu stehen. Geld weg, Firma weg – oder neuer Investor her. Bleibt der mütterliche Hahn offen, bleibt der Sohn lebenslänglich lebensuntauglich. Er lernt nicht, auf eigenen seelischen Füßen zu stehen, er muss es gar nicht lernen. Tritt die Mutter irgendwann räumlich in den Hintergrund, stehen längst neue Investoren bereit: Freundinnen und Ehefrauen. So funktioniert ein Großteil der Beziehungen auch Jahre später noch exakt nach diesem Schema: Mann = Sohn, Frau = Mutter.

Vor meinem geistigen Auge packen jetzt Tausende von Frauen ihre Gitarren aus. Denn davon können sie ebenso wie Fausto Leali ein herzerweichendes Lied singen.

Die früh etablierte Subventionierung des Sohnes durch die Mutter ist eine ungesunde Komfortzone, ein gemütliches Gefängnis. Aus dem kommt man nur schwer heraus, also bleibt man lieber gleich drin: klein, abhängig, hilflos – lebenslänglich.

Willkommen in Deutschland!

Wenn ich mich umsehe, schaue ich auf eine Gesellschaft, die Verantwortung meidet wie die Pest. Etwas läuft nicht? Ach, da soll sich jemand anders drum kümmern, zum Beispiel Mutter – Verzeihung – Vater Staat. Oder die EZB. Die druckt dann einfach noch ein bisschen Geld, wenn der Staat mal wieder zu viel ausgegeben hat, weil er ein paar Banken retten musste. Der Blick geht stets eine Etage höher. Mama, Papa, Chef, Staat, mach mal!

Ich habe mich 30 Jahre lang schlecht ernährt und zu viel getrunken. Krankenkasse, mach mal! Zahl meine Operationen, meine stationären Aufenthalte.

Mein Leben ist doof. Politik, mach mal!

Sich an die eigene Nase fassen, selbst anpacken – das haben

viele Menschen nicht in ihrem Repertoire. Schon in der Schule lernen sie nicht, auf eigenen Beinen zu stehen. Die Kinder schauen nach vorne zum Lehrer, schauen zu ihm auf. Mach mal! Wie sollen sie da lernen, eigenverantwortlich denkende Erwachsene zu werden? Von wem?

Auf so manchem Elternabend habe ich live miterlebt, wie Eltern die Verantwortung abgeben. Das Kind schreibt schlechte Noten? Entweder das Kind ist schuld oder der Lehrer – oder gleich die Schule. Nur sie selbst stehen wundersamerweise nicht auf der Liste. Der Vater schon gar nicht, der ist ja noch nicht einmal beim Elternabend.

Was ist das für ein Land, in dem die Bürger die Verantwortung für die Erziehung ihrer Kinder, die Verantwortung für ihre Gesundheit, für ihr eigenes Leben abgeben? Man mag das liebevoll Sozialstaat nennen, doch mit sozial hat das meines Erachtens nicht viel zu tun, wenn diejenigen, die könnten, nichts tun und stattdessen ihren Ballast auf andere abwälzen. Ich nenne das asozial.

Abhängige Männer machen Gesellschaft

Etwa die Hälfte der deutschen Bevölkerung sind Männer. Sie haben unsere Gesellschaft geformt und geprägt. Sie wurden wiederum durch ihre Eltern geformt und geprägt, seit Ende des Zweiten Weltkrieges vor allem durch abwesende Väter und übermächtige Mütter, die ihre Söhne subventionierten. Moment mal, der Mann subventioniert? Von wegen, mögen Sie nun vielleicht dagegenhalten, die Frauen sind doch das subventionierte Geschlecht. Es stimmt, dass Frauen seit einigen Jahren viel Unterstützung erfahren, sei es durch Gesetze, Institutionen, Gelder und überhaupt eine für die Problematiken des Frauseins in der Männerwelt sensibilisierte Gesellschaft. Dies alles hat zum Ziel, die Frau dem Manne sozial und monetär ebenbürtig und damit eben*wertig* zu machen, was sie durchaus immer noch nicht ist. Da geht noch was!

»Gender ist doch immer nur Frauenzeug«, schimpfte kürzlich ein Klient, und es ist nicht von der Hand zu weisen, dass Männer bei diesen Sonderbehandlungen nicht vorkommen. Insofern verstehe ich den Ärger meines Klienten und gebe ihm recht. In der Tat ist es etwas unglücklich, diese Maßnahmen mit *Gender-Irgendwas* zu betiteln, obwohl es sich eigentlich um *Frauen-Irgendwas* handelt.

Vor allem wenn man bedenkt, dass Männer heutzutage mehr denn je Unterstützung brauchen, und zwar gerade *weil* sie jahrzehntelang unterstützt wurden. Männer müssen lernen, ohne Subventionen zu überleben, ohne Mama und Mamaersatz. Das ist gar nicht so einfach, denn die Abhängigkeit beginnt schon mit der Geburt, womit sie genug Zeit haben, sich daran zu gewöhnen.

Subventionsspritzen in der Wiege

Das Erste, was der männliche Säugling wahrnimmt, wenn er das Licht der Welt erblickt, ist in den meisten Fällen seine Mutter. Sie ist sein allererstes Bezugssystem und vorerst meist auch sein einziges. In den ersten sechs Monaten seines Lebens – der Zeitraum, über den die meisten Frauen stillen – bilden Mutter und Kind eine Symbiose. Das Kind ist körperlich und seelisch von ihr abhängig und erlebt sie noch (!) als Teil seiner Person – untrennbar mit ihr verbunden. Geht alles gut, passiert zweierlei. Erstens versorgt die Mutter das Kind mit Liebe, Geborgenheit und Nahrung, wodurch das Kind ein Sicherheitsgefühl und Urvertrauen entwickelt. Zweitens kann sich das Kind nach dieser symbiotischen Phase von der Mutter lösen und sein Selbst entwickeln. Das ist dann der erste Schritt auf dem Weg zum Individuum.

Die Beziehungsgestaltung zwischen Mutter und Kind bildet die Grundlage für spätere Beziehungen. Es ist also von großer Bedeutung, wie diese ersten Monate verlaufen. Apropos: Etwa um diese Zeit beginnt das Kind zu krabbeln, und mit etwa einem Jahr lernt es zu laufen. Beim Krabbeln entfernt sich das Baby zum ersten Mal räumlich und selbstbestimmt von den Eltern. Wer Babys schon mal beim Krabbeln oder ihren ersten Schritten beobachtet hat, dem ist sicher aufgefallen, wie sie sich mit einem Blick zurück immer wieder der Anwesenheit von Mutter und/oder Vater versichern. Seid ihr noch da? Bin ich zu weit weg? Wie findet ihr das, dass ich einfach in den Nebenraum robbe? Gefällt euch das?

Wenn es den Eltern gefällt, wird das Baby fröhlich immer größere Kreise ziehen und seinen Raum erweitern. So ist es in ihm angelegt. Behagt es den Eltern dagegen nicht, wird das Kind weniger fröhlich dabei sein und seinen Radius einschränken. Dabei ist beachtenswert, dass Frauen in solchen Situationen wesentlich ängstlicher sind als Männer.

Die Mütter von heute waren oft selbst vernachlässigte Töchter und haben unter ihren lieblosen Müttern gelitten (auch in zahlreichen Frauenseelen hat der Krieg – wenig überraschend – großen Schaden angerichtet). Die Sehnsucht nach bedingungsloser Mutterliebe übertragen diese Frauen unbewusst auf ihre Kinder. Dabei verwechseln sie sich quasi selbst mit ihrem Kind und ersticken es mit den besten Absichten in Überfürsorge: Was ich nicht hatte, sollst du nun im Übermaß bekommen.

Es sind daher vor allem die Mütter, die aus Angst enorme Sicherheitsschlösser um ihre Kleinen bauen.

Der boomende Baby-Sicherheits-Markt denkt sich immer neue Anti-Angst-Artikel aus und verhindert so von Beginn an den vor allem bei den Jungen angeborenen Expansionsdrang mit Kantenschutz, Eckenschutz und anderem. Einer der Veranstalter der Konferenz »Babymarkt im Wandel« spricht ungeniert von einem »Geschäft mit der Emotion« und einem »gewünschten guten Gewissen«. Wehe den Eltern, die nicht alles tun, was man in puncto Sicherheit tun kann!

»Gefahr ist bäh!« – Diese Botschaft versteht der kleine Prinz, und seine ängstlich fragenden Blicke in Richtung Mutter werden sich häufen. So lernt er von Anfang an, sämtliche vermeintlichen Gefahren weiträumig zu umkrabbeln und auf den mütterlichen Schutz zu vertrauen. Er wächst auf in einer Welt, in der es keine scharfen Kanten gibt.

Nicht dass einige Sicherheitsmaßnahmen nicht auch sinnvoll wären, das Problem ist vielmehr die Übertreibung, die Überangst. In diesem Fall ist jedenfalls klar, wer zuerst da war: das ängstliche Huhn, nicht das Ei. Und ängstliche Hühner verfügen über einen endlosen Vorrat an Subventionsspritzen.

Hin und weg: Das Dilemma des (kleinen) Mannes

Der Kredit einer Subventions-Mutter ist unerschöpflich. Sie hilft ihrem Sohn, beschützt ihn, hat immer Verständnis, verzeiht ihm seine Fehler und findet grundsätzlich toll, was er macht. Umgekehrt ist er für sie da und tut alles für ihre Liebe. Mit ihr kann ihm nichts passieren, daher ist ein Leben ohne sie unvorstellbar – wer sorgt sonst für Kantenschutz? Ohne Mama ist der kleine Junge »mutterseelenallein«. Deshalb sitzt sie für ihn auch ein Leben lang auf einem Thron. Das heißt, nur zum Teil. Denn da ist immer noch die Sache mit dem Gefressenwerden…

Je ängstlicher Mutti ist, desto mehr wird sie versuchen, den kleinen Leo vor der bösen Welt zu beschützen, was dieser mit Liebe verwechseln wird. Er weiß leider nicht, dass Liebe vor allem loslassen können bedeutet. Sie übernimmt für alles Verantwortung – toll! Mutti ist die Beste! Sie hat ihren kleinen Leo-Liebling nun mal zum Fressen gern. Je liebesbedürftiger sie selbst ist, desto mehr wird sie ihn, wenn auch unbewusst, fressen.

Ab da wird es für den Kleinen kompliziert. Einerseits erlebt er sich hilflos, weshalb die Nähe zu Mama gar nicht nah genug sein kann. Andererseits will niemand gerne gefressen werden, und dieses Risiko besteht immer dann, wenn er sich ihr nähert. Was tun? Eine echte Zwickmühle, wie wir sie von dem alten Brettspiel kennen. Wo man seinen Mühlestein auch hinschiebt, hat man verloren. Der kleine Mann wird sich auch als großer Mann immer wieder in diesem Dilemma befinden: Nähe oder Distanz? Viel zu viele Männer spielen einfach weiter, obwohl sie nur verlieren können. Weder geben sie sich in Beziehungen ganz hin noch lösen sie sich ganz. Sie tun irgendwas dazwischen, und das bedeutet Leid auf beiden Seiten. Wer das Stichwort »Bindungsangst« bei einer bekannten Suchmaschine eingibt, erhält ungefähr 62 300 Ergebnisse in 0,25 Sekunden. Gefühlt genauso schnell weg ist der Mann, sobald er auch nur die Gefahr wittert, gefressen zu werden.

Pendeln zwischen Größenwahn und Hilflosigkeit

Die lebenslange Subventionierung hat noch eine weitere Schattenseite. Die grenzenlose Liebe der Mutter führt beim Sohn zu einer unrealistischen Selbsteinschätzung in Bezug auf andere. Sein Ego steigert sich ins Unermessliche, denn er wächst in dem Glauben auf, er sei immer und überall der Größte. Ohne die permanente Bestätigung durch die Mutter fühlt er sich allerdings klein, ängstlich und verletzlich. So bleibt sein Selbstwert instabil, ständig abhängig vom Spiegel der Mutter – oder jenen Personen, die an deren Stelle treten.

Diese ungesunde Liebe zur Mutter bildet das Muster für alle späteren Beziehungen, weshalb der Mann die Strategien, die er als Kind unbewusst entwickelt hat, um die mütterliche Liebe sicherzustellen, nicht selten auch noch im hohen Mannesalter anwendet: die Mutter oder Partnerin erhöhen, klein beigeben, überhaupt sich klein machen, sich hilflos zeigen und Konflikten très charmant aus dem Weg gehen. Sein Ziel dabei ist, von Mama gerettet zu werden. Manche Männer tun genau das Gegenteil davon. Sie machen sich groß und wichtig, stark und unangreifbar – ein ganzer Kerl, Mutters ganzer Stolz. Beide Verhaltensweisen basieren auf der gleichen Angst, nämlich die Liebe der Mutter zu verlieren.

Ein Grund für viele Beziehungsprobleme in der heutigen Zeit ist die Tatsache, dass solche Strategien mittlerweile bei immer weniger Frauen funktionieren. Damit laufen die kindlichen Versuche des vermeintlich erwachsenen Mannes ins Leere. Wirklich zu schade, dass er keine Alternativen parat hat.

Der »erwachsene« Mann torkelt also zwischen Größenwahn und Selbstunterschätzung durchs Leben, je nachdem ob er zu viele Eier hat oder gar keine. Sei es auf der Suche nach einer Mutterfigur, die ihn nährt und stärkt und vor der er gleichzeitig Angst hat, oder einer Männerfigur, die ihn anerkennt und ihm Orientierung bietet.

Der Wunsch nach männlicher Anerkennung treibt ihn in die Arme von Männern, die ihm übergeordnet sind und denen er oft loyal ist bis zum Abwinken. Dramatische Ausmaße nimmt dies in hierarchisch strukturierten Organisationen an, insbesondere wenn sie fanatisch, religiös oder gar beides sind.

Der frühkindliche Mix aus Mütter-Subventionierung und Abwesenheit der Väter gebiert kleine Männer, die gleichermaßen übergroß gemacht wurden. Allzu oft sind diese Männer nicht in der Lage, sich im Hinblick auf die jeweilige Situation angemessen zu verhalten, sie handeln »automatisch«, ungesteuert, meinen häufig sogar, sich so verhalten zu müssen. Aber es ist nicht immer angemessen, sich zu ducken und klein beizugeben. Ebenso wenig ist es angemessen zu meinen, man habe immer recht und alle müssten immer tun, was man sagt. Für diese Unfähigkeit der meisten Männer, ihr Verhalten situationsgerecht zu steuern, gibt es meines Erachtens nur einen Begriff: unreif.

Wie sich diese Unreife zeigt, was sie anzurichten vermag und wie sie die dringend notwendige Entwicklung verhindert, darum geht es auf den folgenden Seiten.

Mannsbilder

Du weißt, ich küsse heiß, du weißt ich brenne gleich
Du weißt das ich immer alles, alles erreich
Ich bin ein Mann
Hey jey jey Ich bin ein Mann uhua ohja
Denk daran ich bin ein Mann
Warum behandelst du mich wie ein großes Kind?
Meine Küsse brennen heißer als Wüstenwind
Ich bin ein Mann
Hey jey jey Ich bin ein Mann uhua ohja
Ted Herold, »Ich bin ein Mann«

Der Song stammt aus dem Jahr 1959. Damals war noch recht klar, was ein echtes »Mannsbild« ist. Heute lässt sich das nicht mehr ganz so einfach bestimmen, denn es gibt eher mehrere verschiedene Männertypen, die wir in diesem Kapitel näher betrachten wollen. So unterschiedlich die einzelnen Typen sein mögen, eines haben sie jedoch gemeinsam: In allen Kategorien überwiegt unreifes Verhalten.

Das heißt keinesfalls, dass es derzeit überhaupt keine reifen Männer gibt, und es heißt auch nicht, dass all jene Männer, die sich unreif verhalten, überhaupt keine reifen Anteile haben. Die haben sie durchaus, und in meinen Beschreibungen habe ich die sich daraus ergebenden Qualitäten berücksichtigt, damit Sie sehen können, wie Männer zu einer Verbesserung der Welt beitragen. Dies verstehe ich durchaus auch als Aufforderung.

Ich habe die »Mannsbilder« auf den folgenden Seiten ganz bewusst sehr plakativ gezeichnet. Diese Vereinfachung ist meines Erachtens notwendig, um den Blick zu schärfen. Ihr scharfer Blick dient letztlich einem guten Zweck, nämlich der (Selbst)erkenntnis und damit der Entwicklung von Reife.

Ein bisschen Polemik jetzt also. Die Absicht heiligt die Mittel.

Funktioniert (noch): Der Old-School-Mann

Diese Kategorie Mann existiert schon sehr lange. Statt Old-School-Mann könnte man ihn auch 50er-Jahre-Mann nennen, denn die 1950er sind seine Geburtsstunde. Zwar hat es ihn gewissermaßen auch davor bereits gegeben, aber das waren andere, weniger moderne Zeiten. Wer die Serie *Mad Men* kennt, hat gleich eine ganze Reihe solcher Männer vor sich. Starke Kerle, die in männerdominierten Branchen im mittleren bis oberen Management arbeiten, wie zum Beispiel Anwälte, Banker, Unternehmensberater. Sie sind stark karriereorientiert, geeignete Kandidaten für Kamingespräche und des Golfens mächtig.

Der Old-School-Mann arbeitet Vollzeit, gerne auch mehr und oft bis in die späten Abendstunden sowie am Wochenende. Seine Loyalität gilt seinem Vorgesetzten, für ihn ist er sogar bereit, seine Familie zu opfern. Da sein eigener Vater genauso abwesend war wie er, fehlt ihm die männliche Orientierung, die Ankopplung an ein gesundes Männerbild. Nicht selten sucht er daher in seinem Chef einen idealen Vater, dem er um jeden Preis gefallen möchte. Dadurch macht er sich abhängig von dessen Anerkennung. Sein Sohn wird sehr wahrscheinlich in seine Fußstapfen treten oder eben genau das verweigern und gegen ihn rebellieren. Der Old-School-Mann ist nicht der einzige abwesende Vater – die finden sich auch bei den anderen Männertypen –, aber er stellt insofern eine Besonderheit dar, als dass er das Alphamännchen-System immer wieder aufs Neue etabliert. Dazu braucht es eine hohe Loyalität der Beta(etc.)männchen, und die ist in diesen Tagen definitiv vorhanden.

Der Old-School-Mann verdient gut und betrachtet sich als alleinigen Versorger seiner Familie. Seine Frau – die beiden sind auf jeden Fall verheiratet – sieht das genauso. Sie hat zwischen zwei und vier Kinder und damit alle Hände voll zu tun. Hinzu kommen Haushalt, Hund und Garten und – je nach Stufe auf der Karriereleiter des Gatten – noch die Aufsicht über die Bediensteten, von der Putzfrau aus dem ehemaligen Jugoslawien über das Au-pair-Mädchen aus Litauen bis hin zum Gärtner aus Polen. Die Rollenverteilung ist klar geregelt: mein Business, dein Business. Das erleichtert den Umgang miteinander immens, weshalb Old-School-Männer, unter anderem auch wegen ihres guten Verdienstes, meist eine sehr harmonische Ehe führen.

Wenn die Kinder älter sind, macht die Frau ihr Hobby zum Beruf (Landhausmöbel, Yoga, Heilpraktikerin) und sich damit nicht selten selbstständig. Einige Frauen fangen auch davor schon an, wieder zu arbeiten, stellen ihre eigenen, auch die beruflichen Bedürfnisse aber grundsätzlich zurück, wenn der Mann auf Dienstreise oder länger arbeiten muss, was so gut wie immer der Fall ist. Samstags schwingt er gern die Grillgabel (wenn er nicht gerade in Tokio oder New York ist), oder das Paar geht gemeinsam zu einer Arbeitsveranstaltung des Mannes, meist ein schickes Abendessen, zu dem die Frau sich herausputzen darf und soll. Er ist stolz auf sie, sie ist stolz auf ihn. Die beiden bleiben sehr wahrscheinlich zusammen, auch wenn die Kinder aus dem Haus sind. Eine glückliche Ehe, solange die Frau ihre Rolle als modernes Heimchen am Herd gerne ausfüllt.

Ich glaube, diese Paarung ist die einzige, die derzeit gut funktioniert. Beide Beteiligten wissen, was sie voneinander erwarten dürfen, beide sind maximal orientiert und stabil im gemeinsamen Erfüllen ihrer konservativen Werte. Eine gewisse Reife kann man dem einen oder anderen Old-School-Mann durchaus attestieren, nichtsdestotrotz schlägt das Pegel meist etwas zu sehr in Rigidität aus, etwa wenn es dann heißt: »So ist es, weil ich es sage, weil es immer schon so war.« Neues hat es bei ihm nicht leicht.

Beim Old-School-Mann besteht die Gefahr einer Hyperaktivität, die man mit »Viel Lärm um nichts« beschreiben könnte. Er ist rund um die Uhr sehr beschäftigt, oft bis spät in die Nacht. Ob das, was er dann tut, wirklich notwendig ist oder ob er damit einfach nur Stille vermeidet, die ihn ins Grübeln darüber bringen könnte, ob sein Leben so ist, wie er es sich wünscht, das wird er wahrscheinlich nie erfahren. Der Schreibtisch des Old-School-Mannes ist immer voll genug.

Wie dem auch sei, das Alte bewährt sich nur so lange, wie das Neue noch nicht ganz da ist. Wir stehen gerade an der Schwelle. Einige Frauen kehren vielleicht gerade entnervt zur Old-School-Version zurück, da ihnen eine undefinierte Rollenverteilung viel zu anstrengend ist. Wer damit zufrieden ist, der soll es bitte sein, ich möchte dieses Modell keinesfalls abwerten. Es ist derzeit wie erwähnt die vielleicht einzige Möglichkeit, eine funktionierende Beziehung zu führen. Allerdings gebe ich zu bedenken, dass diese Beziehungsform gesellschaftlich betrachtet ein Rückschritt ist, denn mit solchen Vorbildern mag sich der Wandel hin zur Gleichberechtigung nicht recht vollziehen. Neben Anwälten und Bankern leben übrigens vor allem auch unsere Politiker dieses konservative Modell, unter anderem auch jene, die familienpolitische Entscheidungen treffen. Sie kommen quasi gar nicht in Berührung mit dem Neuen, sondern leben hinterm Mond in einer Villengegend und bremsen jegliche Entwicklung allein deshalb, weil sie es nicht anders kennen. Oder eben nicht anders haben wollen.

Doch die 50er Jahre sind seit über 50 Jahren vorbei, es wird nie mehr so sein wie damals. Deshalb: Bewegung bitte!

Der Old-School-Mann hat aber auch durchaus reife Qualitäten. Beispielsweise ist er ein Fels in der Brandung und damit ein Ruhepol in Zeiten des Aufruhrs. Seine Stärke ist die Dauerhaftigkeit, das Bewahren. Überall da, wo hektisch-hysterische Veränderer sinnlos-kopflose Entscheidungen vorantreiben, kann er mit Bedacht zur erneuten Prüfung der Tatsachen aufrufen und mitunter Schlimmeres verhindern.

Als Bewahrer bewahrt der Old-School-Mann auch seine alten Werte, wogegen grundsätzlich nichts einzuwenden ist. Solange seine Festigkeit nicht erstarrt und zu einem Dogma wird, solange er immer angemessen flexibel bleibt, kann er mit seinen Qualitäten viel Gutes tun.

Auf dem absteigenden Ast: Der Patriarch

Zwar gibt es einige Überschneidungen mit dem Old-School-Mann, doch wenden wir uns hier der Einfachheit halber der reinen Form des Patriarchen zu, laut einer Freundin »bräsige alte Männer, die einen ständig unterbrechen«. Ich möchte folgende eigene Beobachtungen ergänzen: Der Patriarch ist in aller Regel ein Chef oder zumindest in einer sehr hohen Position. Oder er war früher mal Chef und hat vergessen, dass er es jetzt nicht mehr ist. Er hält sich generell nicht an Regeln, noch nicht einmal an seine eigenen. Im Gegenteil, er ändert sie ständig, damit alle anderen hübsch unorientiert bleiben und ständig Fehler machen, für die er sie dann anschreien kann.

Überhaupt wird der Patriarch gerne laut, damit andere still sind. Er nutzt seine Macht, um sein Gegenüber klein zu machen. Sein Größenwahn führt zur Überhöhung der eigenen Person und zur Abwertung aller anderen, insbesondere des »schwachen Geschlechts«. Diskriminierende Witze über Frauen findet der Patriarch lustig, und er freut sich wie ein kleines Kind, wenn er seinen

Mitmenschen damit auf die Nerven gehen kann. Wenn er nicht gerade schreit, macht er wenige Worte oder schweigt ausdauernd. So durchschaut ihn keiner – ein weiteres Machtmittel, das er in beruflichen und privaten Beziehungen gerne einsetzt.

Seine Frau ist das genaue Gegenteil von ihm: klein, zart, liebevoll, verzeihend, fürsorglich und in jeglicher Hinsicht machtlos. Genau deswegen hat er sie sich ausgesucht und sie sich ihn. Ihr Vater war nämlich genauso. Der alte Sack, Verzeihung, Patriarch, gibt ihr maximalen Halt und Sicherheit. Auch deren Ehe funktioniert wie die des Old-School-Mannes auf Basis der klaren Rollenverteilung, wobei diese hier noch ein wenig mehr durch die Bestimmtheit des Mannes bestimmt wird. Die Frau des Old-School-Mannes darf immerhin ein eigenes Leben haben, solange es ihren Mann nicht stört und solange sie ihm den Rücken frei hält. Die Patriarchenfrau darf das nicht. Das will sie aber auch nicht.

Der Patriarch ist eine vom Aussterben bedrohte Spezies. Zwar sitzt er hier und da noch in Vorständen oder Aufsichtsräten, aber als Führungsmodell hat er ausgedient. Die Zeiten haben sich geändert, er nicht. Natürlich nicht, schließlich haben sich die anderen an ihn anzupassen und nicht umgekehrt. Vielleicht schlägt er deshalb in Meetings und Vorstandssitzungen noch einmal so richtig um sich, weil er weiß, dass es ihn bald nicht mehr geben wird.

Das Buch *The End of Leadership* von der Harvard-Professorin Barbara Kellerman hat er ganz bestimmt nicht gelesen. Denn darin geht es um das Ende der hierarchischen Struktur von Führung, um die Demontage des Ideals der allmächtigen Führungskraft. In Zukunft werden laut Kellerman einander unterstützende Netzwerke im Mittelpunkt stehen. Es gibt noch einen Grund, warum der Patriarch das Buch nicht lesen wird: Eine Frau hat es geschrieben. Da fällt ihm ein Witz ein...

Den wollen wir aber nicht hören.

Der Patriarch verschwindet mit zunehmendem Anstieg starker Frauen in seinem privaten und beruflichen Umfeld. Diejenigen, die sich von ihm herumkommandieren lassen, werden nämlich immer weniger.

Im Grunde ist der Patriarch ein zutiefst verunsicherter Mann, ein angstbesetztes Männlein. Auch wenn er das selbst nicht weiß, es kostet ihn dennoch große Anstrengung, permanent so zu tun, als wäre er stark und selbstsicher. Keiner darf wissen, wie es in ihm aussieht. Deshalb bellt er auch so viel; er ist sein eigener Zerberus vor seiner eigenen Hölle. Es gibt kaum ein einsameres Wesen als ihn. Letztlich ist der Patriarch eine bedauernswerte Kreatur, die sich nach echter Nähe sehnt. Aber keiner kommt ihm nah oder bedauert ihn, weil er so viel Macht hat und weil er sich so fürchterlich verhält. Niemand kommt außerdem auf die Idee, es könne ihm schlecht gehen. Und genau so soll es sein.

Selbstverständlich haben auch Patriarchen gute Eigenschaften, so sind sie unter anderem brillante Redner, Visionäre, Leader und Macher. Auf der richtigen Bühne bringt er dank seines Mottos »Ein Mann, ein Wort« eine Entwicklung oft eher voran als ein gackernder Haufen Netzwerk-Hühner.

Alles in allem ist der Patriarch jedoch ein Bilderbuch-Bremser. Männer wie er schauen grundsätzlich auf Frauen herab, was zur Folge hat, dass die Frauen ihrerseits auf Männer herabschauen. Ein unglücklicher Kreislauf – so wird das nie was mit der Gleichberechtigung.

Die perfekte Täuschung: Der moderne Despot

Während man einen Patriarchen 100 Meter gegen den Wind riecht, reist der moderne Despot inkognito durchs Leben. Sein erlesenes Gewand glitzert wunderschön in der Sonne – wer würde da einen Schatten vermuten? Im Gegensatz zum Patriarchen wird er uns wohl noch eine Weile erhalten bleiben. Seine Zeit hat vor kurzem erst begonnen, und seine subtile Art zu herrschen macht ihn gefährlicher als den »Alten«.

Der moderne Despot hat zwei Gesichter: ein schönes, lachendes und ein hässliches, verbittertes. Das schöne ist für die Öffentlichkeit bestimmt, das andere nicht. Nach außen hin gibt er sich fortschrittlich und aufgeschlossen. Nicht selten verkörpert er die Moderne schlechthin, State of the Art ist sein zweiter Vorname. Er trägt die angesagtesten Marken, bei ihm zu Hause stehen die angesagtesten Möbel, er besucht die angesagtesten Metropolen. Schließlich soll keiner auf die Idee kommen, er sei reaktionär.

Sein Hang zum neuesten Trend nimmt bisweilen dogmatische Züge an: »Das Hemd *musst* du kaufen«, oder: »Dieses Label ist Pflicht.«

In den 80ern hat er Tennis gespielt, heutzutage geht er laufen. Sein Körper ist gut in Schuss, darauf legt er großen Wert. An seiner Seite befindet sich nicht selten eine Dame, die ebenso großen Wert auf sowohl seinen als auch ihren Körper legt. Sie gehen gemeinsam laufen und auf den Markt, Gemüse und Sprossen kaufen. Mit einer sehr kleinen Tasche, damit das ganze Gemüse gut sichtbar herausragt. Denn auch beim Mega-Trend Veganismus ist der neue Patriarch ganz vorne mit dabei.

Mit Hingabe gibt er Auskunft über Fleischschäden und Tierschänder. Er gehört zu den Guten, die anderen sind dumm und schlecht. Hierin zeigen sich bereits erste Anzeichen für seinen Despotismus. Er wertet seine eigene Person auf, indem er andere abwertet. Der Trick besteht darin, immer auf der Seite der Guten zu sein (darin ist der moderne Despot deutlich besser als der Patriarch). So kann er nach Lust und Laune politisch korrekt dogmatisieren und wird auch noch dafür bewundert, vor allem von Frauen. Die lieben nämlich Männer, die ihre weibliche Seite ausleben und zugleich männlich sind. Das ist ebenfalls mega-trendy, und der Veganismus bietet dafür jede Menge Gelegenheit. Er steht für Interesse an gesunder Ernährung (weiblich), gepaart mit

Zielstrebigkeit (männlich) plus gutes Aussehen. Kein Wunder, dass die Damen an der Seite eines veganen Despoten ihr Glück zunächst kaum fassen können.

Noch ein anderer Aspekt bei Trends ist für unseren modernen Despoten enorm attraktiv, und zwar die Zugehörigkeit zu einer Gruppe mit einem Gott an der Spitze. Im Falle von Veganismus ist die Gottheit dann entweder das Gemüse selbst oder der coolste vegane Kochbuchautor, den der Despot natürlich als Erster entdeckt hat (»Das Buch hab ich mir auf Englisch besorgt, da war es in Deutschland noch gar nicht draußen.«). Der moderne Despot verehrt andere Gurus über alle Maßen, weshalb man ihn auch an seiner Sehnsucht nach Identifikation mit einem »großen Mann« gut erkennen kann. Wahrscheinlich war sein Vater früher abwesend, also gewissermaßen sehr klein.

Moderne Despoten tauchen in vielen verschiedenen Branchen auf, von Bankern über Werber bis hin zu DJs und Künstlern. Sie sind überall da, wo es okay oder sogar gewünscht ist, oberflächlich zu sein, kein Gewissen zu haben und keinerlei Verantwortung zu tragen. Wie bitte?, mögen Sie jetzt denken, das ist doch das genaue Gegenteil von dem, was er predigt. Richtig – soeben haben Sie kurz sein zweites Gesicht gesehen.

Der moderne Despot ist extrem anpassungsfähig. Er ist beliebt bei Alt und Jung und geradezu süchtig nach der Aufmerksamkeit anderer. Deshalb steht er auch gerne auf der Bühne. Applaus ist seine Nahrung, davon bekommt er nie genug. Er hängt am Tropf und muss ständig für Nachschub sorgen. Nicht zuletzt deshalb ist der moderne Despot gruppenorientiert, denn viele Leute bedeuten viel Aufmerksamkeit. Ein weiteres Indiz ist sein oben beschriebenes ständiges Bemühen, als guter Mensch zu erscheinen. Nichts ist ihm wichtiger, als dass andere eine gute Meinung von ihm haben.

Das Innenleben des modernen Despoten ist im Grunde identisch mit dem des Patriarchen. Er ist der neuzeitliche Alltagsnarzisst, der sich mühelos und geschmeidig durch die Metropolen dieser Welt bewegt, mit all den vielen anderen Doppelgesichtigen. Auch deshalb fällt er nur selten auf, weil es zurzeit unendlich viele von ihnen gibt. Ganze Organisationen funktionieren so: medienwirksam sozial engagiert einerseits, Mitarbeiter ausbeuten und Umwelt verschandeln andererseits. Moderne Despoten sind nicht selten selbst ernannte Öko-Könige, Pseudo-Regenwaldretter und sogenannte »Greenwasher«. Das sind Unternehmer, die ihre Produkte wortreich »begrünen«, um die Verbraucher zu täuschen. Lügen ist gerade mega-trendy!

Apropos Lügen. Moderne Despoten findet man auch zuhauf in der Politik, denn sie lieben Macht. Sie herrschen leise und heimlich, denn im Gegensatz zum Patriarchen wollen sie dabei nicht erwischt werden, da das ihr freundlich-grün-soziales Image beschädigen würde.

Ich kenne nicht wenige Frauen, die nicht fassen konnten, was sie erlebten, als ihr »supernetter Kerl« in sein krasses Gegenteil kippte: Wutanfälle, rasende Eifersucht, hassvolle Abwertung – das volle Programm. In Beziehungen verhält sich der Despot meist dann so, wenn die Frau ihn nicht mehr uneingeschränkt bewundert und beginnt, Kritik zu äußern. Dann verwandelt sich sein freundliches Lachen ziemlich schnell in eine zähnefletschende Fratze. Genauso schnell wird er wieder zum supernetten Kerl, der keinem Tier etwas zuleide tun kann.

Nach außen ist der Despot ein Verfechter der Moderne und damit der Gleichberechtigung, in Wirklichkeit ist er jedoch ein konservativ denkender Mensch ohne Gewissen. Ich muss wohl kaum näher erklären, wie diese Männer Entwicklung bremsen.

Dennoch, auch moderne Despoten haben ihre guten Aspekte. Sie bringen Dynamik in Prozesse und nicht selten auch Glamour. Ihre bloße Gegenwart kann Orte, Atmosphären aufwerten. Außerdem haben sie einen hohen Unterhaltungswert, und wenn man ihnen eine Bühne gibt, wissen sie sehr wohl etwas damit anzufangen.

Schade, schade, dass all das Gute zumeist aus Abhängigkeit geschieht. Würde der moderne Despot sich von seinen narzisstisch gestörten Anteilen befreien, könnte er eine ganz wunderbare Führungskraft abgeben. Wäre er nicht abhängig vom Applaus seiner Mitarbeiter und Mitmenschen, könnte er im Guten ganze Berge versetzen.

Bloß nicht erwachsen werden: Der ewige Junge

So mancher junge Mann von 43 Jahren ist irgendwo zwischen 15 und 20 in seiner Entwicklung stehengeblieben. Er hat weder einen Grund, erwachsen zu werden, noch eine Idee davon, was das sein könnte, denn da ist kein Mann weit und breit, der ihm als Vorbild dienen könnte. Seine männliche Linie ist gepflastert mit Patriarchen oder deren genauem Gegenteil: kastrierten Männlein, die sich unterordnen. Wie sie will er nicht sein, das ist klar. Sonst jedoch nicht viel.

Früher war man sich darüber einig, was den Mann vom Jungen unterscheidet: Festanstellung, Ehefrau, Kinder, Eigenheim. Diese »sozialen Marker« von damals sind verschwunden, das Bild ist verwischt. Mit dazu beigetragen haben die Kumpel-Väter, die zu Beginn der 60er Jahre als Gegenreaktion auf die Despoten-Väter zahlreich in Erscheinung traten. Sie ließen sich zynisch über Autorität aus, glorifizierten nostalgisch die eigene Jugend und zogen auf diese Weise jegliche positive Konnotationen männlicher Tugenden sowie Reife in den Schmutz. Es ist also nur allzu verständlich, dass unser 43-jähriger Junge sich fragt: Wer bin ich?, und sich sogleich selbst die Antwort gibt: Keine Ahnung. Lass uns spielen gehen!

Der erwachsene Junge hat im Laufe seines Lebens eine waschechte Allergie gegen alles entwickelt, das nach »Mann« riecht, sei es diszipliniert einer Arbeit nachzugehen, Verantwortung für eine Familie zu tragen oder sich niederzulassen. Wie auch, schließlich heißt sein Credo Freiheit. Er ist maximal unabhängig und offen. So offen, dass er nichts be*schließen* kann. So offen, dass er echten Kontakt meiden muss, um sich treu zu bleiben. Er weiß nicht, was ihm entgeht, denn er hatte nie eine tiefgehende Beziehung, außer zu seiner Mutter. Die hat ihm jedoch nicht gutgetan, da sie maßgeblich dafür gesorgt hat, dass er sich für den Mittelpunkt des Universums hält. Er hatte also zwar nie das Vergnügen, eine gelingende Partnerschaft zu erleben, dafür aber jede Menge anderer Vergnügungen. Sein Leben ist ein einziger Vergnügungspark.

Alles ist oberflächlich und flüchtig, alles ist umsonst – seine Eltern, die er abwertet, haben stets den Eintritt bezahlt und zahlen ihn teilweise immer noch, oder die Ersatzmutter alias seine Partnerin hat mittlerweile die Kosten übernommen. Das tut sie gern. Denn »unser Junge« ist ja sooo süß! Nicht selten ist der ewige Junge großgewachsen, und aktuell trägt er gerne Bart*. Ein echter Traummann. Der niedliche Bär suggeriert der Frau, was sie hören und haben will, nämlich einen starken Mann, der sich *committed* und dabei gleichzeitig weich ist: verspielt, sinnlich, künstlerisch, liebevoll. Zunächst verhält sich »der Kleine« gern wie ein »Großer«, wie ein echter Gentleman. »Für dich tu ich alles«, verspricht er seiner Partnerin den Himmel und glaubt es sogar selbst. Solange er sein Versprechen nicht einlösen muss, kann er seelenruhig weiter versprechen. Noch ahnt die Frau nicht, dass er nichts von alledem tun wird. Mit der Zeit verlängert sich der Satz, der einst so hübsch geklungen hat: »Für dich tu ich alles, solange ich es nicht tun muss.« Aus der Lust von einst wird dann »keine

---

* Der explosionsartige Anstieg von jungen Bartträgern in letzter Zeit gibt mir zu denken. Ich wage eine These: Je mehr sie Kind geblieben sind, desto eher versuchen sie, erwachsen auszusehen. Kurz: Je Bart, desto unreif. Wenn dem tatsächlich so ist, sind die ewigen Jungs auf dem Vormarsch.

Lust«. Das Kind outet sich und geht der Frau damit bald ziemlich auf die Nerven.

Es ist logisch, ewige Jungs brauchen eine ewige Mama. Hängt seine Partnerin diese Rolle eines Tages an den Nagel, was immer häufiger geschieht, wird es ungemütlich für ihn. Vorbei ist es allerdings noch lange nicht, denn das Hin und Her dieser Paarkonstellation zieht sich gern über mehrere Jahre, oft zu Lasten der Kinder. Apropos Kinder: Wird der ewige Junge Vater, haben die Kinder zunächst gut lachen, denn er ist genauso verspielt wie sie selbst. Man kann prima Abenteuer mit ihm erleben, dem Nachbarn Streiche spielen, vielleicht sogar Frösche aufblasen (»Sagt Mutti nichts!«). Werden die Kinder größer, sind andere elterliche Fähigkeiten gefragt. Sinnlos, sie vom ewigen Jungen einzufordern – er hat sie nicht, er will sie gar nicht haben. Eine Freundin erzählte mir von ihrem 16-jährigen Sohn, der ihr eines Tages weinend gestand, er wolle nicht länger stärker sein als der Papa. Schlaues armes Kind.

Was der ewige Junge beruflich macht? Alles Mögliche. Mit Vorliebe jedoch schlecht bezahlte Jobs, die ihm viel Ansehen als »guter Junge« verschaffen. Außerdem betrachtet er sich gern als Opfer eines »bösen« Systems. »Gut« und »böse« sind Wörter, die er bevorzugt verwendet, denn sie entsprechen seiner kindlichen Seele, seiner kindlichen Sicht auf die Welt. Diese hat allerdings auch ihre Berechtigung, denn ein bisschen mehr kindlich-sinnliches »Leben im Hier und Jetzt« dürfen Frauen sehr wohl lernen. Vorausgesetzt, sie haben einen Partner, der diese Seite nicht für sich gepachtet hat und sie so ständig in die Elternrolle drängt.

Überhaupt kann der ewige Junge gesellschaftlich durchaus positive Veränderung bewirken, indem er der ächzend-schuftenden Bevölkerung einen Spiegel vorhält. »Ey, hör mal Reggae. Entspann dich!«, sagt er und lädt uns dazu ein, so manches nicht zu eng zu sehen und sich auch mal des Lebens zu freuen – absolut notwendig!

Abgesehen davon ist der ewige Junge mit dafür verantwortlich, dass wir mehr Kindergärten brauchen. Für ihn selbst und für seine Kinder, die in absehbarer Zeit von alleinerziehenden Müttern großgezogen werden, die dringend Unterstützung in Form solcher Einrichtungen brauchen. Denn der Vater, der ist irgendwo draußen und spielt – erwachsen sein.

Eine Variante des ewigen Jungen: Das Alphapuppy

Es kann passieren, dass der ewige Junge Chef wird. Meist stammt er dann aus gutem Hause und hat zumindest einen offenen Geldhahn im Hintergrund. Manche haben auch geerbt oder schlicht Glück gehabt. Denn sich hocharbeiten ist, wie man sich denken kann, für den ewigen Jungen keine Option.

Ein Alphapuppy ist die kindliche Variante des Alphatieres, sozusagen ein Welpe auf dem Chefsessel. Beide Alphas verhalten sich nicht sehr erwachsen, wenn auch auf unterschiedliche Weise. Das Alphapuppy ist naiv, verspielt, unabsichtlich launisch und unberechenbar. Das kleine Hundchen meint es nicht böse und richtet dennoch Schaden an, was es gar nicht bemerkt, da in der Regel andere seine Haufen wegmachen. Es bellt nicht wie der Alphamann, es kläfft. Dann wieder ist es zum Schmusen aufgelegt und will gestreichelt werden. Es wertet seine Mitarbeiter mal eben ab, um sie im nächsten Atemzug über den Klee zu loben. »High five! Wer kommt mit Kickern?«

Alphapuppys und ihr Rudel sind vorzugsweise in innovativen Branchen zu finden. Im Guten sind sie Querdenker und Visionäre, die ihre Ideen bei Bedarf auch mal mit Wadenbeißen durchsetzen. Dabei sehen sie unheimlich süß aus, weshalb ihnen keiner ernsthaft böse sein kann. Im Gegenteil, es findet sich immer jemand zum Knuddeln. Das ist gut, denn sie sind nicht gern allein, und von Lob können sie nie genug bekommen.

Oft initiieren Alphapuppys Projekte wie Guerilla-Gardening oder etablieren alternative Lebensformen auf dem Land. Sie bewegen viel und damit auch viel Gutes, wenngleich meist auf Kosten von anderen. Da sie aber ausschließlich an das Gute glauben, können sie daran nichts Schlechtes finden. Alphapuppys sind miserable Führungskräfte, die mit Verantwortung spielen – was sollen sie auch sonst tun? Als moderner Robin Hood sind sie zwar oft Impulsgeber für eine bessere Welt, scheiden jedoch letztlich als ernstzunehmende Zukunftsentwickler aus. Ebenso als gleichberechtigte Partner, denn Alpha ist immer oben.

Wenn du willst, bin ich eine Frau: Der zahnlose Tiger

Der zahnlose Tiger erinnert sich noch vage daran, dass er mal ein Raubtier war. Würde er nicht aussehen wie ein Mann, könnte man ihn glatt mit einer Amöbe verwechseln, denn: Angepasster geht nicht. Manche erklimmen auch mal die Stufe des Pantoffeltierchens – die haben zumindest ein paar Beinchen, um sich eigenständig zu bewegen.

Der zahnlose Tiger bewegt sich nicht. Er bleibt, und zwar auf Gedeih und Verderb. Das ist eine seiner Qualitäten und zugleich sein schlimmster Fehler. Er hat keine Beine, keine Zähne, keinen Mut, keine eigene Meinung, ja noch nicht einmal eine eigene Position für sein Tigerleben. Das wäre alles nicht so schlimm, wenn er nicht genau wüsste, dass er es mal hatte, und wenn andere es nicht dauernd von ihm erwarten würden.

Eine Freundin berichtete von einem stattlichen Tiger-Exemplar, das sie vor dem Sex allen Ernstes fragte, ob es in Ordnung sei, wenn er oben liege. Sie benutzte ihn dann noch eine Weile als Bettvorleger.

Wer sich mit einem Tiger anlegt – Verzeihung, diese Formulierung ist nicht angemessen –, wer sich einen Tiger *zulegt*, ist zunächst begeistert. Mit Tigern kann man reden, sie verstehen einen und sind aufmerksame Zuhörer, auch wenn man stundenlang über seinen immer noch geliebten Exfreund spricht. Jener Exfreund wäre eigentlich des Tigers Feind, aber wenn man keine Zähne hat …

Zahnlose Tiger sind prima »Nicker« (wenn man das braucht). Sie sind die Wackeldackel auf dem Rücksitz der Beziehung. Ein bisschen verlacht und verachtet zwar, aber ohne sie ist auch blöd. Im weiteren Verlauf einer Beziehung mit einem Tiger stellen sich auf Seiten der Frau Verständnis und Mitleid ein. Von diesem Teller isst der Tiger dann gierig (mit Strohhalm), und für einen Moment glaubt er, er hätte doch Zähne, ein paar kleine, spitze, mit denen er kleine Tiere ein bisschen zerfetzen kann.

Man darf nicht glauben, dass es ihm an Aggression mangelt, sie ist nur sehr tief vergraben. Ihr Erscheinen steht unter irgendeiner Strafe, die seine Mutter ihm mal auferlegt hat und die sein Vater nicht widerlegen konnte. Zahnlose Tiger haben oft zahnlose Tigerväter, deren passiv-aggressive Opferhaltung sie übernommen haben. Schläge mögen sie gar nicht. Sie können nicht zurückschlagen und beißen erst recht nicht. Sie zeigen sich hilflos, öffnen ihren zahnlosen Mund. »Da, schau!«

Das ist unmännlich, unerotisch und langweilig, befindet die Tigerpartnerin eines Tages, und aus ihrem Verständnis wird Aggression. Prompt zieht sich der Tiger verängstigt zurück, um anschließend seinen größten Trumpf auszuspielen: seine Anpassungsfähigkeit. Damit wird er ihre Liebe zurückgewinnen, glaubt er. Nur leider, genau das nervt sie am meisten, dass er keine eigene Position hat. Infolgedessen wird seine ehemals von seinen weiblichen Eigenschaften so angetane Partnerin zunehmend offen aggressiv, woraufhin der Tiger zwischen Anpassung und Rückzug pendelt. Wenn Kinder Pech haben, werden sie in eine solche Dynamik hineingeboren. Dann lernen die Mädchen zu hauen und die Jungen, wie man ihnen ausweicht. So beginnt der Kreislauf von neuem.

Aber weg von diesem Bild des Jammers. Betrachten wir lieber das Berufsleben des Tigers, das hat nämlich neben ähnlich destruktiven Dynamiken mit Vorgesetzen auch Gutes zu bieten. Der zahnlose Tiger ist empathisch, verfügt über sprachliche Fähigkeiten und ist ein eloquenter Kommunikator, der sich prima in andere hineinversetzen kann, der perfekte Talkshowmoderator. Manchen ist er vielleicht etwas zu glatt, aber er ist unbestritten sympathisch, der nette Junge von nebenan. Er ist gerne für andere da und hat stets ein offenes Ohr für jeden, was ihn zu einem geschätzten Kollegen und Teamplayer macht.

Mit einer Führungskraft, unter deren Schirm er sich sicher fühlt, kann er zur Höchstform auflaufen. Nach oben schafft er es jedoch so gut wie nie. Er ist das geborene Betamännchen, er dient gerne und gut und wird dafür mit Alphamännchen-Anerkennung belohnt. Sein Selbstwert hängt davon ab, dass andere ihn streicheln, deshalb arbeitet er oft über die Maßen viel. Bekommt er sowohl privat als auch beruflich zu wenige Streicheleinheiten, wird er unsagbar traurig und fühlt sich noch hilfloser und nutzloser als zuvor. Der zahnlose Tiger ist prädestiniert für eine Depression. Weil er sich so gut anpassen kann – »*Smile for the camera!*« –, bemerkt sein Umfeld die Missstimmung meist gar nicht oder findet sie normal, schließlich ist es an seinen Rückzug schon gewöhnt. Jegliche Versuche, ihn zu einer Therapie zu bewegen, werden scheitern. Zum einen hat er früh gelernt, dass seine eigenen Bedürfnisse nicht wichtig sind. Zum anderen hat er immense Angst davor, sich jemandem anzuvertrauen, der womöglich Zähne hat. Davon abgesehen ist er es gewohnt zu verlieren. Was also gäbe es zu gewinnen?

Der zahnlose Tiger liegt im Zweifel unten – beim Sex und sonst auch. Als eloquenter Diskussionspartner kann er zwar eine

Menge guter Gedanken produzieren, aber in den Konflikt gehen ist seine Sache nicht: viel zu gefährlich ohne Zähne. Schnauze halten, lächeln!, lautet seine Devise. Insofern ist er trotz seiner Redegewandtheit einer der schweigsamsten Männer. Schade, denn er hätte durchaus etwas zu bieten: Intellekt, Empathie, Offenheit. Mit ihm wäre eine Weiterentwicklung möglich, wenn er denn Zähne hätte.

Aber so fällt er eher im Privatleben auf, wo er weiter machomüde Frauen betören wird, bis sie seiner müde werden. Das weibliche Gähnen, soweit ich das abschätzen kann, hat inzwischen flächendeckende Ausmaße angenommen, und so manche Frau fragt sich mittlerweile: Sind zu viele Eier vielleicht doch besser als gar keine?

Babyboomer in den Wechseljahren: Der alte Wolf

Zwischen 1955 und 1969 wurden in Deutschland eine Menge Kinder geboren. Die sogenannten Babyboomer stellen heute einen großen Teil der Bevölkerung. Es gibt also gerade sehr viele Männer, die zwischen 46 und 60 sind, die meisten sind jetzt 50. Man spricht von den besten Jahren, für viele aber sind es die schlechtesten. Denn mit fortschreitendem Alter gerät der Best Ager in seine vielleicht erste große Lebenskrise: die männlichen Wechseljahre. Der altersbedingte Testosteronabfall führt unter anderem zu spürbar verminderter Leistungsfähigkeit. Der alte Wolf kann nicht mehr so wie früher, auch sexuell. Was vielleicht noch schlimmer ist: Er will auch nicht mehr so oft.

Er ist grau geworden, der alte Wolf, und müde. Komischerweise schläft er trotzdem nicht gut, obwohl er früher immer mühelos und sofort eingeschlafen ist. Diese Version seiner Selbst kennt er nicht, will er nicht. Der alte Wolf knurrt, er ist wütend auf sich und die Welt. Sein Mannsbild-Selbstbild bröckelt, es kostet zunehmend mehr Anstrengung, mit den anderen im Männer-Club mitzuhalten. Schließlich darf niemand etwas merken. Schwäche ist keine Option, und so singt er mit schiefem Lächeln (seine Implantate machen ihm gerade zu schaffen): »Es geht mir gut, es geht mir gut. Es ging mir noch nie besser.«

Am schlimmsten trifft es jene, die sich bislang ausschließlich über Leistung und Stärke definiert haben. Wer offen damit prahlte, »immer zu können«, erlebt sich auf einmal als Versager. Dabei hätte man jetzt, da die Kinder aus dem Haus sind, endlich wieder Zeit für Sex. Es hilft nichts, wenn seine Frau ihn tröstet. Der alte Wolf ist zutiefst beunruhigt und äußerst leicht reizbar, was nicht eben zu einer harmonischen Partnerschaft beiträgt. Es kriselt.

Macht nichts, Konflikten ist er schon immer erfolgreich aus dem Weg gegangen, also tut er es weiterhin. Um noch einmal das zu Beginn des Buches verwendete Bild des Vulkans zu bemühen: Die alte Lavaschicht aus vorhergegangenen, nicht bewältigten Krisen wird jetzt durch neu austretende Lava reaktiviert. Es brodelt im Inneren. Aber der alte Wolf ist ein Meister im Vermeiden und Verleugnen. Er hatte deshalb noch nie eine Krise, ist sozusagen Abc-Schütze in Sachen Krisen. Das macht die Angst davor noch größer. Was, wenn doch etwas mit ihm nicht stimmt?

Immer häufiger und immer schneller wird er wütend, brüllt herum oder zieht sich komplett zurück. Seine Frau brüllt zurück und unternimmt lieber etwas mit ihren Freundinnen, manchmal sogar lange Reisen. Irgendwie, das spürt der alte Wolf, geht es gerade bergab, und hält mit aller Macht dagegen. Wer auch immer behauptet, er sei depressiv, ist ein Idiot. So etwas hat er nicht, das haben nur Psychos und Frauen. Wird schon wieder!

Statistisch gesehen wird er, wenn er so weitermacht, wahrscheinlich in ein paar Jahren Selbstmord begehen (die Rate bei den 75- bis 85-Jährigen ist dreimal höher als bei jüngeren Männern), doch das weiß er zu dieser Zeit noch nicht. Mit diesem letzten Akt wird er versuchen, seine Selbstbestimmung und damit die Kontrolle über sein Leben zu behalten. Letztere geht ihm gerade flöten, und dem muss unbedingt und sofort etwas entgegengesetzt werden. Wie hieß noch mal die neue Sekretärin mit den betörend langen Wimpern? Jener Teil in ihm, der noch mit dem Wolf tanzt, wird bei ihrem Anblick aktiv. Ich ein Opa? So ein Blödsinn – Papa! Dem steht nichts im Wege, seine Ehe ist ohnehin genauso erschöpft wie er. Die Frau mit den langen Wimpern, süße 28, erweckt ihn wieder zum Leben, und zusammen produzieren sie bald ein neues. Der immer noch mit dem Wolf Tanzende schaut triumphierend in die Kamera, seine Baby-Tochter im Arm. »Bin nicht alt, kann noch Kinder machen, guck!«

Es bleibt zu hoffen, dass der Doppel-Daddy-Effekt noch eine Weile anhält. Denn seine neue Frau liebt an ihm natürlich sein väterliches Wesen und holt auf diese Weise ein bisschen Vaterliebe nach. Vielleicht, wir wünschen es ihm, wird er mit seiner neuen Familie glücklich. Vielleicht ist seine Exfrau ohne ihren grantigen Ehemann ja auch glücklicher. Wer weiß, vielleicht findet sie noch einen neuen Mann, einen erwachsenen Mann, der seine Ängste nicht verdrängt. Die Wahrscheinlichkeit ist in ihrem Alter gering. Momentan im Angebot sind lediglich alte und neue Patriarchen, ewige Jungs, zahnlose Tiger oder ein anderer alter Wolf. Die Old-School-Männer sind verheiratet und bleiben es in der Regel auch.

Habe ich da gerade »in ihrem Alter« geschrieben? Das war ein Irrtum. Die Chancen für Frauen sind in jedem Alter gering.

In Sachen gesellschaftliche Veränderung könnte der alte Wolf seine Kompetenz und Lebenserfahrung einbringen, das wäre ein Gewinn für alle. Er könnte. Leider ist er jedoch viel zu sehr mit dem Altern beschäftigt – und dem Vermeiden desselben. Schade!

Das große Bild

Wir haben also jede Menge brillante Redner, Visionäre und Leader, die uns eine bessere Zukunft vorführen und uns auch dahin führen können.

Wir haben Ein-Mann-ein-Wort-Männer, die nicht lange reden, sondern handeln und auf deren Wort man sich verlassen kann.

Wir haben für zukünftige Trends wache, aufgeschlossene Männer mit Sinn für Ästhetik und einem kritischen Blick auf gesellschaftliche Missstände, wie zum Beispiel die Misshandlung von Tieren. Männer, die kochen können und wollen.

Wir haben Männer, die uns mit ihrer Entspanntheit daran erinnern, dass Arbeit nicht alles im Leben ist, die uns zum Spielen und dazu einladen, nicht alles so ernst zu nehmen.

Wir haben Männer, die kurzerhand und mutig alternative Projekte in die Tat umsetzen und uns für alternative Lebensformen sensibilisieren.

Wir haben Männer mit Intellekt, Empathie und Offenheit, eloquente Diskussionspartner mit einer Menge guter Gedanken und Ideen für eine lebenswerte Zukunft.

Last but not least haben wir Männer, die schon eine ganze Weile auf der Erde sind und von deren Kompetenz und Lebenserfahrung wir profitieren können.

Was sind wir reich!

Was wären wir reich – wenn das alles in reifer Form gelebt würde. Unser Land wäre ein schöneres Land, und Beziehungen würden endlich funktionieren.

Wäre, würde... Wird aber nicht.

Warum nicht?

»Man ist nicht schuldig an seinen Lebensentscheidungen.
Aber man kann sich schuldig machen am Sich-nicht-Entwickeln.«
Angelika Glöckner, Transaktionsanalytikerin und Therapeutin

Strategien für eine schlechtere Welt

Eine bessere Welt wäre schön und machbar – jedoch nicht mit seelisch labilen, kastrierten, subventionierten, größenwahnsinnigen, kurz: unreifen Männern. Die entwickeln naturgemäß Strategien für eine Welt, in der Unreife gang und gäbe und keiner für irgendetwas verantwortlich ist. Strategien, mit denen sie unbemerkt Verantwortung vermeiden können und trotzdem noch der Held des Tages sind. Weiße Westen, so weit das Auge reicht, zumindest auf den ersten Blick. Auf den zweiten würde selbst der Weiße Riese an ihnen verzweifeln.

Unreife Männer verschieben nach Herzenslust Verantwortung nach links und rechts, nach oben und unten, meist ohne dass ihnen direkt etwas passiert, denn irgendein Depp findet sich immer, der sie stattdessen übernimmt. Oder das Problem explodiert irgendwann später, wenn sie hoffentlich nicht mehr da sind. Hoch leben kurze Wahlperioden, kurze Amtszeiten und die hohe Manager-Fluktuation!

Wenn man diese Strategien erst einmal durchschaut hat, kommt man aus dem Staunen nicht mehr heraus, weil man plötzlich erkennt, wie viele Beziehungen, Unternehmen und politische Systeme darauf basieren.

Lassen Sie mich kurz das Prinzip erläutern, es ist verblüffend einfach, man benötigt dafür nur ein bisschen Grammatik.

Der Gebrauch des Passivs

Das Passiv verwendet man immer dann, wenn nicht wichtig oder unklar ist, wer etwas tut. Oder wenn jemand möchte, dass nicht wichtig oder unklar ist, wer etwas tut.
Beispiel:
Aktiv: Klaus dekoriert den Saal.
Wer dekoriert den Saal?
Klaus.
Passiv: Der Saal wird dekoriert.
Wer dekoriert den Saal?
Äh …

Zu einem aktiv gebrauchten Verb gehört immer auch eine Person, wie in »ich dekoriere, du dekorierst, er, sie, es dekoriert«. Bei einem passiv gebrauchten Verb hingegen sucht man die Person vergeblich. Es gibt sie nicht, sie bleibt unklar. Perfekt für Verantwortungsvermeider.

Das Pronomen »man« ist übrigens auch passiv. Meine Kindergärtnerin sagte früher immer: »Man gibt den anderen die gute Hand.« Damit wollte sie ausdrücken, dass die linke Hand, die ich anderen als Linkshänderin arglos zur Begrüßung reichte, die schlechte Hand ist, weil wer auch immer das so beschlossen hatte. Statt ihre eigene Ansicht zu vertreten, hat sie sich hinter einem »man« verschanzt.

Wer »man« sagt, vermeidet »ich« zu sagen, und das oft aus gutem Grund.

Wenn der Chef zum Beispiel zu seiner Assistentin sagt: »Man müsste mal wieder alle Ordner richtig durchschauen«, hat er seinen Wunsch elegant verpackt. Er hat nicht gesagt, dass *er* möchte, dass *sie* das tut. Falls die Assistentin also die Ordner durchschaut und darüber andere Aufgaben vernachlässigt, die ihrem Chef plötzlich doch wichtiger sind, kann er sich elegant aus der Affäre ziehen. »Ich habe Ihnen nie gesagt, dass Sie die Ordner durchschauen sollen.« Recht hat er.

Hat er?

Merke: Passivität ist ein Spiel für mindestens zwei Spieler, von denen einer keinen Ball spielt und der andere ihn fängt. Je eingespielter ein Team ist, desto besser funktioniert es. In dem Beispiel von oben weiß der Chef wahrscheinlich ganz genau, dass seine Assistentin sich um die Ordner kümmern wird, obwohl er sie nie ausdrücklich dazu angewiesen hat. Ebenso weiß die Dame genau, was passiert, wenn sie nicht tut, was er nicht gesagt hat. Dann gibt's nämlich Ärger. Nur leider gibt es den vielleicht auch, wenn sie es tut. Was also tun?

Passives Verhalten ist grundsätzlich manipulativ, und wer den Ball fängt, hat den Schaden. Das Passiv wird übrigens auch »Leideform« genannt – wie passend.

Mit dem Passiv kann man (!) unerwünschte oder unangenehme Bälle woanders hinschieben, ohne es an die große Glocke hängen zu müssen. Die kleine Glocke bimmelt zwar leise, wenn man genau hinhört (und das sollte man lernen, wenn man nicht ständig fremde Bälle auffangen will), aber oft wirklich sehr leise.

Unsere Sprache hat naturgemäß viel mit der Art und Weise zu tun, wie wir mit uns selbst und anderen umgehen. Sie können davon ausgehen, dass jemand, der beim Reden oft das Passiv verwendet, meist nicht vor Aktivität strotzt und nur ungern Verantwortung für sein Verhalten übernimmt. Lauschen Sie mal Politikern. Die sagen ständig »man« und »wir«, niemals »ich«. Schließlich könnte hinterher jemand kommen und einen dafür verantwortlich machen. Wer dekoriert noch mal den Saal? Wer hat die Bankenkrise ausgelöst?

Die Soziologin Claudia Honegger schreibt in *Strukturierte Verantwortungslosigkeit*, ihrem Buch über die Finanzwirtschaft, die Banker seien sich zwar ihrer Mitschuld für die Finanzkrise bewusst,»doch gibt es eine starke Tendenz, sich selbst herauszunehmen und die Verantwortung woanders hinzuschieben – von den Privatbankern zu den Investmentbankern, zum Top-Management, zur Politik, zur menschlichen Gier schlechthin, zu den gierigen Kunden. Es sind also eigentlich immer die anderen schuld«.

Männern ist oft gar nicht bewusst, dass sie sich passiv verhalten, das macht es ja auch so schwierig, dieses Verhalten zu verändern. Zumal wir nicht vergessen dürfen, dass das männliche Rollenbild in die entgegengesetzte Richtung geht. Der echte Mann packt die Dinge an und übernimmt Verantwortung. Die meisten Männer merken daher nicht, wenn sie den Ball auf die andere Spielfeldseite spielen, ohne ihn vorher berührt zu haben. Sie haben dieses Verhalten mit der Muttermilch aufgesogen, denn ihre Subventions-Mütter haben den Ball immer aufgefangen. Später stehen dann jede Menge erstklassige Ballfänger in Gestalt von Ehefrauen und Assistentinnen bereit (da soll noch mal jemand sagen, Frauen könnten keine Bälle fangen).

Es wird höchste Zeit, dieses destruktive Ballspiel zu unterbinden und die Passivität durch Aktivität zu ersetzen, und zwar durch eine aktive Verantwortungsübernahme. Dann kann die Welt vielleicht sogar schneller als gedacht eine bessere werden. Dazu braucht es zunächst ein Bewusstsein dafür, bei Männern *und* bei Frauen. Wann geschieht passives Verhalten? Wie geschieht es? Wo?

Auf den folgenden Seiten finden Sie zehn typische Vermeidungsstrategien, um sich selbst oder anderen an die Nase zu fassen.

Strategie 1: Einfach nichts tun

Sprechblase Frau: »*Schatz, wir müssen reden.*«
 Denkblase Mann: *Ich bin dann mal weg, und bis ich zurück bin, ist das Problem gelöst. So hat es mein Vater auch immer gemacht, und das hat prima geklappt.*

Achselzucken, Tarnkappe, Flucht – dank dieser typisch männlichen Reaktionen werden für eine Beziehung wichtige Themen oft nicht besprochen. Das geht so lange gut, bis die Frau den Mann eines Tages am Tisch festnagelt, gern mittels einer Drohung: »Wenn du nicht x, dann y.« Da sitzt er dann widerstrebend auf dem Sofa oder am Küchentisch und nippt devot verschämt an einem Bier, während sie mal wieder mühelos einen Redeanteil von 98 Prozent erreicht. Irgendwann ist es schon sehr spät, und beide gehen erschöpft zu Bett. Am nächsten Morgen fällt ihm auf, dass sie abweisend ist.

»Was ist denn los, Schnäuzelchen?«, fragt er völlig arglos. »Ist dir eine Laus über die Leber gelaufen? Komm, ich fang sie schnell.« Aber Schnäuzelchen lacht nicht über seinen Witz, sondern ist noch sauer vom vergangenen Abend. Da ist nämlich noch einiges offen. Der Mann kapiert nicht, warum die Frau nicht über seinen Witz lacht.

Schließlich schnauzt Schnäuzelchen ihn an. »Ich bin sauer, schon vergessen?«

Ja, hat er. Wirklich. Sie haben doch am Vorabend alles geklärt? Er hat sich doch betroffen gezeigt und Besserung gelobt. Versteh einer die Frauen!

So weit ein Szenario, das sicher jeder von uns schon einmal so oder so ähnlich erlebt hat.

Nun muss man zur Verteidigung der Männer an dieser Stelle erwähnen, dass sie sich oft tatsächlich nicht mehr erinnern können. Ursache dafür ist das Hormon Cortisol. Bei Frauen schüttet der Körper dieses Hormon bei unangenehmen Erlebnissen aus, und es bleibt zirka 24 Stunden im Körper. Deshalb erinnern sich Frauen meist sehr gut an unangenehme Erlebnisse. Sie zerlegen die Szenen in ihre Einzelteile, betrachten sie von allen Seiten und können sie auch noch Tage später en détail erzählen. »Und dann hat er gesagt, und dann hab ich gesagt, und dann hat er gesagt…« Bei Männern verhält sich das offenbar genau andersherum. Zwar bilden auch sie in Stresssituationen vermehrt Cortisol, aber es baut sich viel schneller wieder ab. So ist dieser Bereich der Festplatte des Mannes am nächsten Morgen tatsächlich gelöscht, und er macht Witze, die – durchaus verständlich – auf nur wenig Verständnis stoßen. Das hat die amerikanische Ärztin und Autorin Marianne J. Legato herausgefunden. In ihrem Buch *Why men never remember and women never forget* kann, wer will, dieses Thema vertiefen. Marianne Legatos großartige Erkenntnis ist eine Entlastung für alle Männer – und hoffentlich auch für viele Beziehungen. Ich wollte sie daher erwähnt haben.

Das eigentliche Drama aber nimmt lange vor der Cortisolausschüttung seinen Anfang. Es beginnt mit Achselzucken, Tarnkappe, Flucht. Hätte der Mann sich auf Augenhöhe mit seiner Frau ausgetauscht, hätten sie die Themen gemeinsam klären können und die Frau wäre gar nicht erst sauer geworden.

Aber der Mann sagt und tut allzu oft – nichts.

Ja sagen, Nein meinen

Eine aktuell sehr beliebte Variante besteht darin, das Nichtstun zur Lebensphilosophie zu erheben. Solche selbst ernannten »Lebenskünstler« posten gerne Bilder auf Facebook, auf denen sie in der Sonne sitzen und Kaffee trinken, selbstverständlich zu einer Zeit, wenn andere (die Ärmsten!) in Büros Sklavenarbeit verrichten. Sieht man genauer hin, stellt man oft fest, dass diese Nichtstuer von der Arbeit anderer Menschen leben.

Ich kannte mal einen Mann, der bekam mit 46 Jahren noch immer monatlich Geld von seinen Eltern und zu allen Festen noch ein paar Hunderter obendrauf. Seine Selbstständigkeit lief nicht gut, aber das machte ja nichts. Warum Geld verdienen? Kaffee trinken ist doch so viel angenehmer. Gleichermaßen erwartete er von seiner Frau Subventionen in Form von Gefühlskrediten. »Nicht böse sein, Schatz. Morgen/übermorgen/nächste Woche suche ich mir einen Job, versprochen.« Er sah nicht aus wie jemand, der sich selbst nicht finanzieren kann. Er war groß und stattlich, ein »Fels in der Brandung«, würden manche vielleicht sagen. Man sah es ihm – wie so vielen anderen – auch nicht an, dass er sich in seiner Beziehung unreif verhielt und dass er seine Eltern brauchte, um zu überleben.

Unzählige Frauen leiden zurzeit unter solchen »Männern«, die ihnen den Himmel auf Erden versprechen und dann Kaffee trinken gehen. Morgen ist auch noch ein Tag. Vielleicht kommt der versprochene Himmel ja von selbst ...

Wer im Grunde nichts tun, aber auf gar keinen Fall diesen Eindruck erwecken möchte, sagt Ja und meint damit Nein. Klar, dass das irgendwann auffliegt, aber das kann dauern. In der Zwischenzeit wartet die Frau darauf, dass der Mann etwas tut, und der Mann hat eine Weile Ruhe. Wenn die Situation dann eskaliert, weil zum Beispiel wie bei einem Klientenpaar von mir das Auto seit Wochen beim TÜV überfällig ist und die Frau deshalb ein Bußgeld bezahlen musste, zeigt der Mann Einsicht und Reue. Er gelobt Besserung, fährt zum TÜV und kauft hinterher den Blumenladen leer. Das heißt jedoch nicht, dass er sein Verhalten in Zukunft ändern wird.

Der Krug geht so lange zum Brunnen, bis die Beziehung bricht. In immer mehr Fällen geschieht genau das, denn die Frauen haben die Schnäuzelchen voll.

Dieselben Männer, man kann es nicht oft genug sagen, die in Jogginghosen zu Hause auf dem Sofa sitzen und jede Verantwortung meiden, tun dies auch, wenn sie einen Anzug tragen. Führungskräfte genießen die Macht und die Privilegien, die ihr »verantwortungsvoller Posten« mit sich bringt, aber sie führen oft nicht. So sprechen sie nicht mit Mitarbeitern, lassen Konflikte eskalieren und verschließen die Augen vor Missständen, bis auch diese eskalieren. Ihr Selbstbild ist natürlich kilometerweit von dieser Beschreibung entfernt. Selbst wenn sie ahnen, dass sie etwas tun müssten, darüber können sie doch auch noch (überüberüber-) morgen nachdenken, denn: Was für eine unangenehme Erkenntnis wäre das Eingeständnis eigener Schwäche. Schnell weg hier!

Wenn Führungskräfte nicht führen

Der Verlag für Deutsche Wirtschaft AG hat im Frühjahr 2007 eine umfassende anonyme Befragung von 1.787 Führungskräften aus verschiedenen Branchen durchgeführt. Sie wurden gefragt, wo sie ihre eigenen Schwachpunkte und die jeweiligen Ursachen dafür sehen. Ich weiß nicht, ob es bei diesen Führungskräften bei der Selbsterkenntnis blieb. Hoffentlich nicht, denn die Top Five der am häufigsten genannten Antworten waren:

1. Kein Feedback geben (93 Prozent)
2. Konflikten ausweichen (78 Prozent)
3. Entscheidungen aufschieben (64 Prozent)
4. Mitarbeiter unterfordern (52 Prozent)
5. Keine Verantwortung übertragen (48 Prozent).

Die ersten vier Punkte sind klar, dabei geht es stets um die Vermeidung von Beziehung und Verantwortung. Der letzte Punkt hingegen scheint meiner Verantwortungs-Vermeidungs-These zu widersprechen. Allerdings nur auf den ersten Blick. Die befragten Führungskräfte gaben zu, dass es eigentlich zu ihrer Verantwortung gehören würde, Aufgaben sinnvoll zu delegieren. Nur warum tun sie es nicht? Die Antwort ist erschreckend simpel: Sie können es nicht. Oft haben sie gar keinen Überblick über ihre Führungsaufgaben. Dementsprechend schwimmen sie und hoffen, dass es keiner merkt. Diese Hoffnung ist berechtigt, denn eine Etage über ihnen läuft es meist genauso ab. Ihre Vorgesetzten sind nämlich ebenso überfordert wie sie selbst, und die Vorgesetzten der Vorgesetzten ebenso und immer so weiter.

Dessen muss man sich aber erst einmal bewusst werden. Als Nächstes sollte man sich dann an die eigene Nase fassen – und sehr wahrscheinlich auch an die seines Vorgesetzten, der für die sinnvolle Verteilung der Ressourcen verantwortlich ist. Verantwortlich wäre.

In den Konflikt zu gehen ist für viele noch unangenehmer, als die Misere zu ertragen, weshalb es allzu oft heißt: »Ach, ist doch nicht so schlimm.« Lieber weiterschwimmen, und zwar auf Kosten von anderen.

Man müsste mal genau hinsehen und sich eingestehen, was man vielleicht doch nicht so gut kann, wie man gern von sich behauptet. Führen, zum Beispiel. Oder sich einen Überblick über die einzelnen Aufgaben- und Verantwortungsbereiche verschaffen, Prioritäten setzen, überprüfen, ob die Aufgaben in der dafür zur Verfügung stehenden Zeit überhaupt erledigt werden können, sich realistische Ziele setzen und, vor allem, delegieren. Vielleicht liege ich damit falsch, aber ich finde, wer im Monat eine fünfstellige Summe verdient, sollte das kleine Einmaleins des Projektmanagements beherrschen.

Natürlich, es gibt auch andere, tiefer sitzende Gründe, warum jemand nicht (gut) delegieren kann. Hier gilt es dann für die Führungskraft zu lernen, besser mit sich selbst und ihren Ressourcen umzugehen, und herauszufinden, was genau sie vermeidet, indem sie alles (und das am liebsten auch noch alleine) macht. Meistens nämlich haben diese Männer Angst vor Kontrollverlust, und in dem Fall hilft Projektmanagement nur wenig. Für tiefer sitzende Probleme braucht es einen Blick in die Tiefe: Wo haben diese Verhaltensmuster ihren Ursprung? Das herauszufinden ist nicht immer leicht, wie ich tagtäglich in meinem Job als Coach erlebe. Daher weiß ich aber auch, dass das Problem erstens schneller behoben ist als angenommen und zweitens die Ursachenklärung letztlich zu einem Happy End für alle Beteiligten führt. Nicht zuletzt auch für die Ehefrauen, deren Männer endlich mal wieder zum Abendessen zu Hause sind.

Das deutsche Aussitzen

Nichtstun und Probleme aussitzen geschehen jedoch keinesfalls immer nur unbewusst und aus Unkenntnis. Im Gegenteil, es handelt sich hierbei um eine nicht zuletzt auch in der Politik weit verbreitete Strategie, mit der es schon so mancher weit gebracht hat. Es gibt sogar eine deutsche Galionsfigur des Aussitzens: Helmut Kohl. Ganze 16 Jahre lang hat er Deutschland mit seiner stoischen Selbstsicherheit regiert. In dieser Zeit haben Frauen Abitur gemacht und studiert, und es war nur eine Frage der Zeit, bis sie arbeiten gehen und Kinder haben wollten. Und, nicht oder. Beides! Man hätte das sehen können, wenn man hingeschaut hätte. Aber Helmut Kohl hat nicht hingeschaut. Vielleicht hat er gehofft, dass irgendwann ein Wunder passiert und die Frauen studieren und arbeiten doof finden. Das Wunder ist nicht geschehen. Nicht auszudenken, wie viel besser das Frauen- und Familienleben heute schon sein könnte, wenn die Politiker sich die Zahlen damals nicht nur angeschaut, sondern Konsequenzen daraus gezogen hätten.

Der Aussitz-König hat uns noch so manch anderes Debakel beschert, wie zum Beispiel die CDU-Spendenaffäre. Jahrelang überstand er den Skandal mit Abstreiten und Abwarten, am Ende flog dann doch alles auf. Zu einer der vielen Schwarzgeld-Geschichten, damals ging es um lächerliche sechs Millionen Mark illegale Parteispenden, erklärte Kohl 2001, er habe »an diesen Vorgang, der 18 Jahre zurückliegt, im Einzelnen keine Erinnerung«.

Das ist der Vorteil des Aussitzens. Wenn man es lange durchzieht, folgt irgendwann naturgemäß die Demenz.

Kritik abprallen lassen, Skandale und Krisen ausblenden, Vorwürfe im Sande verlaufen lassen, auf Zeit spielen – Nichtstun ist ein wichtiges Rüstzeug von Politikern. Abwarten, Gremien bilden, Entscheidungen vertagen, morgen ist schließlich auch noch ein Jahr – so werden heute Staaten gelenkt.

Um in diesem Zusammenhang auch mal eine Frau zu nennen: Angela Merkel hat in Sachen Aussitzen viel von Helmut Kohl gelernt. Ob sie in ein paar Jahren an ihre NSA-Lüge auch »im Einzelnen keine Erinnerung« mehr haben wird? Wir werden sehen. Aktuell können wir ihr jedenfalls tagtäglich beim destruktiven Ballspielen zuschauen.

Strategie 2: Ein entschiedenes Jein

Auch die Strategie des Jeinsagens schüttelt Angela Merkel rhetorisch locker aus dem Ärmel ihres azurblauen Blazers. So gut, dass ihr Name ein neues Wort geprägt hat: Das Verb »merkeln« war lange ein heißer Favorit auf den Titel »Jugendwort des Jahres 2015«, hat dann aber leider nicht gewonnen. »Merkeln« bedeutet aussitzen, um eine Sache herumreden und dem anderen dabei ein gutes Gefühl geben. Auf Englisch klingt das besonders hübsch: *»Don't merkel around, give me a clear statement.«*

Nein, ich habe nicht vergessen, dass ich ein Buch über Männer schreibe. Ich könnte genauso gut schreiben: »*Don't pofalla around*«, oder: »*Don't gröhe around.*« Die Politiker von heute beherrschen diese Strategie alle aus dem Effeff, wie folgender Interviewausschnitt belegt.

Hamburger Abendblatt: Deutschland ist bisher relativ stabil durch die Krise gekommen. Wird das auch künftig so bleiben?
Gröhe: Es ist gut, dass Deutschland in den vergangenen Jahren seine Wirtschaftskraft nachhaltig gestärkt hat. Wie keine andere Volkswirtschaft in Europa sind wir aber mit anderen Staaten verwoben. Das macht uns auch verletzlich. Umso wichtiger ist es, dass wir unseren Konsolidierungs- und Wachstumskurs beibehalten.

Bundesgesundheitsminister Hermann Gröhe hat keineswegs auf die Frage des Journalisten geantwortet, sondern die Frage lediglich kurz berührt, damit man denkt, er habe sie beantwortet. Das ist doch die politische Strategie schlechthin, werden jetzt einige einwenden. Ich weiß, aber mal ganz naiv gefragt: Warum eigentlich? Wer hat das wann entschieden? Wann haben Politiker aufgehört, Fragen zu beantworten, und angefangen Ja und Nein zu meiden wie die Pest?

Spätestens seit 2009 ist das Politiker-Jein eine amtliche Strategie. In diesem Jahr etablierte der damalige CDU-Generalsekretär Ronald Pofalla nämlich die sogenannte »asymmetrische Demobilisierung«. Ursprünglich aus der amerikanischen Politik stammend, bezeichnet der Begriff eine Wahlkampfstrategie, bei der Stellungnahmen zu kontroversen Themen vermieden werden, um potenzielle Wähler des politischen Gegners zu mobilisieren. So weit die Theorie. In der Praxis lullt der Politiker seinen Gesprächspartner so lange mit Blabla ein, bis dieser müde wird und aufgibt.

Ganz oben auf der Hitliste stehen Schachtelsätze, bei deren Ende man sich nur noch vage an den Anfang erinnern kann. Nach zwei, drei solchen Sätzen ist einem erst mal schwindelig, und der andere hat gewonnen. »Ich habe viel geredet und nichts gesagt. Ich bin konservativer Christ und linksradikaler Antichrist in einem. Jetzt wählen mich alle!«

Blöd, wenn man Wählerstimmen nur über solche Strategien bekommt. Besser wäre Substanz.

2009 als Geburtsstunde stimmt übrigens nur halb, denn das entschiedene Jein gibt es schon viel länger. Bereits 1976, vor 40 Jahren erschien Loriots wundervolle Bundestagsrede, bei der Pofalla und Konsorten vermutlich abgeschrieben haben:

»Meine Damen und Herren,

Politik bedeutet, und davon sollte man ausgehen, das ist doch, ohne darum herumzureden, in Anbetracht der Situation, in der wir uns befinden. Ich kann meinen politischen Standpunkt in wenigen Worten zusammenfassen: Erstens das Selbstverständnis unter der Voraussetzung, zweitens, und das ist es, was wir unseren Wählern schuldig sind, drittens die konzentrierte Beinhaltung als Kernstück eines zukunftweisenden Parteiprogramms...«

Genau dieses scheinheilig-moralische Gerede, diese leeren Versprechungen, das unverbindliche und folgenlose Geschwätz von (vor allem männlichen) Politikern halten immer mehr Menschen von der Wahlurne fern. Einer Studie der Friedrich-Ebert-Stiftung aus dem Jahr 2014 zufolge stimmen 73,1 Prozent der Bundesbürger dem folgenden Satz zu: »Die demokratischen Parteien zerreden alles und lösen die Probleme nicht.« Offenbar hat die Politik daraus die Konsequenz gezogen, die Abtrünnigen mit noch mehr Geschwätz zurückzugewinnen. So etwas nennt man dann den Teufel mit dem Beelzebub austreiben. Das ist die Hölle.

Apropos Hölle. Anzug aus, Jogginghose an. Stellen wir uns einen Mann vor, der den ganzen Tag über dieses und jenes vermieden, damit sehr viel Geld verdient hat und am Abend spät (viel später als angekündigt) nach Hause kommt. Die Kinder schlafen schon lange, die Gattin sitzt gereizt vor *Lanz* oder *Jauch*. Sie ist sauer, das kann der Mann riechen, ebenso den Duft des Abendessens, das er mal wieder verpasst hat. Wenn er sich nicht leise verkrümeln kann (Nichtstun), wird er sich wohl oder übel auf ein Gespräch darüber einlassen müssen, ob er in Zukunft gedenke, auch mal wie versprochen früher nach Hause zu kommen. Ein »Ja« kann er auf die Frage nicht noch mal riskieren, ein »Nein« schon gar nicht. Was bleibt übrig? Ein Jein für den Frieden.

Ich weiß nicht. Aber du!

Männer wollen keinen Ärger. Nicht mit der Ehefrau, nicht mit sich selbst, nicht mit dem Boss. Sie haben oft nicht gelernt, diesen Ärger auszuhalten, sie befürchten das Schlimmste und lassen daher den Deckel lieber auf dem Fass. Ebenso wenig haben sie gelernt, sich in Konflikten zu vertreten. Aber es gibt nun mal Entscheidungen im Leben, die verlangen ein klares Ja oder Nein.

Ein Klassiker ist der verheiratete Mann, der seine Geliebte monatelang mit einem zuckersüß verzweifelten Jein hinhält.

»Natürlich will ich, aber... Es ist furchtbar, ich habe keine Ahnung, was ich tun soll.«

Armer schwarzer Kater? Nein, arme schwarze Katzen! Denn weder die Ehefrau noch die Geliebte bekommt ein Commitment.

Ein anderer Klassiker ist der Diskurs über die Familienplanung, in dem der unentschlossene Mann sich nicht traut, offen unentschlossen zu sein. Das gäbe schließlich Ärger.

»Ich weiß nicht (= jein), ob ich ein Kind möchte.«
»Wann wirst du es wissen? Ich bin jetzt 39.«
»Äh, keine Ahnung.«

Danach passiert zunächst einmal nicht viel. Die Entscheidung wird vertagt. Dann wird sie noch mal vertagt. Und noch mal. Bis die Entscheidung so sehr drängt, dass etwas entschieden werden muss. Dann passiert meist etwas sehr Folgenreiches: Jemand anders entscheidet für den Mann und übernimmt damit die Verantwortung – fängt also den Ball. Vielleicht trennt sich die Frau von ihrem Partner, der nur ein halbes Kind will. Oder die Geliebte lässt ein neues Schloss an ihrer Haustür anbringen. Egal was passiert, der Ich-weiß-nicht-Mann ist aus dem Schneider, steht mit sauberen Händen und weißer Weste da. Wer keine Stellung bezieht, der kann für nichts verantwortlich gemacht werden. Er kann ein guter Mensch bleiben – ein gutes Kind. »Ich hab doch nichts (Böses) gemacht.«

Ach, nein?

Ähnlich verhält sich der Chef, der einem unzufriedenen Mitarbeiter wahlweise eine bessere Position, mehr Geld oder weniger Arbeit verspricht, wenn er merkt, dass dieser unzufrieden ist.

»Mir ist klar, dass da etwas geändert werden muss.«

= Passiv: Ich als Chef bin draußen.

»Ich werde mal sehen, ob ich etwas für Sie tun kann.«

= Ich weiß nicht, was ich tun soll, aber bitte erkennen Sie meine guten Absichten an.

Wer als Mitarbeiter solche Bälle fängt, kann sich auf lebenslanges Warten einstellen. Besser wäre es, den Ball an den Chef zurückspielen und zu fragen: »Was genau werden Sie tun? Und wann genau? Bitte lassen Sie mir Ihre Zusagen bis Ende der Woche schriftlich zukommen.«

Auch der Jein-Chef ist fest davon überzeugt, dass er nichts Böses tut, wenn er sich nicht festlegt. Wenn er dann auch noch bei seinen Führungsaufgaben schwimmt, verteilt er gut gemeinte Jeins wie der Briefträger Briefe.

Wer sich festlegt und Position bezieht, der riskiert, dass andere ihn deshalb kritisieren oder nicht mögen. Das ist natürlich unangenehm. Wie viel angenehmer ist es, in der Komfortzone zu bleiben, im kuscheligen Jein zu verharren und im Zweifel die anderen für dies und das verantwortlich zu machen. Auf diese Weise kann man einen ganzen Planeten zugrunde richten. Und hinterher will's keiner gewesen sein…

Während ich dieses Buch schreibe, beziehe ich wieder und wieder Position. Ich will wachrütteln, deshalb riskiere ich etwas. Ich riskiere, dass sich so mancher Leser womöglich fürchterlich aufregen und manch anderer meine Thesen blöd finden wird. Mit diesem Ärger werde ich umgehen müssen. Natürlich wäre es mir lieber, die ganze Nation würde mich nach Erscheinen dieses Buches auf Händen tragen, aber das ist mehr als unwahrscheinlich. Dazu sage ich viel zu oft Nein. Und ja, manchmal lehne ich mich ein bisschen zu weit aus dem Fenster, ich übertreibe und behaupte Dinge, die zu diskutieren wären.

Bitte, diskutieren Sie. Riskieren Sie eine Meinung!

Strategie 3: Ich kann nicht

Eine andere sichere Methode, um Verantwortung zu vermeiden, ist die Behauptung »Ich kann nicht«.

Das stimmt meist nicht, können könnte man schon. In der Regel handelt es sich nämlich bei Nichtkönnern um gesunde, ausgewachsene Exemplare mit guter Schulbildung und einiger Lebenserfahrung. Sie verfügen wie nahezu alle Menschen über einen Mund, mit dem sie sprechen *können*, sowie Hände, mit denen sie etwas tun *können*, und Beine, mit denen sie laufen *können*. Maximal dürften sie sagen: »Ich kann es *noch* nicht. Ich will es lernen.« Aber so etwas sagen Verantwortungsvermeider nicht. Ihr »Ich kann nicht« ist eine verbale Betonwand, die steht wie eine Eins.

Solche Männer sagen oft Sätze wie: »Ich kann nichts dafür. Es war spät, ich war betrunken, sie hat mich angemacht.« Ich Armer, soll das heißen, hab Mitleid mit mir.

Ich kenne viele Frauen, die ihre Männer trösten sollten, weil sie mit einer anderen im Bett waren. Und ich kenne einige, die es tatsächlich getan haben. Verkehrte Welt, wenn die Betrogene den Betrüger tröstet.

Solche Männer sagen: »Ich würde ja so gern (anders) können, wenn ich nur könnte, aber ich kann nicht.«
= Bitte hab mich dafür lieb, dass ich es tun würde, wenn ich könnte. Achte meine Absichten und sieh darüber hinweg, dass ihnen keine Taten folgen.
Oder: »Ich kann nicht, bitte tu es für mich.«
= Du bist besser/kannst es besser als ich.

Was sie mit solchen Sätzen eigentlich meinen, aber nicht sagen, ist: Ich *will* nicht.
Nur warum geben sie es nicht einfach zu?

Was dahintersteckt, lässt sich gut an dem Beispiel des bereits erwähnten Klientenpaars zeigen, bei dem der Mann zugestimmt hatte, das Auto zum TÜV zu bringen, und es dann wochenlang nicht tat. Der Streit eskalierte, als die Frau ein Bußgeld zahlen musste. Wir klinken uns ins letzte Drittel der Auseinandersetzung ein, wenn die beiden schon ein wenig erschöpft sind.

Mann (leise): »Ich kann das einfach nicht.«
Frau: »Was? Was kannst du nicht?«
Mann: »Ich kann das nicht, mehrere Sachen machen, so wie du. Ich bin einfach nicht so gut organisiert wie du, und dann vergesse ich eben manchmal was...«
Seine Tränen fließen, es sind Tränen der Reue. Die sich dadurch aufgewertet fühlende Frau bekommt Mitleid mit ihrem geschundenen Gatten – und ein schlechtes Gewissen. War sie vielleicht gerade doch ein bisschen zu hart? Mutet sie ihm zu viel zu?
Frau (tröstet ihn): »Aber Schatz, das ist doch nicht so schlimm. Wir können ja gemeinsam überlegen, wie du dich in Zukunft ein bisschen besser organisieren könntest.«

Mann: »Ja, das wäre toll.«
Frau: »Wir schaffen das.«
Mann (schnieft): »Ja, wir schaffen das. Du bist die Beste.«
Versöhnliches Gelächter.

In dieser Beziehung wird der Mann weiter bei jeder Gelegenheit »Ich kann nicht« sagen dürfen. Die Frau wird sich weiter um ihr »hilfloses Baby« kümmern, solange sie alle beide davon profitieren. Oder so lange, bis sie merkt, dass all ihre Versuche, ihn zum »Können« und damit zum Handeln zu bringen, zum Scheitern verurteilt sind. Das kann schon mal Jahre dauern.

Jetzt variieren wir diesen Dialog mit dem Satz »Ich will nicht«, wodurch das Gespräch eine völlig andere Wendung nimmt.

Mann (leise): »Ich will das einfach nicht.«
Frau: »Was? Was willst du nicht?«
Mann: »Ich will das Auto nicht zum TÜV bringen.«
Frau: »Du *willst* nicht, hä?«
Mann: »Ja, ich will nicht.«
Frau: »Und das sagst du einfach so?«
Mann: »Ja.«
Frau: »Und wer soll's dann bitte machen? Ich etwa?«
Schweigen.
Frau: »Ist ja nicht so, dass ich nicht sowieso schon fast alles hier mache, jetzt soll ich auch noch das Auto zum TÜV bringen, oder wie? Ich glaub, ich spinne! Und was gedenkt der Herr zum Haushalt beizutragen, wenn ich mal fragen darf?«

Damit haben wir die Top-Antwort auf die Frage, warum der Mann lieber »Ich kann nicht« sagt: Er vermeidet den Konflikt, er vermeidet Ärger, er vermeidet das Eingeständnis, einen Fehler gemacht zu haben. Für sein unverantwortliches Verhalten bekommt er am Ende meist noch Verständnis, Streicheleinheiten und die

Zusicherung, dass er sich in Zukunft nicht mehr alleine quälen muss. Bingo!

Ich-kann-nicht-Männer sind wahre Profis im Finden unschlagbarer Argumente, warum sie etwas nicht können. Sie sagen: »Ich konnte das Auto nicht wegbringen. Du hast ja keine Ahnung, was im Büro gerade los ist.«
= Hab bitte sofort ein schlechtes Gewissen, dieses lächerliche Auto überhaupt zu erwähnen! Ich habe gerade echt andere, um einiges größere Probleme, von denen du keine Ahnung hast.

Gerne sagen sie auch: »Ich kann nicht, weil eine andere Person mich hindert.« Damit landet die Verantwortung zum Beispiel beim Chef, der einem plötzlich und unerwartet ein neues Projekt auf den Tisch gelegt hat. »Was hätte ich tun sollen?«, beklagt sich der Mann, »Das ist mein Job! Einer muss schließlich die Familie ernähren.«

Die Ehefrau des Vermeiders wird wohl kaum beim Chef anrufen und sagen: »Also hören Sie mal!«

Oder sie sagen: »Ich kann mich nicht mehr erinnern, ob ich das Präsidium des Bundestages um Erlaubnis zur Nutzung der Ausarbeitungen in meiner Promotion gefragt habe.«

Oder: »Die Arbeit als Politiker, das Sein als junger Familienvater und die intellektuelle Auseinandersetzung mit einem wissenschaftlichen Thema haben mich überfordert.«

Wer hat diese beiden Sätze gesagt? Es gibt keine Stereoanlage zu gewinnen, ich löse gleich auf. Es war der ehemalige Bundesverteidigungsminister Karl-Theodor zu Guttenberg. Er habe, erklärte er außerdem, »an einigen Stellen ein wenig den Überblick verloren«.

Das macht gleich zwei Bagatellisierungen (»an einigen Stellen«, »ein wenig«) plus »Ich konnte nicht anders«. Vielleicht war Mutter Merkel ihm deshalb erst einmal nicht böse?

Derselbe Mann sagte übrigens, bevor sein Plagiat aufflog: »Ver-

antwortung bedeutet vor allem Verpflichtung, Vertrauen und Gewissen.«
Für wen? Wem gegenüber? Wer dekoriert hier nochmal den Saal?

Wenn man in Unternehmen ganz leise über den Flur geht, kann man sie hören, all die Bälle, die dort hin und her rollen: »Ich kann PowerPoint nicht so gut wie Sie«, sagt der Geschäftsführer zu seiner Assistentin. Nun, sie kann es, muss es können. Natürlich erstellt sie die Präsentation für ihn und tut auch alle anderen Dinge, die er »nicht so gut kann«. Darüber vernachlässigt sie zwangsläufig andere Aufgaben. Ihre To-do-Listen werden immer länger, ihre Arbeitstage auch. Sie ist erschöpft.

»Sie müssen Ihre Projekte besser managen«, sagt der Geschäftsführer am Abend zur Assistentin und geht nach Hause. Er kann jetzt ohnehin nichts mehr machen, PowerPoint kann er ja nicht.

Kann die Assistentin die Aufgabe wirklich ablehnen?

Über die Antwort entscheiden der längere Hebel und die Angst vorm Arbeitsplatzverlust.

Letztere hatte eine Führungskraft, die ich auf einer Veranstaltung traf, ganz sicher nicht, sonst hätte sie wohl kaum stolz verkündet: »Ich kann das nicht, mit Mitarbeitern reden. Also mache ich es einfach nicht.«

Er lachte stolz, ich schämte mich fremd.

Strategie 4: Kommunikationskondome benutzen

Im Jahr 1989 fiel die Berliner Mauer – und woanders wurde eine neue erbaut, eine zwischenmenschliche Mauer: Denn zeitgleich entwickelte der Brite Tim Berners-Lee die bestehende Technik zum World Wide Web weiter und legte damit den Grundstein für Social-Media-Plattformen – ein wahres Paradies für Verantwortungs- und Kommunikationsvermeider. Auf Facebook und Co. ist nämlich stets eine schützende virtuelle Schicht zwischen den Kommunikatoren, sowohl räumlich als auch zeitlich. Social Media ermöglicht Kommunikation ohne Risiko oder zumindest mit deutlich weniger Risiko als im direkten Dialog, es ist quasi ein Kommunikationskondom. Wird es uns zu blöd, klinken wir uns einfach aus. Will jemand etwas von uns wissen, das wir nicht sagen können (oder wollen), antworten wir einfach nicht.

Würde der andere Mensch uns tatsächlich gegenübersitzen, fänden wir es sehr befremdlich, auf unsere Frage keine Antwort zu bekommen. Stellen Sie sich vor, Sie sitzen in einer Bar und fragen einen Freund, wie es ihm geht. Er schaut sie an, sagt aber nichts. Nach einer Weile steht er auf und geht. Wie fänden Sie das? Im Netz ist diese Art zu kommunizieren an der Tagesordnung!

Mit Hilfe von »sozialen« Netzwerken kann man andere nach Belieben im virtuellen Regen stehen lassen. »Sorry, dass ich mich gestern nicht mehr gemeldet habe, habe Besuch bekommen.« Genügend Zeit, um das dem anderen kurz zu schreiben, war leider nicht. Wenn es denn stimmt. Mit Social-Media-Plattformen kann ein jeder sein Nähe-Distanz-Dilemma und seine Bindungsängste in Pseudo-Nähe und Pseudo-Beziehungen verwandeln. Genuss ohne Reue. Ein jeder kann sich selbst und andere glauben machen, er sei ein kontaktfreudiger Mensch, der viele Freunde hat.

Darüber hinaus gibt es mit Kommunikationskondomen immer jede Menge zu tun, falls man etwas anderes vermeiden möchte, zum Beispiel eine echte Ehefrau, die echt sauer ist. Zugegeben, der lockere Austausch mit Leuten, die man schon in der Schule nicht mochte, fällt wesentlich leichter, als die Verantwortung für eine Beziehungskrise zu übernehmen.

»Mein Mann kommt nach zehn Tagen von einer Geschäftsreise abends nach Hause und setzt sich dann erstmal drei Stunden an den Computer«, so eine Klientin. Nachdem sie sich bei Facebook angemeldet hatte, wusste sie, was er da noch »Wichtiges zu erledigen« hatte. Sein Profil war öffentlich – was für ein dummer Anfängerfehler.

Eine echte Partnerin will etwas Echtes von ihrem Mann, was er ihr vielleicht gerade nicht geben will (was er jedoch nicht sagen kann, weshalb er flüchten muss). Er kann sie nicht einfach wegklicken, sie bleibt vor ihm sitzen und schaut ihn erwartungsvoll an. Sie spricht, und er muss in Echtzeit reagieren. »Hast du die Bewerbung abgeschickt?«, »Sollen wir wieder auf die Hütte vom letzten Jahr fahren?«, »Ich möchte mehr Zeit mit dir verbringen.«

Grauenhaft!

Ja, es ist grauenhaft für beide, wenn der Mann es nicht schafft, seiner Frau zu sagen, dass er gerade lieber keine ihrer Fragen beantworten möchte. Oder wenn er nicht dazu stehen kann, dass er seine Bewerbung immer noch nicht abgeschickt, ja sie noch nicht einmal geschrieben hat. Da setzt man sich lieber vor diese Ersatzbeziehungskiste, bis die Frau schläft. Geschafft!

Vielleicht sind die Menge und Intensität an Austausch, die Frauen so gern hätten, tatsächlich des Mannes Sache nicht. Wenn dem so ist, müsste man gemeinsam die Menge so regulieren, dass sie für beide passt. Doch dazu müsste man miteinander reden.

Das Kommunikationskondom Social Media wirkt also in vielerlei Hinsicht. Es schafft völlig neue, gesellschaftlich anerkannte Fluchtwege, verhindert auf diese Weise echte Beziehungen und versorgt die Menschen gleichzeitig mit Beziehungsersatz. Keine Frage, eine virtuelle Pseudo-Beziehung ist wesentlich unkomplizierter als eine echte.

Trauerspiele

Computerspiele gehören ebenfalls zu den Kommunikationskondomen. Nicht selten verhindern sie sogar jeglichen echten Kontakt oder vielmehr den Schmerz darüber, dass es ihn nicht gibt. Insbesondere männliche Jugendliche begeistern sich für diese Spiele. Ein Genre trägt den Namen »Survival-Horror«, was das Problem ganz gut trifft. Wo sind sie, die Väter, die stattdessen mit ihren Söhnen angeln gehen? Ein Trauerspiel.

Facebook und Computerspiele fungieren übrigens nicht selten auch als Eheklebstoff. Während der Mann am Computer sitzt, bekommt er gar nicht mehr mit, dass seine Frau vielleicht längst nicht mehr die Person ist, mit der er gerne zusammen sein möchte, und umgekehrt. So halten Beziehungen, die im Grunde gar keine mehr sind.

Mit den Wählern ist das ganz ähnlich. Die Beziehung zur Politik ist schon lange keine mehr, dabei hat es noch nie so viele Möglichkeiten gegeben, mit Politikern »zu diskutieren«. Online, versteht sich. Das signalisiert Dialogbereitschaft und bleibt folgenlos.

Wen wundert's, dass auch Unternehmen Kommunikationskondome benutzen? So suggeriert man Nähe zum Kunden und gibt sich zugleich welt- und diskussionsoffen. Die Telekom zum Beispiel tut genau das mit ihrer Facebook-Seite für Kunden »Telekom hilft«. Dort kann man seitenweise Texte wie diesen lesen: »Nichts funktioniert kein Internet und kein Telefon Speedport w724v link,online, Power leuchten und trotzdem kein Zugang und der Service bei der Telekom ist auch reingeschießen. 2 DSL Router schon ausprobiert und die Telekom sucht sich immer wieder ausreden.«

Die furchtbar netten Mitarbeiter, meistens übrigens weiblicher Natur (zumindest besagen das ihre Vornamen), sind sehr bemüht, in der Sprache der wütenden Kunden zu antworten. »Guten Abend, wir schauen uns gerne an, was da los ist, und machen dem Anschluss Beine.«

Nichtsdestotrotz lautet das Fazit der meisten User: Die Telekom hilft nicht. Das Unternehmen gibt sich zwar offensichtlich redlich Mühe, das Ergebnis aber ist zweitrangig.

Mit Kommunikationskondomen kann man ganz wunderbar von Ergebnislosigkeit ablenken, denn man wirkt nach außen exorbitant bemüht, beschäftigt, emsig, aktiv und arbeitswillig. »Schaut her, ich bin doch dran«, kommuniziert man, da kann der andere nicht meckern.

Strategie 5: Arbeiten wie ein Tier

Passives Verhalten ist bei Männern oft auf den ersten Blick nicht zu erkennen, da diese Männer megaaktiv sind. Nicht nur ihr Umfeld, auch sie selbst bezeichnen sich gerne als »Macher«, die alles »im Griff haben«, und prahlen mit unmenschlichen ergo »tierischen« Arbeitszeiten. Die durch einen Burnout geläuterte Arianna Huffington, Herausgeberin der *Huffington-Post*, erzählt in einem TED-Vortrag folgende Geschichte: »Kürzlich saß ich mit einem Mann im Restaurant, der sich damit brüstete, dass er in der Nacht zuvor nur vier Stunden geschlafen habe. Am liebsten hätte ich zu ihm gesagt (was ich jedoch nicht tat): ›Wissen Sie, was? Wenn Sie fünf Stunden geschlafen hätten, wäre unser Zusammentreffen sicher viel interessanter geworden.‹«

Schlaf ist dieser Tage ein Riesenthema. Alle, so scheint es, wollen mehr davon, viele haben viel zu wenig davon. In Männerkreisen gilt: Wer wenig schläft, hat viel Erfolg. Wenn diese Regel stimmt, ist klar, warum Schlafmangel von Männern so oft hingenommen oder bagatellisiert wird. Ab einem gewissen Schafmangel-Level ahnt dann aber doch der eine oder andere, dass das nicht in Ordnung ist. Zum Glück, wie das folgende Beispiel zeigt.

Der Klient, der eines späten Abends in meiner Coaching-Praxis sitzt, schläft zurzeit kaum noch. Im Grunde ist er ein gut aussehender Mann Anfang 40, aber davon ist momentan nicht viel zu sehen. Der Teint ist fahlgrau, seine Augen sitzen tief in den Höhlen, umkränzt von dunklen Schatten. Er möchte »sein Zeitmanagement verbessern«, damit er »nicht immer so lange« arbeitet. Nicht so lange heißt für ihn, »nicht jeden Abend bis 22:00 oder 23:00 Uhr«. Er ist ein wichtiger Mann in einer wichtigen Firma in einer wichtigen Position und hat sich zum Geschäftspartner hochgearbeitet. Seine Frau und seine beiden kleinen Kinder sieht er nur selten, denn meist muss er auch am Wochenende arbeiten.

Ihr Zeitmanagement zu verbessern heißt für Männer oft, noch mehr aus ihrer Zeit herauszuholen, noch effizienter zu sein. Wozu? Was ist dann anders?

Die üblichen Antworten lauten: Dann kann ich mehr Sport machen. Dann sehe ich meine Familie häufiger. Dann bin ich nicht so gestresst.

Bereits an dieser Stelle kommt für mich die Frage auf, ob der Klient wirklich etwas verändern oder ob er nur sein Verhaltensmuster, nämlich »höher, schneller, weiter«, festigen möchte. Ich stehe sozusagen mit dem Klienten an einer Weggabelung. Gehen wir nach links, helfe ich ihm, noch besser darin zu werden, sich selbst und andere schlecht zu behandeln. Gehen wir nach rechts, wird er lernen, besser mit sich selbst und seinen Ressourcen umzugehen. Diesen Weg können wir allerdings nur beschreiten, wenn er wirklich etwas verändern möchte. Für sein besseres Leben muss er einen Preis zahlen. Er muss endlich die Verantwortung für sein Verhalten übernehmen.

Nach links gehe ich mit meinen Klienten übrigens nie, das halte ich für Zeitverschwendung. Wer in diese Richtung will, der muss sich einen anderen Coach suchen.

Bleiben wir also auf der rechten Spur. Zunächst gilt es zu untersuchen, was der Klient vermeidet, indem er von früh bis spät irgendwelchen Aktivitäten nachgeht, statt das zu tun, wonach ihm (angeblich) der Kopf steht. Im Falle des oben zitierten Klienten war bald klar, dass in seinem tiefsten Inneren eine fette Angstspinne saß, die ihm immer wieder sagte, dass er eine Mogelpackung sei, und eines Tages würden seine Geschäftspartner das herausfinden, und dann würde er gefeuert, und dann würde seine Frau ihn verlassen, weil er nicht mehr so viel Geld verdienen würde, und dann würde er unter der Brücke enden. Wie sein Vater.

Als das alles einmal auf dem Tisch lag, war klar, was dieser Mann vermeiden wollte: so zu enden wie sein Vater. Arm, alkoholisiert, allein. Und noch etwas stellte sich heraus. Er wollte um jeden Preis vermeiden, sich minderwertig zu fühlen, weil er aus dem Arbeitermilieu stammte und sein Abitur auf dem zweiten Bildungsweg gemacht hatte, während seine Geschäftspartner in englischen Internaten Golf gespielt hatten. Diese Angst kompensierte er, indem er arbeitete wie ein Tier, länger als alle anderen, länger als seine Geschäftspartner (die waren da schon auf dem Golfplatz).

Als mein Klient erkannte, dass er an seinem Leben vorbeirannte statt es zu leben, erschrak er zutiefst. Angst, zu enden wie sein Vater? Er lebte bereits so!

Das war eine sehr unangenehme Erkenntnis. Dennoch, er beschloss, sich wirklich zu ändern. Er richtete sein Leben so ein, dass er mehr Zeit für seine Frau und seine beiden Söhne hatte. Eben nicht wie sein Vater, der nie da gewesen und auch noch früh an den Folgen seines Alkoholkonsums gestorben war.

Dies war eines von vielen Beispielen dafür, wie man hyperaktiv und passiv zugleich sein und sich so sein Leben vermasseln kann. Die Folgen einer solchen Lebensweise »auf der Überholspur« tragen übrigens nicht nur die Fahrer selbst, sondern alle, die zu deren System gehören. Ein hyperaktiv passiver Chef führt nicht nur seine Mitarbeiter schlecht, sondern vernachlässigt auch seine Frau, seine Kinder und seinen Körper – alles in dem Glauben, es ginge ja nicht anders.

Genau so hat es mein Klient auch erlebt. Er dachte immer, er müsse noch mehr rennen, noch besser werden.

Dieses kopflose Gerenne gedeiht besonders in jenen Unternehmen gut, in denen *visibility* über Substanz geht, und das sind – wenn Männer am Ruder sitzen – die meisten. Viel Lärm um nichts macht auch Arbeit. Zwar nicht unbedingt eine, die Ergebnisse bringt und Zufriedenheit schafft, aber eine für die Chefs gut sichtbare. Wer weiterkommen will, lässt sich sehen, und zwar egal zu welcher Tages- oder Nachtzeit. Schlecht für die Familie, gut für die Karriere.

Hartmut Mehdorn sagte dazu in einem Interview mit dem *Spiegel*: »Wer wirklich nach oben will, muss Einsatz zeigen, notfalls Tag und Nacht. Dann muss man dafür sorgen, dass der Chef Karriere macht, damit Platz für dich wird. Ich weiß, das sagt man heute nicht mehr so laut. Das klingt etwas unfein. Aber genau so ist es. (...) Wenn ein Mann, der Karriere machen will, so lange Elternzeit nimmt, dann muss er sich danach wieder hinten anstellen.« Mit »so lange« sind übrigens sechs Monate gemeint.

Mehdorn und einige andere alte Patriarchen formulieren gerne unumstößliche Wahrheiten. Ja, genau so ist es wohl – solange solche Männer Firmen führen, was sich hoffentlich bald ändert.

Stephan A. Jansen erklärt in der Zeitschrift *brandeins*: »Die Erkenntnis ist so einfach wie erschreckend: Nicht die Besten, sondern die Zuversichtlichsten werden befördert. In der Forschung zur Überzuversicht wird gezeigt, dass nicht die historische Qualifikation und Qualität entscheidend sind, sondern wie ein Kandidat seine zukünftigen Qualitäten verkauft – und das machen nur Überzuversichtliche und auch nur selten familienbewusste Frauen oder Männer, die dazu schlicht keine Zeit haben.«

Sie rennen gerade scharenweise herum, die überzuversichtlichen, egozentrisch aufgeblasenen Macher, angetrieben von ihren atemlosen Vorgesetzten. Männer, deren Väter abwesend waren, finden häufig in ihren Chefs Ersatzväter, denen sie nacheifern.

Selbstreflexion? Fehlanzeige. Dafür ist keine Zeit, das nächste Meeting beginnt in zehn Sekunden. Dort zeigen sie dann seitenweise aufgeblasene Kuchen- und Balkendiagramme, damit die anderen sehen, wie sehr sie sich ins Zeug gelegt haben. Substanz ist für Idioten. So etwas machen Frauen, die immer noch dem Irrglauben anhängen, dass sie aufsteigen, wenn sie sich nur möglichst tief in die Materie einarbeiten und möglichst viel Sinnvolles von sich geben. Während Frau Meister gewissenhaft an ihrem Projekt gearbeitet hat, hat Herr Müller nebenan ebenso fleißig an seiner *visibility* gearbeitet. Deshalb ist er in der nächsten Gehaltsrunde der Gewinner, und Frau Meister kann es nicht fassen. *Der?*

Eine Klientin, Führungskraft im mittleren Management eines großen Konzerns, wurde von ihrem Chef explizit dazu aufgefordert, ihre Mitarbeiter ausschließlich nach *visibility* zu befördern. »Ich habe so viele besser qualifizierte Mitarbeiter«, schimpfte sie. »Das sind eben nicht immer die Lauten, die Blender. Sie machen im Stillen einen sehr guten Job.«

Sie war machtlos, was das anging, denn solange die Männer in Unternehmen dominieren, wird nach deren Regeln gespielt. Da heißt es mitspielen oder gehen.

Erschwerend kommt hinzu, dass in unserem Land das arbeitsbedingte Schwitzen als Tugend gepriesen wird. Das kulturelle Ohne-Fleiß-kein-Preis-Erbe der Preußen ist nach wie vor in den Köpfen verankert. Wer um 18:00 Uhr ohne Schweißflecke nach Hause geht, weil er seinen Job wirklich gut im Griff hat, ist den stets Schwitzenden ein Dorn im Auge. Das Leben ist anstrengend, und wenn nicht, dann stimmt etwas nicht.

In der Politik wird auch viel geschwitzt. Eine gängige Strategie ist (wenig überraschend) auch hier, die Scheinwerfer auf das zu lenken, was *visibility*-mäßig gut ankommt. »Seht nur, wie ich mich engagiere«, lautet die Botschaft an die Wähler. Ziel ist es auch hier, von dem abzulenken, was nicht so gut funktioniert. Wenn ein Politiker sich beispielsweise ethisch danebenbenimmt, werden die Scheinwerfer einfach schnell woanders hingedreht. So bleibt der unliebsame Rest im Dunkeln. Hauptsache es sieht so aus, als würde man zum Wohle der Bürger arbeiten wie ein Tier.

Karl-Theodor zu Guttenberg, ein Meister im manipulativen Umgang mit Scheinwerfern, gab sich in seiner Rücktrittsrede von 2011 enttäuscht.»Wenn allerdings, wie in den letzten Wochen geschehen, die öffentliche und mediale Betrachtung fast ausschließlich auf die Person Guttenberg und seine Dissertation statt beispielsweise auf den Tod und die Verwundung von 13 Soldaten abzielt, so findet eine dramatische Verschiebung der Aufmerksamkeit zulasten der mir Anvertrauten statt.«

Wegen der paar Fehlerchen in der Dissertation so einen Aufstand zu machen – also wirklich.

Strategie 6: Ich habe kein Problem, x hat eins

Diese Strategie beinhaltet eine Gleichung mit einem sehr wichtigen Unbekannten. Besagter x soll nämlich den Ball fangen, also das Problem oder die Aufgabe übernehmen. X lässt sich dabei beliebig variieren:»Ich habe kein Problem, mein Kind hat eins«, sagen Eltern oft, wenn ihr Sprössling sich problematisch verhält. Vor allem die Väter schieben Probleme gerne auf x = die Mutter oder das Kind. Wie viele Kinder und Jugendliche sitzen dieser Tage bei einem Therapeuten, weil sie dort nicht sitzen?

Auch sehr beliebt ist die Variante »Ich habe kein Problem, meine Frau hat eins«. Es gibt diesen Paartherapeuten-Witz, dass die Paare meistens kommen, um sich zusammen einen Sarg auszusuchen. Die meisten Paare suchen tatsächlich erst Rat und Hilfe, wenn es bereits zu spät ist. Und ja, es geschieht in der Regel auf Initiative der Frau. Warum ist das so? Nein, anders: Warum ist das *immer noch* so?

Wenn ein Paar mir zum ersten Mal in meiner Praxis gegenübersitzt, lasse ich zunächst jeden von beiden kurz erzählen, warum er da ist. In 99 Prozent der Fälle gibt die Frau dem Mann nonverbal zu verstehen, dass er beginnen soll. In 99 Prozent der Fälle lacht der Mann dann in meine Richtung, was so viel bedeutet wie: »Alles nicht so schlimm«, und sagt dann: »Na ja, ich finde eigentlich nicht, dass wir ein Problem haben. Also, ich hab jedenfalls keins.« In 99 Prozent der Fälle zeigt die Frau dem Mann daraufhin nonverbal den Stinkefinger, weshalb er schnell ergänzt: »Aber meine Frau ist da anderer Meinung.«

Passivität *is in the house*! Was der Mann dabei nicht wahrhaben will: In dem Moment, da seine Frau die Beziehung als schwierig erlebt, hat nicht nur sie, sondern auch er ein Problem – es ist ihr gemeinsames.

Wenn jemand meint, er habe keine Schwierigkeiten, sollte man ihm nicht helfen. Einem Spielsüchtigen beispielsweise, der meint, dass er nur hin und wieder ein bisschen zu viel spielt, können Sie zehn Suchtberatungsstellen empfehlen, er wird keine davon aufsuchen. Warum sollte er? Ist doch alles in bester Ordnung.

Kein Problem kann man nicht lösen, verschwinden wird es deshalb allerdings nicht. Was nun? Der »Besitzer« will es nicht haben. Meist kommt dann das Umfeld ins Spiel und nimmt es. So hat besagter Spielsüchtiger am Ende wirklich keins. Vielleicht nimmt es seine Frau und macht sich an seiner statt furchtbar viele Gedanken, erlebt die Angst, die er nicht fühlen möchte. Oder jemand aus seiner Familie nimmt es, etwa sein Bruder oder seine Mutter.

Einem problemfreien Mann muss man ein Problem also erst einmal schmackhaft machen, und damit meine ich natürlich nicht, ihm eines einzureden, das gar keines ist. Hat es eine Bedeutung für ihn selbst, für andere? Inwieweit beeinträchtigt es sein Leben, das Leben seiner Familie, seiner Mitarbeiter (falls ihn das interessiert)?

Erst wenn der Mann es angenommen hat, kann man mit ihm die Veränderung angehen. Was kann er tun, um es zu ändern? Was braucht er dafür? Was kann er gemeinsam mit seiner Partnerin oder seiner Familie tun?

In dem Zusammenhang erinnere ich mich an einen Klienten, der von seiner Frau vorbeigebracht wurde. Sie hat ihn im wahrsten Sinne des Wortes an der Tür bei mir »abgegeben« und ihm zum Abschied auf die Schulter geklopft, als müsse er jetzt besonders tapfer sein. Der Mann saß mir gegenüber und sagte, er wisse gar nicht, warum er hier sei. Seine Frau habe zwar gemeint, er solle mal mit mir reden, aber er wisse nicht recht, worüber. Kurz: Er hatte kein Problem. Als ich ihm daraufhin anbot, ihm das Geld für die Sitzung zurückzugeben, war die Verwirrung auf seiner Seite groß, denn ich spielte sein Nimm-mein-Problem-Spiel nicht mit. Offenbar hatte er erwartet, dass ich – wie seine Frau – auch ein bisschen an ihm herumdoktere. Er lächelte unschlüssig, wir schwiegen eine Weile. »Vielleicht«, sagte ich dann, »könnten wir darüber sprechen, warum Sie, ohne ein Problem zu haben, hier sind, nur weil Ihre Frau das will.« *Das* Problem nahm er dann, und wir hatten noch ein paar gute Sitzungen. Zur zweiten kam er übrigens schon alleine.

Ich habe kein Problem, meine Mitarbeiter haben eins

Unangenehme Dinge oder unliebsame Aufgaben weiterzuschieben kommt auch im Berufsleben tagtäglich vor. Je komplexer eine Organisation, desto wahrscheinlicher ist es, dass Verantwortung innerhalb der Abteilungen von links nach rechts oder hierarchieübergreifend von oben nach unten verschoben wird. Stellen Sie sich ein Basketballspiel vor, bei dem niemand den Ball haben will, aber alle den Applaus für den Korbwurf.

Eine solche Verschiebung von oben nach unten könnte in

einem mittelständischen Unternehmen so aussehen: Die Firma wird geführt von zwei Männern, Klaus und Martin. Klaus stellt eine Marketingleiterin ein, die eine neue Corporate Identity erarbeiten und einführen soll. Klaus ist ihr direkter Vorgesetzter, Martin ist als Partner für einen anderen Geschäftsbereich zuständig, allerdings gibt es mehrfach Überschneidungen, vor allem im Marketing. Was Klaus will, das will Martin meistens nicht und umgekehrt. Darüber sprechen die beiden jedoch nicht offen miteinander, sondern sie spielen den Ball der Marketingleiterin zu, die voller Elan ihre Aufgaben angeht. Das gestaltet sich bald schwieriger als gedacht, denn Martin sabotiert ihre Arbeit. Er kommt nicht zu Meetings, unterschlägt Informationen, lässt Deadlines verstreichen, führt Kundengespräche hinter ihrem Rücken und reagiert trotzig auf ihre Nachfragen. Kurz: Er verhält sich wie ein kleines Kind. Klaus steht ihm in nichts nach, denn er konfrontiert Martin nicht damit, sondern überträgt die Verantwortung für die Einhaltung von Meetings und Deadlines der Marketingleiterin. Deren Versuche, mit Martin über Termineinhaltung zu reden, scheitern einer nach dem anderen.

Dass sie da in ein ungutes Spiel hineingeraten ist, ist ihr zu dem Zeitpunkt noch nicht bewusst. Ergo rotiert sie noch mehr, bereitet sich noch besser vor, arbeitet noch härter. Das Projekt geht trotzdem nicht voran. Martin sagt die von ihr bestens vorbereiteten Meetings weiterhin kurzfristig ab, kommt viel zu spät oder gar nicht. Noch immer allein dafür verantwortlich, dass das Projekt in Gang kommt, wendet die Marketingleiterin sich verzweifelt an ihren direkten Chef. Der sagt, daran könne er leider nichts ändern, Martin sei nun mal blöd. Der macht weiter, was er will, und wenn sie ihn zur Rede stellt, verweist er sie an Klaus, mit der Begründung, er sei nicht ihr Chef und daher für sie nicht zuständig. Schachmatt.

Die Marketingleiterin hält das irgendwann nicht mehr aus und kündigt. Sie hat nämlich erkannt, dass sie in diesem Unternehmen niemals eine Corporate Identity einführen wird, solange die beiden Chefs ihre Probleme auf sie abwälzen. Sie hat verstanden, dass sie den Ball niemals hätte fangen dürfen. Das wird ihr auf dem nächsten Spielfeld hoffentlich nicht mehr passieren.

Allzu häufig werden Probleme auch auf externe Mitarbeiter verschoben. Der Fisch stinkt vom Kopf und gibt viel Geld dafür aus, dass er für seinen Gestank keine Verantwortung übernehmen muss. Anders gesagt: Wenn etwas nicht gut läuft, sollen es die Coaches und Trainer richten. Auf einer Veranstaltung habe ich mal folgenden Satz aufgeschnappt, der das treffend beschreibt: »Dann lassen wir eben die Trainerpuppen tanzen.«

Ich hatte mal einen solchen Auftrag von einem Großkonzern. Als eine der Trainerpuppen sollte ich etwa 30 Mitarbeitern in einem halbstündigen (!) Workshop ein Führungs-Tool nahebringen. Mir schlug gewaltiger Unmut entgegen, den ich mir anfangs nicht erklären konnte. Auf der Rückfahrt im Zug traf ich dann zufällig einen der Angestellten aus dem oberen Management, der eine Art externe Revisionsstelle innehatte. Er erzählte mir von den letzten beiden Jahren, in denen die Mitarbeiter unter der Führung sehr gelitten hatten. Er sprach von Entlassungen, Intransparenz, Vertrauensentzug, mangelnder Kommunikation und Intrigen.

Dieser stinkende Fisch wollte seinen Mitarbeitern ganz sicher etwas Gutes tun, als er sie zu dem Workshop-Marathon schickte (außer mir hatten an diesem Tag noch einige andere Trainer halbstündig zu Begeisterung aufgerufen). Besser wäre es gewesen, wenn die Führungsetage sich geschlossen bei den Mitarbeitern entschuldigt hätte, denn damit hätte sie für ihr Fehlverhalten Verantwortung übernommen. Das wäre nicht nur angemessener, sondern auch billiger gewesen.

Nicht selten agiert ein Trainer auf verlorenem Posten. Er kann hervorragend vorbereitet sein und das Training mit den besten Absichten durchführen – wenn wirkliche Veränderung nicht gewünscht ist oder sich nicht umsetzen lässt, nutzt das alles nichts. Solange sich das System passiv verhält, kann ein Trainer nicht aktiv werden. Es gibt kein richtiges Leben im falschen, wie Theodor W. Adorno einst so schlau bemerkte. Diese Tatsache hält den Trainermarkt jedoch nicht davon ab, weiter zu boomen. 84 Prozent der deutschen Unternehmen investierten im Jahr 2007 rund 27 Milliarden Euro in die Weiterbildung ihrer Mitarbeiter.

Ich plädiere dafür, dass die Führungskräfte, die wollen, dass sich ihre Mitarbeiter weiterentwickeln, sich erst einmal selbst persönlich weiterentwickeln.

Strategie 7: Ich habe kein Problem, ich habe einen Coach

Der Chef eines kleineren mittelständischen Unternehmens wollte mich für einen Workshop engagieren, da seine Mitarbeiter »zu wenig Leistung bringen«. Er eröffnete unser Gespräch strahlend.

»Ich habe auch einen Coach«, sagte er.

Ich strahlte zurück. »Ach ja?«

»Seit einem Jahr«, sagte er begeistert. »Ein super Typ. Ich profitiere total von ihm.«

In dem sich anschließenden Gespräch hatte mein »Gesprächspartner« einen Redeanteil von gefühlten 97 Prozent, beantwortete die Fragen, die er mir stellte, gleich selbst und wertete in jedem zweiten Nebensatz seine Mitarbeiter ab. Ich war, wie gewünscht, sprachlos, was er jedoch gar nicht bemerkte. In der Situation hatte ich zwei Möglichkeiten. Entweder ich sagte ihm, dass er meines Erachtens lernen müsse zu führen (und sein Coach zu coachen), oder ich schwieg und nahm den Auftrag an, wohl wissend, dass ich nicht viel würde ausrichten können, solange er sein Unternehmen weiter so führte.

Ich tat Letzteres, ich war jung und brauchte das Geld. Außerdem traute ich mich nicht, diesem strahlenden Kraftprotz etwas entgegenzusetzen. Heute entscheide ich mich ausnahmslos für Variante eins.

Etliche Führungskräfte sind wie der hier beschriebene Chef fest davon überzeugt, dass mit ihnen alles in allerbester Ordnung ist, weil sie sich schließlich coachen lassen. Aber: Wer einen Coach hat, der hat nicht automatisch keine Probleme mehr. Er hat oft nur jemanden, der ab sofort dafür zuständig ist. Deshalb war besagter Chef wohl auch so fröhlich.

Hat sein Coach sich genauso wenig getraut wie ich, ihn kritisch zu konfrontieren? Hat er überhaupt bemerkt, dass sein Klient nur gut von sich selbst spricht und nur schlecht von anderen? Und wie kann er es als ausgebildeter Coach nicht bemerkt haben? Vielleicht hat er aber auch ganz pragmatisch beschlossen, den Unternehmer gut zu bedienen, damit er am Ende gut verdient. Solange ein Coach seine Klienten in deren Sinne optimiert, werden sie sich prächtig fühlen. Dankbare Klienten hat, wer ihnen das gibt, was sie wollen: Ratschläge, Tipps oder einfach nur ein Ohr oder zwei – irgendetwas Elterliches eben. Auf diese Weise bleiben die Klienten Kinder, die moderne Erwachsene spielen und sich zudem darin sonnen, State of the Art zu sein: Er hat einen Coach, was für ein cooler Mann!

Je teurer, je medienpräsenter der Coach, desto besser ist er, lautet die Faustregel oft. Das ist natürlich ein Irrtum, und zwar einer, der mit Abhängigkeit von Status und nicht selten mit Unreife zu tun hat. Ein reifer Mann würde einen Coach wählen, der ihn wirklich weiterbringt, und nicht einen, der auch einen Porsche fährt.

Leider verstärken Coaches allzu häufig das problematische Verhalten ihrer Klienten, selbst wenn sie lösungsorientiert arbeiten. »Lösungsorientiertes Coaching« klingt nach wenig Arbeit und schnellem Ergebnis, und Männer wollen oft eine schnelle Lösung, vor allem eine Lösung in ihrem Sinne. Das, was ihnen als Problem bewusst geworden ist, soll weg – am besten sofort.

Einmal kam zu mir in die Praxis ein Mann, der seit Wochen nicht mehr durchschlief. Er wollte Tipps von mir, was er dagegen tun könne. Im weiteren Verlauf des Gesprächs wurde deutlich, unter welch massivem Druck der Klient stand. Seine Erwartungshaltung sich selbst gegenüber war nahezu unmenschlich groß, seine Bereitschaft hingegen, sich mit seiner eigenen Fehlerhaftigkeit (seiner nur allzu menschlichen Schwäche) zu versöhnen, tendierte gegen null. Ich versuchte ihn dafür zu sensibilisieren, hatte aber keine Chance. Er forderte von mir nachdrücklich Lösungsvorschläge auf der Symptomebene – dem schlechten Schlaf – und wollte nichts mit seinen »Schwächen«, wie er es nannte, zu tun haben. Genau deshalb sei er schließlich zu mir gekommen. »Ich dachte, Coaching heißt im Gegensatz zu Therapie, dass man Lösungen findet und nicht an Problemen rumdoktert. Deshalb bin ich zu Ihnen gekommen«, erklärte er mir.

Dieser Klient beharrte auf seiner Vorstellung von Problemlösung – sein gutes Recht. Hätte ich ihn »bedient«, hätte ich ihm dabei geholfen, sich weiterhin problematisch zu verhalten und körperliche Selbstausbeutung zu betreiben bis zum Anschlag. Anders gesagt: Ich hätte ihn weiter daran gehindert, Verantwortung für sich selbst zu übernehmen. Das wäre aus meiner Sicht fahrlässig gewesen, auch seiner Frau und seinen Kindern gegenüber. Was für ein Vorbild ist ein Vater, der mit einem kaputten Motor auf der Autobahn fährt?

Insofern bedeutet die Aussage »Ich habe einen Coach« nicht unbedingt, dass dieser dem Betroffenen wirklich hilft. Weil ich aber wirklich helfen will, bekommen Klienten bei mir oft nicht das, was sie wollen. Für Letzteres gibt es noch einen anderen Grund: Ein Mensch kommt selten allein, wir leben alle in Systemen, unser Verhalten hat immer auch Auswirkungen auf andere. Ist der Klient eine Führungskraft, überträgt sich sein problematisches

Verhalten auf seine Mitarbeiter, und dann wird wieder munter Ball gespielt. Der Chef übernimmt keine Verantwortung? Okay, wer will sie haben? So entstehen asoziale Systeme, bei denen meistens diejenigen in den unteren Etagen verlieren. So etwas möchte ich nun wirklich nicht unterstützen!

Wie bereits erwähnt: Was einer Führungskraft bewusst ist, spiegelt nicht unbedingt den Sachverhalt wider. Das galt auch für den Chef eines mittelständischen Unternehmens, der mich mit der Durchführung eines Mitarbeiter-Workshops beauftragen wollte. Den Anlass formulierte er so: »Meine Leute haben ihren Workload nicht im Griff.«

Im Erstgespräch sagte er: »Sie arbeiten doch lösungsorientiert, was ist denn da die Lösung?«

Das war – leider – kein Witz. Zu seiner großen Überraschung teilte ich ihm am Ende unseres Gesprächs mit, dass ich erst einmal ihn coachen wolle. Das käme ihn vielleicht sogar günstiger, argumentierte ich, denn im besten Fall könne man es dabei belassen. Das finanzielle Argument zog, und er willigte ein. Was ich ihm nicht sagte: Wer auf so platte Art eine Lösung von mir erwartet, der hat sehr wahrscheinlich Führungsprobleme, die er seinen Mitarbeitern in die Schuhe schieben will, wogegen sie womöglich unbewusst rebellieren, indem sie ihren Aufgaben nicht nachkommen.

In diesem Fall stimmte meine Hypothese. Nachdem ich mit dem Chef gearbeitet hatte, folgte die Lösung im Team quasi von selbst. Die Mitarbeiter waren überrascht über die neue Offenheit ihres Vorgesetzten, denn plötzlich konnten sie nicht nur mit ihm reden, sondern – und das war das Beste – er hörte sogar zu.

Hätte ich ihn mit seiner Lösung versorgt und einen Workshop für seine »unfähigen« Mitarbeiter gemacht, wären die Probleme weiter in deren Schuhen geblieben – und er bei seinem falschen Selbstbild. In seiner alten Ordnung hatte dieser Mann kein Problem. In der neuen Ordnung hatte er sogar gleich mehrere, ergo konnte er sie auch angehen. Seine Veränderung veränderte das System. Domino Day!

Der ganze Coaching-Prozess war übrigens recht kurz und tatsächlich billiger als der Mitarbeiter-Workshop, der wie erwähnt ohnehin sinnlos gewesen wäre, solange der Chef an seinem alten Selbstbild festgehalten hätte. Problemorientiert zu sein ist also nicht automatisch langwieriger und teurer, als lösungsorientiert zu sein.

Darüber hinaus wirkt ein Coaching nach dem Prinzip »Mach mich stark und sicher, OHNE meine Probleme anzurühren« oft nicht länger als ein paar Tage, manchmal vielleicht auch Wochen. Danach schlägt meist das alte Muster wieder zu, ähnlich wie beim Jo-Jo-Effekt nach einer Blitz-Diät. Der Klient erlebt sich danach als Versager und denkt sich frustriert: »Aber ich habe doch etwas unternommen (und viel Geld dafür ausgegeben).« Er leidet dann nicht nur unter seinem Problem, sondern zusätzlich unter seinen Schuldgefühlen. Das Leid wird immer größer und von Mal zu Mal weniger erträglich, umso bereiter ist er daher beim nächsten Mal für einen »Coaching-Quickie«.

Strategie 8: An Wunder(heilung) glauben

Männer haben einen schwächeren Körper, als sie wahrhaben wollen, und viele haben zurzeit außerdem eine recht angegriffene Seele. Wenn sie sich jedoch nicht selbst darum kümmern, tut es früher oder später jemand anders, zum Beispiel der Sensenmann. Aber solange der noch nicht da ist, kann man getrost an Wunder glauben.

So seufzte ein Klient von mir, Mitte 50, deutlich übergewichtig und dadurch gesundheitlich ziemlich angeschlagen, bei einer unserer Sitzungen: »Ich träume davon, morgens aufzuwachen und

wieder 35 zu sein. Damals habe ich 15 Kilo weniger gewogen...«
Ernährungsumstellung, Sport? Mal sehen, vielleicht. »Das wird schon wieder«, sagte er, »irgendwie.«

Männer ersetzen Probleme gerne durch Wunder und wundern (!) sich dann, wenn diese nicht von alleine verschwinden. Übergewicht verschwindet nun mal nicht von einem Tag auf den anderen, sondern ist eine tickende Zeitbombe und erhöht das Risiko der im Vergleich zu Frauen höheren »Gesamtsterblichkeit« von Männern.

Wenn es um ihre psychische oder physische Gesundheit geht, sind in der Regel nicht nur die Männer selbst betroffen. Andere, meist ihre Familie, tragen die Konsequenzen mit. In dieser Situation auf das Eigentumsrecht zu pochen – »Es ist mein Bauch, der geht niemanden etwas an« – ist daher nicht angemessen. Insofern stellt sich mir die Frage, ob es wirklich alleine die Sache des Mannes ist, dass er sämtliche Vorsorgeuntersuchungen schwänzt oder mit einer Wunde erst zum Arzt geht, wenn sie würdig ist, im Guinnessbuch der Rekorde zu erscheinen. »Das da? Ach, das ist nichts. Das geht von selbst wieder weg.«

Klar, denkt sich seine Frau, und du gehst vielleicht gleich mit. Wie soll ich das bitte schön den Kindern erklären? »Wisst ihr, Papi hat erst sehr spät erfahren, dass es so etwas wie Ärzte gibt, da war es dann leider schon zu spät...«

Nur kinderlose Eremiten können machen, was sie wollen.

Statt Klartext zu reden und an das Verantwortungsbewusstsein der Männer zu appellieren, geschieht oft genau das Gegenteil. In einem Artikel über das Männergesundheitszentrum Berlin habe ich zum Beispiel gelesen, Männer hätten »keine Lust, von Arzt zu Arzt zu rennen und in Wartezimmern zu sitzen«.

Aha, keine Lust. Wie erwachsen! Eine Dame von der Berliner Stiftung Männergesundheit möchte deshalb gern »andere Zugänge zu den Männern finden«. Logisch, wir müssen noch mehr auf sie zugehen, noch mehr Bälle fangen.

Solange es Leute gibt, die meinen, man müsse Männer wie ein rohes Ei behandeln und möglichst vorsichtig dazu bringen, Lust auf einen Arztbesuch zu haben, so lange können sie weiter keine Lust haben. Die Männer können weiter Kinder bleiben, egal wie alt sie sind. Und wie erwachsen sind eigentlich diejenigen, die um das Thema Männergesundheit nur herumtanzen? Was für ein Kindergarten!

Nun gut, viele Männer haben tatsächlich große Angst vorm Arzt. Sie haben Angst vor den Schmerzen oder davor, er könnte etwas Schlimmes diagnostizieren. Dafür habe ich volles Verständnis. Niemand behauptet, ein Arztbesuch mache Spaß. Höchstens diejenigen, die behaupten, man könne Männern wie auch immer Lust darauf machen. Falls diese Angst sehr tief sitzt, wäre es an der Zeit, sich damit einmal intensiver zu befassen und vielleicht einen Therapeuten oder Coach hinzuzuziehen. Auf jeden Fall kann es nicht sein, dass Männer in der heutigen Zeit sowohl Angst als auch Arzt ignorieren und so lange sitzenbleiben, bis der Arzt kommen *muss*.

Im Klartext heißt das: Ein erwachsener Mann übernimmt Verantwortung für sich und seine Lieben, indem er rechtzeitig zum Arzt geht. Er nimmt Vorsorgeuntersuchungen wahr, weil er seinen Kindern noch lange ein gesunder Vater sein möchte und seiner Frau ein gesunder Ehemann. Ein erwachsener Mann versteht, dass es für andere bisweilen unzumutbare Konsequenzen hat, wenn er sich dem Problem nicht stellt, und zwar auch monetäre Konsequenzen. Ich will gar nicht daran denken, was mich als Steuerzahlerin der Versuch kosten wird, Männern in Deutschland flächendeckend Lust auf Arztbesuche zu machen.

Der Germanwings-Co-Pilot Andreas Lubitz riss im März 2015 absichtlich 149 Menschen mit sich in den Tod. Er war, wie sich im Nachhinein herausstellte, psychisch krank. Es stellte sich auch heraus, dass sein Arbeitgeber dies bereits zu Beginn seiner Ausbildung wusste, was ihn jedoch nicht davon abhielt, den Piloten für flugtauglich zu erklären, obwohl ebenso bekannt war, dass Lubitz weiterhin psychologisch behandelt werden musste. Aber leider leben wir in einem System, in dem Depressionen, Alkoholsucht, chronische Müdigkeit und Überarbeitung totgeschwiegen werden. Allerorten herrscht Verdrängung, aus Angst vor Stigmatisierung, aus Angst, den Job zu verlieren. Wer ist da eigentlich krank? Der Pilot oder das Gesundheitssystem?

Wer eine Gesundheitspolitik macht, die es den Männern weiter ermöglicht, an Wunder zu glauben, der hat schlicht das Ausmaß des Problems nicht begriffen. Dass derzeit nach wie vor eine solche Politik gemacht wird, könnte daran liegen, dass auch im Bundestag überwiegend Männer sitzen, die an Wunder glauben. An das Wunder der Vollzeitbeschäftigung, an das Wunder des Ausstiegs aus der Kernenergie, an das Wunder des ewigen Wachstums, an den Anstieg der Geburtenrate durch Ganztagsbetreuung. Die Politikverdrossenheit dagegen – wen wundert's? – ist kein Wunder.

Die zunehmend um sich greifende Beziehungsverdrossenheit auch nicht. »Ein Problem?«, fragt der Mann lächelnd. »Eine Krise? Ach was, das renkt sich schon alles wieder ein.« Selbstverständlich ohne dass er dafür etwas tun muss. So funktionieren Wunder, sie geschehen einfach.

Eines Tages ist sie dann weg, die Frau, und der Mann wundert sich.

»Er hat erst verstanden, dass ich mich von ihm trennen will, als ich ihm sagte, dass ich heute den Mietvertrag für meine neue Wohnung unterschreibe«, berichtete mir eine Freundin von ihrem Mann.

Als sie lediglich angekündigt hatte, dass sie ihn verlassen werde, als sie sich Wohnungen nur anschaute, da war noch alles in Ordnung. Sie würde nicht gehen, das würde sie nie tun, sie würde ihn niemals verlassen. Der unerschütterliche Glaube an das Wunder, an den ewigen Kredit von Mama, ist stärker als die Realität. Diese holt ihn dann »ganz plötzlich« ein, und der Mann ist bis zum Hals verschuldet. Leider ist es sehr wahrscheinlich, dass die nächste Mama samt Wunder an der nächsten Ecke wartet, um ihn zu retten. Seid gewarnt, liebe Frauen, wer in einer Beziehung an Wunder glaubt, der ist nicht zu retten.

Zum Schluss noch, weil's so schön ist und so gut zum Thema passt, die Geschichte vom Bürgermeister und den schönen Zahlen. Ich hatte mal einen Klienten, der eine sehr hohe Position in der Finanzabteilung einer Stadtverwaltung bekleidete und direkt an den Bürgermeister berichtete. Er berichtete dem Stadtoberhaupt, dass es gerade sehr schlecht um die Gemeindezahlen stehe, und wollte ihm einige Vorschläge unterbreiten, um diesen Missständen zu begegnen und die Zahlen mittelfristig zu verbessern. Der Bürgermeister unterbrach ihn maulend. Er wolle, könne dieses Gerede nicht mehr hören. Dann sagte er den Zaubersatz, den ich schon so oft von Männern in allen möglichen Positionen gehört habe: »Warum kann denn nicht einfach alles schön sein?«

Der Zaubersatz wirkt natürlich nicht. Es wird nicht besser, indem man die Augen schließt und sich ganz, ganz doll paradiesische Zustände alias schönere Zahlen wünscht.

Nein, das Paradies tritt erst dann ein, wenn man Verantwortung für die Hölle übernimmt. Wer im Paradies des süßen Nichtstuns bleiben möchte, macht anderen das Leben zur Hölle. Genau das widerfuhr meinem Klienten, der ganz schön in die Zwickmühle geriet. Wenn er seinen Chef weiter mit den miesen Zahlen »nervte«, bekam er Ärger. Ließ er ihn dagegen in Ruhe, sägte er als Verantwortlicher an dem Ast, auf dem er mit saß. Was also tun? Ohne die Entscheidung des Bürgermeisters waren ihm die Hände gebunden, und so nahmen die Schönheitskorrekturen der Zahlen ihren Lauf. Die beiden Herren bastelten sich mal eben ein Paradies.

»Geht doch«, soll der Bürgermeister hinterher gesagt haben. Ja, auf Kosten anderer.

Strategie 9: Ich bin nicht alt, meine Freundin ist erst 28

Männer altern nicht. Mit 50 Jahren werden sie einfach wieder 30, von einem Tag auf den anderen. Die wenigsten bleiben jung, indem sie ihre Ernährung umstellen und sich mehr bewegen. Die schnellste Verjüngungskur ist eine Frau, die so alt ist, wie der Mann es gerne noch mal wäre. Wobei manche Männer mit einer deutlich jüngeren Partnerin tatsächlich mit gesunder Ernährung und Sport beginnen, nachdem sie jahrelang den Mehr-Gemüse-weniger-Fleisch- und Spiel-doch-mal-wieder-Tennis-Predigten ihrer Ehefrauen getrotzt haben: »Es geht mir gut, die paar Kilo zu viel nehme ich im nächsten Urlaub ab.« Meistens nehmen sie dort aber weiter zu, weil »das Bier hier so lecker schmeckt«. Ehefrauen sollten mit ihren Gatten Wetten über solche Vorsätze abschließen und sich auf diese Weise etwas dazuverdienen. Glauben Sie mir, es würde sich lohnen.

Mancher Methusalem wird also plötzlich wieder aktiv, isst Grünzeug und übt sich in fernöstlichen Verrenkungen, weil seine neue Freundin Yogalehrerin ist. Ich weiß, das ist natürlich ein Klischee und ich übertreibe ein bisschen. Aber leider nur ein bisschen.

Die meisten Männer behalten jedoch ihre Ess- und Sportgewohnheiten (Burger und Fußball gucken) bei und ignorieren die Tatsache, dass sie – wie alle anderen Menschen auch – jedes Jahr ein Jahr älter werden. Nicht selten werden sie zwischen 50 und 60 noch einmal oder zum ersten Mal Vater, in der Regel zum Leidwesen ihrer Expartnerinnen, die sich zuvor zwei Jahrzehnte lang ein »entschiedenes Jein« zur Kinderfrage abgeholt haben und nun keine Kinder mehr bekommen können.

Fakt ist, dass mit zunehmendem Alter auch bei Männern hormonelle Veränderungen auftreten, die ihre Leistungsfähigkeit und Sexualität einschränken. Während es für Frauen gefühlte fünf Millionen Internetforen gibt, in denen sie sich leidenschaftlich über Hitzewallung & Co. austauschen, ist das Netz vergleichsweise schweigsam, wenn es um den sogenannten »Altershypogonadismus« des Mannes geht, den altersbedingten Abfall des Testosteronspiegels. Vielleicht liegt das daran, dass sich das Wort »Wechseljahre« leichter aussprechen lässt.

Der Abfall des Testosteronspiegels hat noch andere Abfälle zur Folge, die nicht so recht in das Bild des vor Kraft strotzenden Mannes passen wollen. Also schaut die alternde Mehrheit lieber woanders hin, zum Beispiel auf den Hintern einer Mittzwanzigerin. Doch nicht nur bei Schwäche und Krankheit wird weggeschaut, auch die Möglichkeit des näher rückenden eigenen Todes wird (bevorzugt mit einem Porsche) weiträumig umfahren. Dabei hält der Tod als Thema mit zunehmendem Alter Einzug in ein jedes Leben. Die Eltern sterben und womöglich auch so mancher Freund, mit dem man eben noch zusammen die *Sportschau* geguckt hat. Selbst die Tatsache, dass kleine, zarte Wesen einen auf einmal »Opa« nennen, wird oft nicht mit dem eigenen Alter in Verbindung gebracht.

Ebenso wie das Altern selbst verdrängen die meisten Männer auch die Tatsache, dass sie in nicht allzu weiter Ferne womöglich auf die Hilfe von anderen angewiesen sein werden. Ein jeder sollte mit 50 eine Idee davon haben, wie und wo er im Alter wohnen möchte – wohnen *kann*. Denn das ist nicht zuletzt auch eine finanzielle Frage. Aber wer nicht altert, denkt wohl kaum über eine Altersvorsorge nach, das wäre ja absurd.

Neulich meinte ein Bekannter, er würde ab sofort nach dem Motto »*Live fast and die young*« leben. Er ist jetzt 48 Jahre alt. Wie will der denn noch jung sterben?

Prof. Dr. Eckart Hammer, der Autor des Buches *Männer altern anders* sagt dazu: »Der Mann jenseits der 50 ist ein in der Sozialforschung weithin unbekanntes Wesen. Während die Situation der Frauen im Alter relativ gut erforscht ist, haben sowohl die forschende Gerontologie als auch die Männerforschung den alternden Mann als Mann meist übersehen. So kommt es, dass eine Reihe kritischer Lebensereignisse, die das Altern des Mannes begleiten, zu wenig beachtet und häufig verdrängt werden.«

Übersehen? Waren es etwa Männer, die da nicht so genau hingeschaut haben?

So zieht die Passivität weite Kreise. Eigentlich müssten die Betroffenen selbst über das aufklären, was sie selbst nicht wissen wollen. Der Kater beißt sich also in den Schwanz!

Diese Strategie scheint auf den ersten Blick eine rein private Angelegenheit zu sein, aber im beruflichen Umfeld findet sie auch des Öfteren Anwendung. »Ich bin nicht alt, meine Mitarbeiter sind jung«, heißt es dann.

Nichts gegen ältere Herren in Turnschuhen – wenn das Äußere mit dem Inneren eine stimmige Verbindung eingeht, wird allemal ein Schuh daraus. Wird die Jugendlichkeit jedoch nur um einen alten Patriarchen oder modernen Despoten herum inszeniert, wird es unerträglich. Kommt dann noch lässige Jugendsprache dazu, ist es schier nicht mehr auszuhalten. Traurig ist es außerdem, wenn jemand versucht, sich mit jungen Menschen auf eine Ebene zu stellen, statt ihnen seine Lebenserfahrung zur Verfügung zu stellen.

Die Medien- und Werbewelt bringt einige solcher Exemplare hervor. Vor allem in den Chefetagen sitzen die (Verzeihung) Alten, während die Jungen sich weiter unten tummeln. In Talkshows sind sie oft zu sehen, Männer ab 50, die auf den Polstern lümmeln wie Teenager und sich gern »rüpelhaft«, auf jeden Fall aber jugendlich lässig geben.

Zu altern, noch dazu in Würde, gilt es in unserer Gesellschaft unbedingt zu vermeiden, und das, obwohl wir immer älter werden. Dabei hilft ein durchtrainierter Körper nur wenig gegen die Schlaffheit der Gedanken.

Strategie 10: Ich trinke, also geht es mir gut

Wenn kleine Kinder die Augen fest zukneifen und glauben, sie seien dann unsichtbar, ist das süß. Wenn erwachsene Männer die Augen fest zukneifen und glauben, sie seien dann unsichtbar, ist das bitter. Wenn sie dann auch noch mit Hilfe von Alkohol ihre Gefühle unsichtbartrinken, ist das richtig schlimm, und zwar für sie selbst und alle anderen Betroffenen.

Unangenehme Gefühle verschwinden nicht durch Nichtstun, und man kann sie sich auch nicht schöntrinken, da muss man schon ein bisschen nachhelfen und aktiv werden. Bitte verstehen Sie mich nicht falsch, ich mache mich keineswegs über Alkoholiker lustig. Mir ist klar, dass diese Sucht, dass jegliche Sucht eine ernstzunehmende Krankheit ist. Dennoch darf beim Thema Passivität diese Form der Vermeidung nicht fehlen, zumal sie die Strategie mit den dramatischsten Auswirkungen ist. Wer zu trinken beginnt, weil er aufhören will zu fühlen, der hat früher oder später ein Suchtproblem.

Alkohol ist eine gesellschaftlich anerkannte Droge, die man im Gegensatz zu anderen Drogen überall und jederzeit für kleines Geld bekommt. Deutschland, so sagte mal ein Suchtexperte, sei eines der wenigen Länder, in denen man sich »für den Gegenwert eines Taschengeldes tottrinken kann«.

Davon abgesehen ist Alkohol der kleine Bruder der Depression. Während bei Männern etwa halb so oft eine Depression diagnostiziert wird wie bei Frauen, ist ihr Anteil bei Alkoholabhängigkeit und Alkoholmissbrauch wesentlich höher. Alkohol ist eine häufig gewählte Coping-Strategie bei Angst und Depression. Coping-Strategie klingt besser als Passivität, meint aber im Grunde nichts anderes: eine Strategie, mit der man sich von dem ablenkt, was eigentlich zu betrachten wäre. Eine Strategie zur Vermeidung von Gefühlen, Ängsten, Aktionen und Konsequenzen.

Erschwerend kommt hinzu, dass es als ein Zeichen von Männlichkeit gilt, (viel) Alkohol zu trinken. Ein Pole erzählte mir, dass er bei seinen Landsleuten nicht mehr als echter Mann gelte, seit er aufgehört habe, schon mittags mit ihnen Bier zu trinken. In Polen mag es extremer sein als hierzulande, aber auch in Deutschland gilt es als cool zu saufen, sich die Lichter auszuschießen und sturzbesoffen um die Häuser zu ziehen. Echte Männer machen so etwas nun mal, keiner will die »Pussy« sein. .

Ich habe ehrlich gesagt ein bisschen Angst davor, dass die aktuell dramatisch ansteigende Population der kastrierten Pussy-Männer nun auch noch mit dem Trinken anfängt, damit sie sich alle wieder fühlen können wie ein Mann. Aber das ist hoffentlich nur eine spinnerte These.

Nein, ich möchte Alkoholprobleme nicht bagatellisieren, das tun die Alkoholiker schon selbst. Es ist Teil jeglicher Sucht, ihre Existenz zu leugnen.

Damit wären wir bei der Passivitäts-Spirale angelangt. Wenn jemand leugnet, überhaupt ein Problem zu haben, nimmt er die Bedeutung des Problems ebenso wenig wahr. Weil ein nicht existentes Problem keinerlei Bedeutung für ihn haben kann (und er weiter tapfer ignoriert, dass es womöglich auch für andere bedeutsam sein könnte), braucht er nichts daran zu ändern.

Uns geht's prima, oder Müller-Thurgau?

Auch in der Arbeitswelt wird Alkoholismus geleugnet. Dabei gilt auch hier oft, wer nicht trinkt, der ist kein Mann. Wehe dem, der nicht mitkommt, wenn der Chef mit seiner Abteilung nach der Arbeit noch loszieht. Der bleibt gewiss nicht lange in der Firma. So geschehen einem Klienten von mir: »Ich trinke keinen

Alkohol, das habe ich schon beim Bewerbungsgespräch gesagt, nicht dass es da Probleme gibt«, erklärte er mir im Erstgespräch. Ich war perplex – Probleme, wenn man *nicht* trinkt? Ja, sagte mein Klient, es sei besser, das gleich zu erwähnen. Genutzt hat es ihm nichts, denn sein Vorgesetzter fing bereits nachmittags an zu trinken und lud nach Feierabend oft noch die ganze Abteilung in die Bar um die Ecke ein. Mein Klient distanzierte sich und wurde fortan gemobbt.

Höchstwahrscheinlich ist sein Chef Alkoholiker und hat Probleme, die er auf diese Weise zu lösen versucht. Ebenso wahrscheinlich, dass in deutschen Büros jede Menge Alkoholiker sitzen, auch und gerade in Führungspositionen, die von loyalen Mitarbeitern und Kollegen geschützt werden. Sie übernehmen teilweise seine Arbeit, bügeln seine Fehler aus und fangen immer wieder seine Bälle auf. Gleiches gilt für eine Führungskraft, die in einem solchen Fall nicht hinschaut und den Betroffenen nicht konfrontiert. Auf diese Weise kann es Jahre dauern, bis die Alkoholsucht als Problem erkannt wird.

Apropos Jahre dauern, werfen wir erneut einen Blick in den Bundestag. Im Dezember 2014 teilte die Unionsfraktion im Bundestag mit: »Der CDU-Bundestagsabgeordnete und Russland-Experte Andreas Schockenhoff ist tot. Er starb (…) am späten Samstagabend im Alter von 57 Jahren eines natürlichen Todes.«

Eines natürlichen Todes? Na ja, Andreas Schockenhoff war fast 20 Jahre alkoholkrank.

Weiter heißt es in der Mitteilung: »Sein plötzlicher Tod trifft uns tief.«

Plötzlicher Tod? Bereits in den Jahren 1995 und 1998 war Schockenhoff alkoholisiert am Steuer angetroffen worden. Erst 2011 gab er schließlich zu: »Mir ist bewusst, dass ich alkoholkrank bin.« Auslöser für sein Geständnis war ein Ermittlungsverfahren wegen Unfallflucht und Trunkenheit im Verkehr, da er mit zwei Promille hinterm Steuer erwischt worden war (mit 1,1 Promille ist man laut Gesetz fahruntüchtig). Daraufhin begab er sich in Therapie – leider erfolglos. Im Oktober 2014 wurde sein Rückfall mit Bildern dokumentiert. Schockenhoff dementierte und starb nur zwei Monate danach. Die Geschichte des CDU-Politikers ist zweifelsohne sehr traurig. Er ist viel zu jung gestorben, und sicher hat er davor sehr gelitten.

»Die letzten Jahre haben mich gesundheitlich und beruflich sehr gefordert«, sagte er 2011 in seinem Geständnis. Die Jahre haben ihn gefordert? In dem Satz fehlt ein anständiges Subjekt. Da fehlt die Verantwortung für sein Unvermögen, mit den Anforderungen umzugehen.

Hätte er überleben können, wenn er nicht erst nach dem Ermittlungsverfahren eine Therapie gemacht hätte, sondern schon Jahre früher, als er zum ersten Mal erwischt wurde?

Brenzlig wird es für eine Politikerkarriere leider erst, wenn derjenige im Rausch Unfug anstellt. Davor scheint übermäßiges Trinken zum politischen Alltag zu gehören. Leben und Beruf des Politikers, so ist in vielen Zeitungen zu lesen, sind eine ständige Versuchung: hier ein Sommerfest einer Landesvertretung, da ein Besuch im Wahlkreis, dort ein Stammtisch im Restaurant. Hinzu kommt der steigende Druck, den nicht jeder aushält. Die Expolitikerin, Journalistin und Autorin Miriam Meckel spricht von Politikern, die in einem »Zwangssystem aus Terminen, noch mehr Terminen, immer mehr Entscheidungen und auch einer Menge Alkohol im Grunde bedauernswerte Existenzen führen«.

Müssen wir uns in Deutschland um unsere Politiker (und damit um uns) Sorgen machen?

Wie viele unserer Politiker sind depressiv?

Nach der Absturz-Katastrophe des Germanwings-Airbus im März 2015 forderten Politiker die Einführung regelmäßiger psychiatrischer Untersuchungen für Piloten. Wie wäre es mit einer solchen für Politiker? Wie wäre es mit einer Verordnung, die Alkohol bei politischen Veranstaltungen verbietet? Oder einer, die die zulässige Promillezahl bei Politikern herabsetzt, schließlich tragen sie jede Menge Verantwortung. Zumindest behaupten sie das.

So mancher Mann würde jedenfalls noch leben, wenn er bewusst Verantwortung getragen hätte.

Zehn Strategien – ein Fazit

Wer Verantwortung vermeidet, der vermeidet Leben. Viele Männer, die bereits gestorben sind, könnten noch leben. Viele Männer wären gesünder, schlanker, zufriedener. Viele Beziehungen wären schöner und würden länger halten. Viele Kinder würden noch mit beiden Elternteilen zusammenwohnen oder hätten zumindest Eltern, die ihre Erziehungsaufgaben gemeinsam wahrnehmen.

Aber leider übernehmen die meisten Männer bislang keine oder viel zu wenig Verantwortung. Dass dieses konsequent inkonsequente Verhalten weitreichende Folgen hat, steht wohl außer Frage.

»Wenn alles mit allem verbunden ist, dann zählt alles –
im Guten wie im Schlechten.«
Bruce Mau, Gründer des Massive Change Network Chicago

Schweigen ist teuer

Unreife Männer, wohin das Auge blickt. Sie vermeiden, verdrängen, verschieben, vertagen, verwischen und verschweigen. Unreife Männer kosten die Menschen um sie herum viel Leid, Nerven und Zeit und die Krankenkassen und den Staat eine Menge Geld. Die Konsequenzen tragen also nicht nur die Männer selbst, sondern auch alle anderen, die mit ihnen zu tun haben. Familie, Partner, Kinder, Freunde, Kollegen, Mitarbeiter und nicht zuletzt Abertausende, dem unreifen Mann unbekannte Steuerzahler – sie alle finanzieren sein Verhalten mit.

Schweigende Männer sind teuer, und zwar auf allen Lebensbühnen: privat, beruflich, gesellschaftlich, politisch. Das Gleiche gilt übrigens für schweigende Politiker.

All diese Bühnen hängen natürlich zusammen, weshalb Konsequenzen in einem der Bereiche oft Folgen in anderen Bereichen haben, die wiederum neue Folgen in wieder anderen Bereichen haben. Es ist komplex. Dennoch, ich will versuchen, mir einen Weg durch den Dschungel der Konsequenzen zu bahnen. Was also geschah bisher, geschieht gerade und wird auch in Zukunft geschehen, wenn unreife Männer unreif bleiben?

Konsequenz 1: Steigende Gesundheitskosten

Moment mal, mögen jetzt einige von Ihnen einwenden, rein statistisch gesehen sind Frauen teuer als Männer, jedenfalls was die Gesundheitskosten angeht. Stimmt! *Noch* ist das so, aber die Ausgaben für die Männer steigen kontinuierlich. Mit all diesen schweigenden Männern sitzen wir auf einer tickenden Zeitbombe, die bald schon hochgehen wird.

An dieser Stelle möchte ich an Ihren gesunden Menschenverstand appellieren und schlage eine leichte Addition vor. Wenn man nämlich eins und eins zusammenzählt, sind viel mehr Männer psychisch krank, als die Statistiken besagen. Viel. Mehr.

Wie kommt's? Moment, ich mache mal kurz Licht im Land der Dunkelziffern: Männer tauchen in gesundheitsrelevanten Statistiken deshalb kaum auf, weil sie nicht zum Arzt, geschweige denn zum Therapeuten gehen. Es ist die pure Ironie. Die Gesundheitskosten für Frauen sind unter anderem deshalb höher, weil Männer sich seltener behandeln lassen. Sie richten sich eher mit Alkohol zugrunde oder bringen sich um, nachdem sie ihre Depression ein paar Jahre oder gar Jahrzehnte mit sich herumgeschleppt haben. Sie dezimieren sich selbst, das ist billiger. Okay, das war jetzt keine Ironie mehr, sondern Sarkasmus. Entschuldigung. Ich formuliere es noch einmal sachlich: Wer nicht zum Arzt geht, der verursacht naturgemäß keine Gesundheitskosten und taucht daher auch nicht in den entsprechenden Statistiken auf.

In anderen Erhebungen dafür schon. Betrachtet man zum Beispiel die Suizidrate, ergibt sich ein ganz anderes Bild. Zwei Drittel bis drei Viertel aller Suizidopfer sind laut dem *Männergesundheitsbericht* von 2010 Männer. Die Zahlen sind in den letzten Jahren gestiegen, von 2007 bis 2011 um 9 Prozent. Betroffen sind insbesondere junge Männer zwischen 15 und 24, Männer zwischen 45 und 59 Jahren und Männer ab 70 Jahren.

Man beschließt nicht mal eben, sich umzubringen. Schätzungen zufolge litten etwa 80 Prozent der Suizidenten jeden Alters an einer Depression. Der Entscheidung geht also meistens jahrelanges Leid voraus, ebenso jahrelanges Schweigen und der verzweifelte Versuch, mit der Depression zu leben, nicht selten mit Hilfe von Drogen. Bei den Suchterkrankungen liegen Männer statistisch gesehen ebenfalls ganz weit vorne, allen voran Alkoholkranke.

Wenn man jetzt also eins und eins zusammenzählt, also die Gesundheitskostenstatistik plus die Sucht- und Selbstmordstatistik, kommt man zu dem Ergebnis, dass es überproportional vielen Männern derzeit psychisch miserabel geht.

Physisch übrigens auch. Experten gehen davon aus, dass die Zahl der Diabetiker in den nächsten zehn bis 20 Jahren deutlich ansteigen wird. Der größte Zuwachs ist mit 79 Prozent bei den Männern zu verzeichnen. Bei den Frauen ergibt sich ein Anstieg um 47 Prozent. Diabetes Typ 2 ist übrigens vermeidbar, und zwar durch eine Umstellung der Lebensgewohnheiten. Auf gut Deutsch heißt das: gesünder ernähren, bewegen, abnehmen.

Nur leider behandeln sich Männer oft selbst schlecht und lassen sich zu spät behandeln.

Wer sich nicht behandeln lässt, schadet der Volkswirtschaft

Die meisten Krankheiten lassen sich auf einen ungesunden Lebensstil zurückführen, als da wären rauchen, trinken, kein Sport, zu kalorienhaltiges Essen. In all diesen Disziplinen sind Männer, vor allem jene ab Mitte 40, wahre Meister. Die jahrelang praktizierte weiträumige Arztumfahrung hat zur Folge, dass irgendwann deutlich kostenintensivere medizinische Maßnahmen wie stationäre Aufenthalte und Reha-Maßnahmen nötig sind. Nicht selten gehen diese einher mit wochenlangem Arbeitsausfall und können bis hin zur Frühberentung führen. Die Organisation Psychische Gesundheit in der Arbeitswelt, kurz psyGA, hat festgestellt, dass die Kosten für Volkswirtschaft und Unternehmen steigen. »Psychische Erkrankungen sind die häufigste Ursache für krankheitsbedingte Frühberentungen. In den letzten 18 Jahren stieg der Anteil von Personen, die aufgrund seelischer Leiden frühzeitig in Rente gingen, von 14,5 Prozent auf 41,9 Prozent. Gegenüber dem Jahr 2000 entspricht dies einer Steigerung der Fallzahlen um über 40 Prozent. Im Vergleich zu anderen Diagnosegruppen treten Berentungsfälle wegen psychischer und Verhaltensstörungen deutlich früher ein; das Durchschnittsalter liegt bei 48,3 Jahren.«

Das bedeutet: Die Menschen gehen immer zeitiger in Frührente, weshalb sich in 15 Jahren die Zahl der Frührentner aufgrund psychischer Erkrankungen fast verdoppelt hat.

Das Ergebnis eines Reports der Allianz Deutschland AG und des Rheinisch Westfälischen Instituts für Wirtschaftsforschung (RWI) von 2011 ist ebenso ernüchternd. »Depression kostet die Volkswirtschaft jährlich bis zu 22 Milliarden Euro. Die direkten Krankheitskosten sind zwischen 2002 und 2008 um ein Drittel auf mehr als 5 Milliarden Euro gestiegen. Die indirekten Kosten sind mit bis zu knapp 17 Milliarden Euro sogar ungleich höher. Über 9 Milliarden Euro dieser Kosten sind darauf zurückzuführen, dass depressive Menschen zur Arbeit gehen, anstatt zu Hause zu bleiben und sich behandeln zu lassen. Die durch verminderte Produktivität depressiver Arbeitnehmer am Arbeitsplatz verursachten Kosten stellen damit den mit Abstand größten volkswirtschaftlichen Schaden dar.«

Das bedeutet: Wer sich nicht behandeln lässt, schadet der Volkswirtschaft. Und wer lässt sich nicht behandeln? Im Chor bitte!

Die geschlechtsspezifische Betrachtung ist in diesem Zusammenhang noch recht neu, weshalb es hierzu bisher kaum Zahlen gibt. Sie findet aber immer mehr Beachtung, zum Beispiel bei der BARMER GEK. »Im Alter von 15 bis 45 Jahren liegen die Ausgaben für Mädchen/Frauen – unter anderem bedingt durch Schwangerschaften – deutlich höher. Ab Mitte 50 liegen die Ausgaben für Männer dann dauerhaft und deutlich über denen der Frauen. Die Abweichungen verdeutlichen, dass neben den Alters- auch die Geschlechtsstrukturen eine Rolle bei der Ausgabenentwicklung spielen können«, heißt es in der Publikation *BARMER GEK – Gesundheitswesen aktuell 2012*.

Man drückt sich noch vorsichtig aus.

Mut wäre hier eher angebracht, bedenkt man die Folgen, die es haben wird, wenn der männerspezifische Umgang mit Gesundheit weiter außer Acht gelassen wird. Mehr geschlechtsspezifische Erhebungen und Interpretationen sind daher dringend notwendig.

Dies gilt vor allem vor dem Hintergrund, dass die Wechselwirkung zwischen psychischen und physischen Erkrankungen die Männergesundheitsmisere noch einmal exorbitant verschärft.

Was war zuerst da? Das kranke Herz oder die kranke Seele?

Es ist erwiesen, dass Depression und Burnout bei Männern in engem Zusammenhang mit koronaren Herzkrankheiten stehen. Stress, Überforderung und Überlastung gehen also aufs Herz. Irgendwie nicht sehr überraschend, genau wie die Erkenntnis, dass ein krankes Herz das Risiko für eine kranke Seele erhöhen kann. »Komorbidität« nennt man das, wenn eine Krankheit zur anderen kommt – leicht zu merken mit folgender Eselsbrücke: K.o.-Morbidität. Wer eine physische *und* eine psychische Erkrankung hat, der ist ziemlich k.o.

Chronische Erkrankungen, wie zum Beispiel Diabetes, haben

oft Depressionen und/oder eine Alkoholabhängigkeit zur Folge. Leider gehören diese beiden bei Männern zu jenen Krankheiten, die häufig nicht behandelt werden. Da steht die körperliche Erkrankung sozusagen schon in den Startlöchern.

Es liegt auf der Hand, dass Körper und Psyche zusammenhängen, dafür braucht es keine Zahlen und Vergleichsrechnungen. Eine will ich Ihnen dennoch nicht vorenthalten: Die Wahrscheinlichkeit, dass chronisch kranke Menschen auch psychisch erkranken, ist mehr als doppelt so hoch wie beim Rest der Bevölkerung. Das ist eine Menge.

Noch einmal mit anderen Worten, weil es so schön, nein, weil es so traurig ist: Es ist doppelt so wahrscheinlich, dass jemand mit Diabetes zusätzlich eine Depression bekommt, als jemand ohne Diabetes. Diese doppelt so hohe Wahrscheinlichkeit der Doppelbelastung macht es doppelt schwer, wieder auf die Beine zu kommen. Nicht selten verlieren Betroffene auch noch ihren Job oder haben große Probleme, eine Stelle zu finden. Zum einen, weil ihr Selbstwert am Boden ist, zum anderen, weil Arbeitgeber lieber kräftige, gesunde Menschen einstellen. So geht es rapide abwärts: krank, depressiv, arbeitslos, kein Halt, keine Struktur, keine Kontakte, Statusverlust. Hand in Hand führen Depression und Diabetes den armen Mann in die Hölle. Es ist leider nur zu verständlich, wenn er irgendwann beginnt, sich diese Hölle schönzutrinken.

Diese Abwärtsspirale findet heutzutage viel zu oft statt, mit beachtlichen Kosten und Folgekosten für Unternehmen (Arbeitsausfälle), Krankenkassen (Arztkosten) und den Staat (Arbeitslosengeld, Sozialhilfe). Insbesondere dann, wenn wie derzeit üblich nur die körperliche Krankheit behandelt und die psychische weiter verschleppt wird. An diesem Zustand ist unser Gesundheitssystem übrigens mit schuld.

Wie die Gesundheitspolitik Männer krank macht

Krankenkassen zahlen im Krankheitsfall, so weit das Bekannte. Weniger publik ist, dass die Kassen sowie das zugehörige Gesundheitssystem dazu beitragen, dass diese Kosten überhaupt erst entstehen.

In den letzten Jahrzehnten ersetzte die kostenintensive Apparatemedizin immer häufiger das Gespräch zwischen Arzt und Patient. Ein Arzt, der sich Zeit für seine Patienten nimmt, ist selbst schuld, denn er verdient wesentlich weniger als sein Der-Nächste-bitte-und-zwar-schnell-Kollege. Mit dieser Gesundheitspolitik kommen die Krankenkassen den Männern entgegen, die ohnehin lieber »Rücken« haben als psychische Probleme. Die Männer kommen den Männern entgegen, das ist doch nett.

Nun ja, eigentlich ist es überhaupt nicht nett, denn Männer brauchen eher Beziehungen und Gespräche statt Pillen und Salben. Vor allem aber brauchen sie Zeit, um sich zu öffnen. Zeit bräuchten auch die Ärzte, um ihnen Fragen im Hinblick auf eine eventuelle psychische Störung zu stellen. »Was genau heißt denn ›ab und zu ein Gläschen‹, Herr Funk?« Oder: »Was tun Sie denn aktuell, um von Ihren 20 Kilo Übergewicht herunterzukommen? Wie kann ich Sie dabei unterstützen?«

Diese Art der Gesundheitspolitik und Behandlung führt zur Unterdiagnostizierung von psychischen Störungen und damit zu steigenden Kosten und Folgekosten. Obgleich die Zahlen zum Thema Männergesundheit bereits vor 15 Jahren eine deutliche Sprache gesprochen haben, fehlen nach wie vor Konzepte für eine vernünftige Männergesundheitspolitik. Wie steht es hier mit der Ignoranz der Ärzte, Krankenhausleitungen, Krankenkassen und Gesundheitsminister?

Vermeiden, verdrängen, verschieben, vertagen, verwischen – die männerdominierte Gesundheitspolitik hat bislang einen großen Bogen um die männliche Psyche gemacht. Nun hat sie den

Salat – und die Gemeinschaft der Versicherten bezahlt das Dressing.

Nicht genug, dass jene Herren (und die paar Damen) das flächendeckende Verdrängen schlicht verdrängen, sie bestrafen auch noch all jene, die sich ihren Problemen stellen, und das sind vor allem Frauen. Frauen ernähren sich besser, sie rauchen und trinken viel weniger, sie bewegen sich mehr als Männer (ohne gleich ins Extreme zu verfallen, was gesundheitsschädlicher sein kann, als sich gar nicht zu bewegen). Viele Frauen leisten sich sogar medizinische Maßnahmen, die von den Kassen gar nicht übernommen werden. Ich kenne kaum eine Frau, die keine Ahnung von Homöopathie hat und die nicht schon mal bei einem Heilpraktiker oder Osteopathen war. Frauen investieren mehr Gedanken, Zeit, Energie und mehr Geld in ihr Wohlbefinden (und das ihrer Kinder) als Männer. Deshalb leben sie auch länger. Quasi als Strafe dafür zahlen sie höhere Sätze für Versicherungen und Lebensversicherungen, während Männer weniger zahlen, weil sie weniger Verantwortung für sich selbst übernehmen und deshalb früher sterben. Alles klar?

Therapie machen wird bestraft

Wer eine Psychotherapie gemacht hat, für den bleiben die Türen zu privaten Versicherungen, den meisten Zusatzversicherungen und der Berufsunfähigkeitsversicherung verschlossen. Nach mindestens fünf Jahren wird man eventuell doch versichert, aber nur mit einem unzumutbar hohen Risikozuschlag. Wer seine Depression behandeln lässt, der stellt für eine Versicherung ein hohes Risiko dar. Nicht so, wenn man sie nicht behandeln lässt.

Ich bin verwirrt.

In meinen Augen ist es genau andersherum. Wer wegen einer Depression eine Therapie macht, verhält sich sowohl in hohem

Maße eigenverantwortlich als auch verantwortlich gegenüber anderen Versicherten und der Gesellschaft, denn er verringert dadurch die Wahrscheinlichkeit von höheren Folgekosten bei einer eventuellen Chronifizierung oder Komorbidität. Von den positiven psychosozialen Effekten ganz zu schweigen.

Was für eine Gesellschaft ist das, die Engagement und Verantwortung für die eigene Gesundheit bestraft? Vielleicht eine, in der nach wie vor Männer bestimmen, wo es langgeht? Das mangelnde Interesse an und die Stigmatisierung von Psyche sowie »männlichen Psychos« scheint nach wie vor zu überwiegen. Besonders interessant ist dies vor dem Hintergrund, dass Männer ganz offensichtlich einen sehr viel höheren Therapiebedarf haben als bislang – von ihnen selbst – gedacht.

Aber vielleicht ändert sich das in naher Zukunft. Denn mit dem dramatischen Anstieg psychischer Störungen und chronischer körperlicher Erkrankungen steigt auch deren wirtschaftliche Bedeutung – und Wirtschaft ist für Männer bekanntlich durchaus interessant. Psychische Erkrankungen und Burnout zählen mittlerweile zu den Hauptursachen für Arbeitsunfähigkeit. Die Anzahl psychisch bedingter Berufsunfähigkeit ist laut dem *Gesundheitsreport 2013* von der DAK in den letzten neun Jahren um 142 Prozent gestiegen. Hundertzweiundvierzig!

Laut *Männergesundheitsbericht 2010* haben die durch psychische Störungen bedingten Fehlzeiten bei Männern deutlich stärker zugenommen als bei Frauen. »Die Zahl der Arbeitsunfähigkeitsfälle wegen psychischer Erkrankungen stieg zwischen 1994 und 2003 bei Männern um 82 Prozent, bei Frauen dagegen »nur« um 57 Prozent.« Die Kassen prognostizieren einen weiteren Anstieg der Fälle und damit einen weiteren Anstieg der Kosten.

Konsequenz 2: Burnout

Es vergeht kein Tag, an dem ich nicht mit jemandem spreche, der einen Burnout hatte/hat/haben wird oder jemanden kennt, der einen hatte/hat/haben wird.

Burnout ist ein Paradebeispiel dafür, wie schlecht Männer mit sich selbst (und demzufolge auch mit anderen) umgehen, wie sie ihr eigenes Leben und das ihrer Familie zur Hölle machen und wie sie ihr eigenes Fehlverhalten im Sinne der Rolle des starken Mannes umdeuten. »Sieh nur, wie viel ich geschuftet, wie sehr ich gebrannt habe.« Die vermeintlich starken Männer betrachten sich dann als Opfer der extrem fordernden Arbeitswelt und schieben die Schuld für ihr Ausgebranntsein in der Regel auf die Situation, also wahlweise den Arbeitsplatz, den Stress, das hohe Arbeitsaufkommen oder gleich auf die ganze Arbeitswelt. Auf gar keinen Fall aber suchen sie die Gründe bei sich selbst.

Was ist Burnout?

Eine der gängigsten Definitionen ist folgende: Ein Burnout-Syndrom ist ein Zustand körperlicher und emotionaler Erschöpfung. Die Erschöpfung, so steht es in den meisten Informationsmedien, tritt häufig im Zusammenhang mit Problemen am Arbeitsplatz auf, aber auch private Konflikte können die Ursache sein. Ich möchte anmerken, dass allein die Formulierung, der Burnout sei »häufig« eine berufliche Angelegenheit, das Augenmerk auf den falschen Aspekt lenkt, nämlich dass der Arbeitsplatz dafür verantwortlich sei. Hat etwa ein Mann die Broschüre geschrieben? Wenn es um psychische Belastung geht, hat es keinen Sinn, Privat- und Berufsleben voneinander zu trennen. Der Klaus gibt seine Persönlichkeit nicht unten am Empfang ab, sondern nimmt sich selbst mit an den Schreibtisch.

Meist bedingen die Probleme einander. Wer sich aufgrund privater Schwierigkeiten in den Job stürzt, ist genauso gefährdet wie jemand, der zu viel arbeitet und daraufhin private Probleme bekommt. Sicher, es gibt externe Faktoren, die das Burnout-Klima begünstigen, aber das Hauptproblem liegt meines Erachtens darin, dass der Mann die Schuld gerne auf eben jene externen Faktoren schiebt und die eigentliche Ursache unter den Tisch fallen lässt: seine mangelnde Fähigkeit und Bereitschaft zur Verantwortungsübernahme. Das mag unter anderem daran liegen, dass letztlich die Männer selbst das Burnout-Klima fabriziert haben und dies auch weiterhin tun. Sie heizen den Ofen beständig an und zeigen sich anschließend betroffen über die enorme Hitze.

Das heißt, die Opfer sind die Täter und umgekehrt.

Eines ist Burnout jedoch nicht: eine Diagnose im Sinne der psychiatrischen Klassifikationen und damit eine psychische Erkrankung. Allerdings werden die verschiedenen psychischen und physischen Symptome von der Medizin als großer Risikofaktor für Depression angesehen, denn Burnout ist die Folge von chronischem Stress über mehrere Monate. Bei Stress schüttet der Körper Adrenalin aus. Adrenalin hat den Zweck, uns in Gefahren kurzfristig extrem wach zu machen, damit wir schnell reagieren können. Man braucht nicht viel Fantasie, um sich vorzustellen, dass es Geist und Körper auf Dauer schadet, wenn permanent Adrenalin ausgeschüttet wird. Dieses chronische Wachsein (was manche gerne zusätzlich mit Drogen unterstützen) zieht naturgemäß irgendwann eine chronische Erschöpfung nach sich, bei der auch Urlaub nicht mehr hilft. Daraus können sich dann »echte« Krankheiten entwickeln, also solche, die sich offiziell diagnostizieren lassen – allen voran die Depression.

Stiller Lärm: Depressionen bei Männern

Die große Popularität von Burnout in der heutigen Zeit hat dazu geführt, dass immer mehr Menschen ihre Schwächen anerkennen und zugeben können, dass sie vielleicht sogar – Gott behüte! – eine Depression haben. So mancher vermeintliche Burnout ist allerdings nichts anderes als eine Depression im Anzug.

Depressionen gehören mittlerweile zu den Hauptursachen für Krankschreibungen bei den Beschäftigten in Deutschland. Allein die TK verzeichnete 2013 fast 4,3 Millionen Fehltage aufgrund depressiver Episoden und chronischer Depressionen. Die DAK spricht von einem Anstieg der Arbeitsausfälle aufgrund psychischer Erkrankungen bei Männern von 8,4 Prozent im Jahr 2008 auf 11 Prozent im Jahr 2011. Laut *TK Gesundheitsreport 2014* wird die Zahl weiter ansteigen.

Ich habe bereits zu Beginn des Kapitels darauf hingewiesen, dass Statistiken mit Vorsicht zu genießen bzw. geschlechtsspezifisch zu betrachten sind. Wenn also die Zahlen besagen, dass bei mehr Frauen Depressionen diagnostiziert wurden als bei Männern, heißt das im Umkehrschluss nicht, dass Männer seltener depressiv sind. Das kann genauso gut bedeuten, dass sie ihre Depression nur nicht behandeln lassen und deshalb nicht statistisch erfasst sind.

Ein kritischer Umgang ist daher auch mit der folgenden Statistik angesagt, laut der Frauen zwischen 26 und 50 Jahren doppelt so häufig eine Psychotherapie machen wie Männer. Daraus zu schließen, dass Frauen häufiger unter psychischen Erkrankungen leiden, ist Mumpitz. Die Männer leiden mindestens ebenso sehr, nur eben unerkannt und nicht diagnostiziert. Vielmehr ist es sogar sehr wahrscheinlich, dass es mehr depressive Männer als Frauen gibt. Im Stillen, im Dunkeln.

Ein schlimmer Zustand, denn durch die Verschleppung der Symptome kann eine Depression chronisch werden, und das heißt nichts anderes, als dass sie bleibt. Mittlerweile sind die Behandlungserfolge bei nicht chronifizierten Depressionen beachtlich. Würden die Männer sich also früher behandeln lassen, hätten sie gute Chancen, wieder gesund zu werden. Dass sie es trotzdem nicht tun, liegt nicht nur an ihnen selbst. Männliche Ärzte fragen bei Männern eher körperliche Symptome ab und diagnostizieren eher physische Krankheiten. Umgekehrt wird bei Frauen eher die Seele abgeklopft und öfter psychisch diagnostiziert. Kurz: Frauen sind »Psychos«, und die Männer »haben Rücken«. Nur warum tun männliche Ärzte das? Doch nicht etwa, weil sie die Psyche bei sich selbst auch eher außen vor lassen?

Diese Vorgehensweise wird den Männern früher oder später gefährlich werden, denn es ist medizinisch erwiesen, dass physische Krankheiten in direktem Zusammenhang mit psychischen Störungen stehen. Zum Beispiel bei den weit verbreiteten koronaren Herzkrankheiten, die übrigens zu einem Großteil vermeidbar wären, wenn sich die Männer wie erwähnt mehr bewegen, besser ernähren und weniger trinken würden.

Missbrauch und Abhängigkeit von Alkohol sind bei Männern bis fünfmal häufiger als bei Frauen. Drei von vier Alkoholtoten in Deutschland sind laut Statistik Männer, insgesamt 7,4 Prozent aller gesundheitlichen Störungen und Todesfälle in Europa werden auf den Konsum von Alkohol zurückgeführt. Alkoholabhängigkeit ist die häufigste psychische Störung bei Männern in den westlichen Industrienationen – und gehört zu den am wenigsten behandelten.

Warum ist das so?

Die ersten drei Gründe habe ich bereits genannt. Da ist erstens der Betroffene, der seine Probleme verdrängt, zweitens der Arzt, der ihn eher somatisch diagnostiziert, und drittens das Gesundheitssystem, das sowohl Ärzten als auch männlichen Patienten all dies ermöglicht. Der vierte Grund ist die Art und Weise, wie sich die Depression beim Mann zeigt, nämlich in einem Verhalten, das entweder als exorbitant männlich oder als störend empfunden wird, nur leider nicht als Hinweis auf eine psychische Erkrankung.

Darf ich vorstellen: Herr und Frau Depression

Frau Depression ist niedergeschlagen, traurig, still, antriebslos, sie zieht sich eher zurück, leidet im Stillen und gibt häufig sich selbst die Schuld. Frau Depression ist also introvertiert.

Herr Depression ist laut, reizbar und aggressiv, macht häufig Ärger, neigt zu Wutanfällen und dazu, die Schuld erst mal anderen zu geben. Herr Depression ist also auf unangenehme Weise – oft asozial – extrovertiert. Darüber hinaus neigt er im Gegensatz zu Frau Depression zu Drogenmissbrauch, allem voran Alkoholsucht, was all diese störenden Verhaltensweisen oft noch verstärkt.

Völker, hört die Signale! Ein Mann, der laut und exorbitant fröhlich die nächste Runde bestellt, ist vielleicht gar nicht extrem gesellig, sondern extrem frustriert. Klar, dass so mancher sich an dieser alkoholisierten Extrem-Extrovertiertheit stört und das Weite sucht. Dabei wäre Nähe für den Mann so viel hilfreicher.

Unglaublich, aber wahr: Diese typischen Symptome sind derzeit noch nicht in die führenden diagnostischen Leitlinien aufgenommen, was ein weiterer Grund für die Unterdiagnostizierung der Depression beim Mann ist.

Solange Depressionen bei Männern so selten diagnostiziert werden, sterben viel zu viele von ihnen, bevor sie müssten. Damit haben zu viele Frauen keine Männer und zu viele Kinder keine Väter mehr. Darüber hinaus hinterlassen die Väter ihren Söhnen das verwirrende Erbe vom starken Mann, der zu schwach zum Leben war.

In Berlin sah ich mal ein Schild in einer Kneipe, auf dem stand: »Jedes achte Bier ist gratis.« Wenn man sich das Ausmaß verdrängter Probleme bei Männern mal vor Augen hält, klingt der Satz gar nicht mehr so absurd.

Augen zu und durch

Warum fallen plötzlich reihenweise Männer um, die eben noch so taff waren? Plötzlich? Das erinnert mich an eine Todesanzeige, die ich mal irgendwo gelesen habe: »Plötzlich und unerwartet verstarb unsere Mutter im Alter von 97 Jahren.« Genauso unerwartet kommt der Burnout. Wer »plötzlich« sagt, hat vorher weggeschaut. Und indem er den Begriff »Burnout« verwendet, kann er gesellschaftskompatibel leugnen, dass er früher etwas hätte tun können.

Es ist eine Frage der Zeit, bis der hauseigene Vulkan ungelöster Probleme ausbricht, denn die Lava hat die ganze Zeit schon gebrodelt. Die dysfunktionalen Verhaltensmuster, die zum Burnout führen, werden im Menschen bereits in den ersten Lebensjahren angelegt. Das, was letztlich zur Eskalation führt, ist gewissermaßen virulent und kann jederzeit ausbrechen. Das Umfeld ist lediglich der Auslöser, so wie ein nasskalter Tag der Auslöser für ein geschwächtes Immunsystem ist, eine Erkältung zu produzieren. Das physische Immunsystem von Männern ist – wie bereits erwähnt – ohnehin schon geschwächt. Ihr psychisches Immunsystem wird im Lauf der Jahre labiler, wenn der Mann es nicht stärkt, was er in der Regel nicht tut. Ab etwa Mitte 40 bricht der Vulkan dann aus. Nicht zufällig dann, wenn der (auch der männliche) Körper beginnt, drastisch abzubauen. Wer sich dann weiterhin passiv verhält, wer Beziehungen, echten Kontakt zu sich selbst und zu Ärzten vermeidet, bekommt dann »plötzlich« einen Burnout oder gleich einen Herzinfarkt.

Müde Cowboys

Davor praktizieren Heerscharen von Männern jahrelang das John-Wayne-Syndrom: weiterreiten, bis sie vom Pferd fallen. Sie tun so, als hätten sie endlos Energie, und zapfen autonome Kraftreserven an. Oder sie nehmen Drogen, galoppieren aufgeputscht vor ihren Problemen davon und rufen: »Guck, ich kann noch!«

In der Männerwelt wie in der Frauenwelt gilt es immer noch viel, wenn der Mann den taffen Cowboy mimt, der nach einem harten Tag in der Prärie abends noch fröhlich pfeifend sein Lager aufschlägt. Leider gibt es zwischen Wayne und Weichei nicht viel Spielraum. Der Mann hält durch, solange die Ähnlichkeit mit John Wayne noch irgendwie möglich ist, bis eines Tages die Ähnlichkeit mit einem Sack überwiegt. Unsanft landet er dann auf dem Boden der Realität und stellt fest: Oh, ich habe ja einen Körper! Ich habe Schmerzen, ich bin erschöpft!

In einem männlichen Umfeld – und Männer in höheren Positionen sind im Berufsleben überwiegend von ihresgleichen umgeben – werden Selbstausbeutung und Tempo oftmals noch gesteigert. Die anderen reiten nämlich genauso schnell und kopflos durch die Gegend. Der Adrenalin-Testosteron-Rollenerwartungen-Cocktail wirkt eben wahre Wunder. Wie viele Männer reiten noch, just in diesem Moment, obwohl sie nur noch ein Schatten ihrer selbst sind?

So erging es auch einem meiner Klienten, der mit dem Satz »Bin heute ein bisschen müde« und tiefen, dunklen Augenringen meine Praxis betrat. Dabei lachte er sein Mir-geht's-gut-ehrlich-Lachen.

Ein *bisschen* müde?

Er ist Anfang 40, Abteilungsleiter und hat fünf Mitarbeiter. Spürbar ambitioniert und leidenschaftlich spricht er über seine Arbeit. Er mag seinen Job, er mag ihn sogar so sehr, dass er abends vor 22:00 Uhr nur selten zu Hause ist. Seine Frau hat ihm ein Coaching geschenkt, in der Hoffnung, er würde dann früher nach Hause kommen.

»Wollen Sie das auch?«, frage ich ihn.

»Na ja, irgendwie schon, aber ich sehe nicht, wie das gehen soll. Zu viel zu tun.«

Er ist deshalb im Dauerkonflikt mit seiner Frau. Mit ihr hat er übrigens zwei kleine Kinder, sie arbeitet seit kurzem wieder halbtags.

»Wie lange geht das jetzt schon so?«, will ich wissen.

Lange Pause, dann: »So zwei bis drei Jahre?«

Es hat also mit der Geburt des ersten Kindes begonnen.

»Und wie lange soll das noch so gehen?«, frage ich weiter.

Eine noch längere Pause. Er sackt ein bisschen zusammen, dann gesteht er verzweifelt: »Ich kann nicht mehr.«

Kein Wunder, Überforderung am Arbeitsplatz plus Überforderung im Privatleben. Was zuerst da war, ist gerade nicht relevant. Der Mann geht am Stock, und zwar schon viel zu lange. Und wenn er weitermacht, hat er vielleicht bald keinen Stock mehr.

Als ich eventuelle Burnout-Symptome anspreche, meiden seine schwarz umrandeten Panda-Augen meinen Blick. Am Ende des Gesprächs folgt dann die Frage, die mir 90 Prozent meiner männlichen Klienten stellen: »Hätten Sie da eventuell eine Buchempfehlung für mich?«

Nein, die habe ich nicht. Jedenfalls nicht, wenn ich der Ansicht bin, dass ein Buch demjenigen nicht hilft.

Dieser Klient kam wieder, statt nur zu lesen. Er hat es geschafft, seine selbstzerstörerischen Aspekte in Selbstfürsorge und Fürsorge für seine Familie umzuwandeln. Puh, das war knapp!

Nach dem Burnout ist vor dem Burnout

Wenn Männer merken, dass vielleicht doch etwas nicht stimmt, ist ihr erster Impuls oft, sich selbst zu helfen. Sie wollen Bücher, die ihnen schnelle Lösungen versprechen, und ebensolche nicht verschreibungspflichtige Medikamente. Bloß nicht zum Arzt und schon gar nicht zum Seelendoktor! Männer haben große Angst davor, es könne etwas Ernstes sein. Hinzu gesellt sich die Angst vor Stigmatisierung, die dazu führt, dass Männer kostenintensive Maßnahmen wie stationäre Burnout-Behandlungen geheim halten oder bagatellisieren. »Ich habe eine Kur gemacht, mal so richtig ausgespannt«, heißt es dann.

Der Schuss geht allerdings nach hinten los, denn in dem Fall ist die Erwartungshaltung des Chefs natürlich groß. »Super, jetzt bist du ja wieder topfit und kannst richtig loslegen«, sagt der nämlich. Dabei wird in diesen vier Wochen Burnout-Kur vielen Männern überhaupt erst bewusst, was so alles in ihrer Seelenkammer im Argen liegt. Dementsprechend ist ihre Lebensenergie meist am Boden, und »richtig loslegen« wird zum Kraftakt.

Trotzdem soll möglichst keiner merken, wie es dem Betroffenen wirklich geht, noch nicht einmal er selbst. Also knallt er die gerade erst einen Spaltbreit geöffnete Tür wieder zu und verriegelt sie gleich dreifach, damit noch nicht einmal mehr seine Ehefrau reinkommt. Weiter geht's – bis zum nächsten Zusammenbruch. Nach dem Burnout ist vor dem Burnout.

Viele ambulante und stationäre Maßnahmen sind angesichts dieses gängigen Verhaltens obsolet, die Kosten versenkt. Stattdessen ist es sehr wahrscheinlich, dass weitere Maßnahmen und weitere Kosten erforderlich sein werden, wenn der psychische Vulkan das nächste Mal ausbricht, dann vielleicht auch mit somatischer Lava – K.o.-Morbidität.

Die meisten Burnouts ließen sich vermeiden

Der Mangel an Konfliktbereitschaft, Krisenkompetenz und Bereitschaft zur Verantwortungsübernahme führt zu einem ganzen Berg an ungelösten Problemen, die beredt im Untergrund brodeln und oft mit Drogen – Alkohol, Tabletten, Kokain – zum

Schweigen gebracht werden. Dieses Verhalten führt zwangsläufig zu Depressionen, zu Burnout oder gleich zu beidem.

Die meisten Burnouts ließen sich also vermeiden, wenn Männer sich erwachsen verhalten würden. Wenn Führungskräfte wirklich führen würden. Wenn mehr Unternehmen ihre ethischen Richtlinien nicht nur publikumswirksam vermarkten, sondern auch leben würden. Wenn Männer ihre alten Rollenbilder durch eine neue Identität ersetzen würden, in der die alten Rollenerwartungen sie nicht mehr einzwängen. Wenn das Wörtchen wenn nicht wäre.

In einem Artikel las ich Folgendes: »Ein häufiges Problem der Frauen ist die Mehrfachbelastung. In der Behandlung finden wir gemeinsam mit den Patientinnen heraus, an welchen Stellen sie Entlastung benötigen.« Wie wäre es mit Entlastung durch Männer? Wie wäre es, wenn diese Verantwortung für sich übernehmen würden, statt die negativen Folgen ihrer Vermeidungstaktik auf die Frauen zu schieben? Dann würden auch Frauen seltener an Burnout erkranken.

Konsequenz 3: Trennung

Bei Facebook kann man seinen Beziehungsstatus angeben und sich unter anderem für »Es ist kompliziert« entscheiden. Stimmt, es war schon mal einfacher, damals, als die Rollen noch klar verteilt waren. Mit der angestrebten Gleichberechtigung der Frauen sind Beziehungen tatsächlich komplizierter geworden: Äh, wer von uns geht jetzt noch mal arbeiten?

Und wehe, ein Kind wird geboren. Dann wird es kompliziert *und* anstrengend. Deshalb scheitern viele, zu viele Beziehungen an Überanstrengung, Schlaflosigkeit und moderner Kompliziertheit. Stopp, nein! Sie scheitern in aller Regel nicht daran, sondern an den unreifen Männern, die sich diesen Problemen nicht stellen und sie der Frau zuschieben, während sie selbst auf Wunder hoffen. Sie scheitern an den Männern, die sich durch ihre Beziehung schweigen, obwohl es dringenden Redebedarf gäbe. Über so manches gälte es offen zu sprechen, zu verhandeln und zu diskutieren. Die Probleme gehören auf den Tisch, nicht unter den Teppich! Aber dort sind sie nun mal, solange unreife Männer sie weiterhin ungehindert darunterkehren. Ein Mann, der ein psychisches Problem mit sich herumträgt, hat wie erwähnt einen brodelnden Vulkan in sich, den er meint, vom Ausbrechen abhalten zu müssen. Diese permanente Unterdrückung seiner authentischen Gefühle macht ihn entweder aggressiv oder tumb. Lässt er die Lava heraus, geschieht dies oft unangemessen laut und abwertend, tut er es nicht, brodelt es in seinem Inneren weiter. Beide »Strategien« haben negative Auswirkungen auf seine Beziehung, da es entweder zum Rückzug oder zum aggressiven Angriff kommt. Erwachsen ist keine von beiden.

Die traurige Konsequenz daraus: Jede dritte Ehe wird geschieden. Über Partnerschaften ohne Trauschein gibt es kaum Zahlen, daher kann ich hier nur spekulieren. In meinem Umfeld gibt es immer weniger gelingende Beziehungen und immer mehr Trennungen. Wie ist das bei Ihnen? Wie viele Beziehungen in Ihrem Freundes- und Bekanntenkreis funktionieren wirklich? Unter welchen Umständen funktionieren sie und auf wessen Kosten? Sind die Partner noch froh miteinander? In wie vielen Fällen klagen die Frauen darüber, dass der Mann nicht mit ihnen über ihre Probleme sprechen will?

Interessant ist, dass die meisten Beziehungen im vierten Jahr ihres Bestehens auseinandergehen, wenn der Verliebtseins-Hormonspiegel auf Normalniveau gesunken ist und die eigentliche Beziehung beginnt. Beginnen müsste. Nach zwei bis drei Jahren zeigen sich bereits erste Wolken am bislang rosaroten Beziehungshimmel. Er schnarcht, sie räumt die Spülmaschine falsch ein…

Noch sind diese Kritikpunkte belanglos und werden schnell verziehen. Im vierten Jahr aber geht aus den Wolken immer öfter ein heftiger Platzregen nieder, und spätestens dann ist ein erwachsener Austausch darüber nötig. Wenn es unter dem Teppich erst mal so richtig hagelt und stürmt, kann ein Paartherapeut vielleicht noch etwas ausrichten. Meistens aber nicht.

Die meisten Teppich-Konflikte ranken sich um die Kinder. Wer kümmert sich wann und wie viel um sie? Männer und Frauen haben in diesem Punkt entgegengesetzte Meinungen. Laut Familienreport 2010 fand es mehr als jeder zweite Mann ideal, wenn die Frau in den ersten Jahren nach der Geburt des Kindes »beruflich zurücksteckt«. Das fand jedoch nur ein Drittel der Frauen ideal. Der Rest, also mehr als jede zweite Frau, wünscht sich Vereinbarkeit von Familien- und Berufsleben.

Findet jeder zweite Mann es ideal, wenn seine Frau nicht arbeitet, und jede zweite Frau möchte gern arbeiten, dann gibt es ein Problem. Die Lösung sieht derzeit in den meisten Familien so aus: Die Frauen wählen zähneknirschend das klassische Familienmodell. Der Mann geht arbeiten, weil er mehr verdient, und sie kümmert sich um den Haushalt und den Nachwuchs, während ihre beruflichen Ambitionen verkümmern.

Eine andere Lösung ist, dass beide arbeiten. Das verlangt eine logistische Meisterleistung in puncto Kinder- und Haushaltsbetreuung und einen reifen Mann, der sich wirklich einbringt. Ein schweigender Mann, der die Probleme nur verdrängt, statt sie anzugehen, ist hier keine große Hilfe. Er führt vielmehr zu noch mehr Belastung, für die Frau und für die Beziehung. »Ich hab ja gleich gesagt, du sollst nicht arbeiten«, kommt es dann vielleicht trotzig aus der Fernsehecke, wenn die Frau beim Kücheaufräumen über Müdigkeit klagt.

Wie man es auch macht, der Frust auf beiden Seiten ist vorprogrammiert, die Trennung auch. Immerhin finden 40 Prozent der

Trennungen laut Statistischem Bundesamt bereits im ersten Jahr nach der Geburt des ersten Kindes statt.

An dieser Stelle sei zur Verteidigung der Männer gesagt, dass es natürlich mehr braucht als individuelle Absprachen zwischen den Partnern. Hier sind gesellschaftliche Veränderungen notwendig, wie zum Beispiel neue, wirklich gleichberechtigte Arbeitsmodelle. An dieser Stelle sind die Politiker gefragt, aber sie antworten nicht. Vermutlich findet es mehr als jeder zweite männliche Politiker ideal, dass seine Frau ihm den Rücken freihält.

Männer leiden emotional mehr unter Trennungen als Frauen

Der Mann ist zumeist der größere Verlierer, wenn eine Beziehung in die Brüche geht. Er verliert nicht nur Frau und Kind, er verliert zugleich seine Lebensgrundlage, denn der Mann ist abhängig von Beziehungen. Die eigene Familie erlaubt es ihm, seine Lieblingsrolle als Versorger auszuüben, sie gibt ihm Sinn und Halt, stabilisiert seinen Selbstwert und verleiht ihm einen gesellschaftlich anerkannten Status.

Außerdem braucht er seine Frau, weil sie ihn mit weiteren Beziehungen versorgt. Laut Eckart Hammer hat nur »jeder zweite Mann regelmäßige außerfamiliäre Kontakte, ein Viertel hat solche selten oder nie«. Somit bewegt sich der Großteil der Männer im sozialen Netz ihrer Frauen und ist ohne jene oft auf sich selbst zurückgeworfen. Beziehungspflege in Beziehungen ist meist Frauensache, wenn der Mann allein ist, dann ist er allein.

In einem Artikel der *Süddeutschen Zeitung* von 2012 war ein möglicher Grund angegeben, warum es allein lebenden Männern (im Gegensatz zu Frauen) oft nicht gutgeht. »Die Ehe könnte Männer dazu bringen, Verantwortung zu übernehmen, ›erwachsen zu werden‹; Frauen übten direkten Druck auf Männer aus, delinquentes oder gesundheitsschädliches Verhalten zu ändern.« Männer ohne Frauen werden also auch häufiger krank und kriminell. Offenbar fehlt der Druck von der nervenden Gattin, die schon wieder etwas von einem Arzttermin faselt.

Sie haben sich nicht verlesen, der Artikel aus der *Süddeutschen Zeitung* stammt tatsächlich aus dem Jahr 2012, nicht etwa von 1952. Nur für den Fall, dass Sie sich über die Rolle der Frau in der Ehe gewundert haben (ich habe es jedenfalls getan).

Die Möglichkeiten des Mannes, sich konstruktiv mit Beziehungen und Trennungen auseinanderzusetzen, tendieren leider gegen null. Verlassene Männer schlagen allzu oft gekränkt um sich und überlassen der Frau gewohnheitsmäßig die Verantwortung für die Kinder. Als Folge davon laborieren viel zu viele Frauen am Rande des Nervenzusammenbruchs und Existenzminimums.

Hilfe nehmen die meisten Männer grundsätzlich nicht in Anspruch, sie bevorzugen das Regal mit den Hochprozentigen. So beginnt für viele nicht selten ein furchtbarer Abstieg, von der Depression über die Alkoholabhängigkeit bis hin zum Jobverlust.

Fällt die Trennung in die Lebensphase der Midlifecrisis, erhöht sich die Wahrscheinlichkeit, dass der Mann so schnell nicht wieder auf die Beine kommt – oder gar nicht mehr. Manche Männer behelfen sich mit einer neuen Partnerin, und die ist dann meistens recht schnell da, da der Mann wie erwähnt ohne Beziehung haltlos und depressionsanfällig ist. Stopp, nicht *der* Mann, sondern der *unreife* Mann. Derjenige, der sich selbst bemitleidet, der seinen eigenen Anteil an dem Drama nicht versteht (oder vielmehr nicht verstehen will) und der nichts tut, um seine Situation konstruktiv anzugehen. Oft macht er durch sein kindliches Verhalten alles nur noch schlimmer, was nicht zuletzt zu Lasten der Kinder geht.

Eine Klientin berichtete mir von einem Dialog mit ihrem Exmann, der geradezu exemplarisch dafür ist.

Sie: »Du hältst dich nicht an die Zahlungsvereinbarungen, deshalb habe ich jetzt das Jugendamt eingeschaltet.«
Er: »Jetzt brauche ich einen Whisky. Du bist schuld, wenn ich mit dem Trinken anfange.«
An seine beiden Kinder hat der »Ärmste« dabei wohl nicht gedacht.

Neuerdings steigt die Zahl männlicher Singles rapide an. Das Statistische Bundesamt verzeichnete in den letzten 20 Jahren bei Männern einen im Vergleich zu den Frauen deutlich höheren Anstieg von 11 Prozent auf 19 Prozent. Dabei ist vor allem das Alter signifikant, denn überproportional hoch sind die Zahlen bei Männern zwischen 40 und 45 Jahren. Die insgesamt nach wie vor höhere Zahl alleinlebender Frauen lässt sich laut *Männergesundheitsbericht 2013* vor allem auf die geringere Lebenserwartung der Männer zurückführen.

Nun ist das Singleleben natürlich nicht automatisch ein Hundeleben, viele Menschen entscheiden sich vielleicht sogar bewusst dafür und sind zufrieden. Betrachtet man jedoch die psychosozialen Folgen des Alleinseins, unter denen Männer erwiesenermaßen mehr leiden als Frauen, und die daraus entstehenden Kosten, ist es von den Politikern verantwortungslos, an diesen Zahlen einfach vorbeizuschlendern. Die steigende Zahl an männlichen Singles hat einen Grund, und der liegt vielleicht in der Unmöglichkeit, als Mann heutzutage eine Beziehung zu führen, in der Mann und Frau zufrieden sind.

Mehr männliche Singles im besten Alter? Prima! Nur wo sind die denn alle, diese Single-Männer?, fragen sich die Single-Frauen. Vielleicht sitzen sie gerade irgendwo alleine vor einem Computerspiel und gewinnen, weil sie alles verloren haben.

Frauen kommen alleine gut zurecht, solange sie keine Kinder haben

Immer mehr Frauen steigen mittlerweile aus Beziehungen aus, die zuvor nur funktioniert haben, weil *sie* funktioniert haben, indem sie die Unreife ihres Mannes kompensierten. »Ich habe jetzt ein Kind weniger«, singt der Chor der frisch Getrennten traurig und erleichtert zugleich. Die meisten Scheidungen werden von Frauen eingereicht, und auch bei den Beziehungen ohne Trauschein ziehen, so meine Erfahrung aus Coaching-Praxis und Privatleben, in der Regel die Frauen den Schlussstrich.

Die Folgen von Trennungen sind alleinlebende Frauen und 2,2 Millionen Alleinerziehende. Neun von zehn Kindern unter 15 Jahren leben nach der Trennung bei der Mutter. Im Bericht des Bundesministeriums für Familie, Senioren, Frauen und Jugend (Fehlt da nicht jemand? Oder sind mit »Senioren« die Männer gemeint?) steht dazu Folgendes: »Alleinerziehende sind zu über 90 Prozent die Hauptbetreuungsperson und unterscheiden sich damit nur geringfügig von den Müttern in Paarhaushalten.« Es ist also egal, ob Frauen ihre Kinder alleine oder in einer Partnerschaft erziehen, die Männer sind sowieso nicht da. Das hat offenbar auch schon das Bundesministerium erkannt. Gut zu wissen!

In diesem Zusammenhang ist auch die bei Frauen größere Arbeitsunfähigkeitsquote interessant. Nicht nur ich hatte da den Gedanken, dass dies etwas mit verantwortungsvermeidenden Männern zu tun haben könnte, sondern auch die BARMER GEK. Laut deren *Gesundheitsreport* aus dem Jahr 2010 lassen sich die höheren Fehlzeiten bei Frauen unter anderem auf deren insgesamt höhere Belastung zurückführen. Sie haben weniger Zeit zum Erholen, weil sie »in aller Regel zu Hause die Hauptverantwortung für Familie und Haushalt übernehmen«, und zwar egal ob zusammen oder getrennt lebend. Eine berufstätige Frau mit Kindern im Vorschulalter kommt wochentags auf knapp elfeinhalb Stunden

Arbeit täglich. Dass Frauen da irgendwann überlastet sind und Hilfe in Anspruch nehmen, verwundert nicht. Damit verursachen abwesende Väter also auch indirekte Kosten.

In besagtem Bericht des Bundesministeriums für Familie, Senioren, Frauen und Jugend heißt es an anderer Stelle, dass Alleinerziehende über einen »ausgeprägten Bewältigungsoptimismus« verfügen. Richtig. Viele Frauen kompensieren auch nach der Trennung noch die Unreife ihrer Männer – und die Ignoranz ihrer Regierung. Denn Unterstützung durch die Politik gab es bislang kaum, und falls doch, dann höchstens in Form von Zahlenschiebereien. Etwa wurde das Kindergeld für 2015 um vier und 2016 um weitere zwei Euro im Monat erhöht. Na, dann wird ja jetzt alles gut.

Getrennte Mütter zahlen drauf

In der *Süddeutschen Zeitung* las ich ein Zitat des britischen Soziologieprofessor Richard Scase. »Die harte Wahrheit ist, dass das Alleinleben gut für Frauen ist, aber schlecht für Männer«, heißt es da.

Das gilt allerdings nur, wenn sie kinderlos sind. Mit Kindern ist eher das Gegenteil der Fall, und es drohen Gesundheitsrisiken wegen chronischer Überlastung, unterbrochene Berufskarrieren, Arbeitslosigkeit sowie Zeit- und Geldmangel bis hin zu einem erhöhten Armutsrisiko. Dies ist dem Bundesministerium für Familie (BMFSJ) bekannt, schließlich hat es in der Studie *Wenn aus Liebe rote Zahlen werden* selbst Zahlen dazu veröffentlicht. Es ist also eine belegte Tatsache, dass Frauen sehr viel stärker unter den ökonomischen Folgen einer Scheidung leiden als Männer. Vor allem diejenigen, die sich jahrzehntelang nur um den Haushalt und die Kinder gekümmert haben. (Wir erinnern uns, das Ideal jedes zweiten Mannes.) »Mangelnde Erwerbserfahrung ist das Hauptrisiko für scheidungsbedingte Armut«, heißt es unter anderem in dieser Studie und an anderer Stelle: »Das geltende Steuerrecht fördert die traditionelle Rollenverteilung.«

Besagte Studie ist jetzt 13 Jahre alt. Was ist seitdem geschehen?

Bei weitem nicht genug. Und so lautet die Alleinerziehenden-Formel: Zeit = Geld + irgendwas/-wer kommt immer zu kurz.

Hat die Frau einen Vollzeitjob, mit dem sie die Kleinstfamilie gut ernähren kann, kommt das Kind zu kurz und sie gilt als Rabenmutter. Hat sie einen Teilzeitjob und damit mehr Zeit für ihr Kind, reicht das Geld nicht – falls sie überhaupt einen Job bekommt. Arbeitgeber stellen ungern Alleinerziehende ein, da ihnen das Risiko zu groß ist. Was, wenn das Kind krank ist? Als ob sich bei Paaren dann der Mann kümmern würde! Dies ist in aller Regel nicht der Fall, denn die meisten Männer sind Vollzeit berufstätig, aber Paare können sich eine flexiblere Betreuung eher leisten als eine Alleinerziehende mit Teilzeitjob. So schließt sich der Kreis: keine Zeit, kein Geld, kein Job, keine Anerkennung, Frust. In diesem Zustand souverän ein Bewerbungsgespräch zu führen, ist nahezu unmöglich, erst recht wenn der junge Mann von der Zeitarbeitsfirma bei der Erwähnung des Alleinerziehendenstatus nach anfänglicher Überschwänglichkeit auf einmal Desinteresse zeigt. Viele Alleinerziehenden verschweigen deshalb ihre Kinder in den Bewerbungsunterlagen, damit sie zumindest die erste Runde überstehen.

Es gibt Ausnahmen, natürlich. Ich kenne viele Alleinerziehende, die sehr wohl Freude an ihrem Leben haben und ganz wunderbare Kinder erziehen. Außerdem stelle ich erfreut fest, dass immer mehr Frauen sich zusammentun und einander unterstützen. Allerdings besteht die Gefahr, dass sie politische Maßnahmen gerade dadurch verhindern, dass sie das unreife Verhalten ihrer Männer und der männlichen Politiker kompensieren. Eigeninitiative darf kein Ersatz dafür sein, dass Männer unreif bleiben und politische Maßnahmen ausbleiben.

Werfen wir abschließend noch einen Blick auf die bestehenden Ehen. Auch hier sind Frauen mit Kindern nach wie vor ebenfalls benachteiligt. Eine Umfrage des Meinungsforschungsinstituts Allensbach von 2015 ergab, dass in 55 Prozent der Familien die Frauen Teilzeit und die Männer Vollzeit arbeiten. Für viele Frauen ist dies eine dauerhafte Lebensentscheidung, die später monetäre Folgen hat, vor allem für diejenigen, deren Ehen geschieden werden. Denn wer nur Teilzeit arbeitet, hat schlechtere Karrierechancen und bekommt später weniger Rente.

Man kann also zusammenfassend sagen, dass Männer und Frauen nach einer Trennung gleichermaßen als Verlierer dastehen. Zwar kommen Frauen in der Regel emotional besser mit dem Alleinleben zurecht, aber finanziell ziehen sie so gut wie immer den Kürzeren.

Konsequenz 4: Trennungskinder

Kinder sind die eigentlichen Verlierer bei einer Trennung. Derzeit ist etwa jedes siebte Kind ein Scheidungskind, die Trennungskinder aus nichtehelichen Lebensgemeinschaften nicht mitgerechnet. Die meisten Kinder erleben die Trennung ihrer Eltern zwischen drei und dreizehn Jahren, sie sind also noch sehr klein. Im Jahr 2011 waren eine halbe Million Scheidungskinder unter sechs Jahre alt.

Eine Trennung ist für ein Kind nicht unbedingt eine Katastrophe. Manche Paare tun gut daran, sich zu trennen, und ersparen ihren Kindern auf diese Weise sogar viel Leid. Eine Katastrophe für Kinder sind hingegen unreife Männer, die nach der Trennung genau dort ansetzen, wo es vorher schon nicht funktioniert hat. Hat der Mann sich bereits in der Beziehung verantwortungslos verhalten und ausdauernd geschwiegen, wird er danach meistens nicht über Nacht verantwortungsbewusst und kommunikativ. Oft verhält er sich sogar schlimmer als zuvor, vor allem verlassene Männer (und das sind die meisten) lassen die Situation eskalieren. Das gekränkte Imperium schlägt zurück, zielt auf die Frau und trifft die Kinder.

Natürlich sind die Frauen keine Engel, sondern tragen ebenfalls dazu bei, dass das Elternsein nach der Trennung zum Desaster wird. Dennoch verhalten sich meines Erachtens vor allem die unreifen Männer zum Leidwesen der Kinder destruktiv. Getrennten Männern geht es wie erwähnt oft ziemlich schlecht. Viele von ihnen trifft die Trennung im kritischen Alter der Midlifecrisis zwischen 45 und Anfang 50. In diesem Zeitraum sind sie erst recht anfällig für unreifes Verhalten.

So kommt es tagtäglich zu dramatischen Szenarien wie diesen: Ein ängstlicher, einsamer Mann klammert sich an seine Kinder und führt unzählige Wer-hat-wann-die-Kinder-Kriege mit seiner Exfrau. Oder ein ignoranter Mit-mir-ist-alles-in-Ordnung-eure-Mutter-ist-schuld-Vater wertet vor seinen Kindern die Mutter ab. Oder ein Vater meldet sich kaum noch bei den Kindern, meidet gar den Kontakt und schiebt die Arbeit vor (»Einer muss ja das Geld verdienen«). Oder ein Vater zahlt keinen Unterhalt und bringt so die Frau dazu, zum Jugendamt zu gehen, um sich hinterher genau darüber zu beschweren. Oder ein Vater rächt sich an seiner Ex, indem er die Kinder nicht nimmt, weil er weiß, dass er sie damit am meisten trifft. Oder ein Vater ist so rasend wütend auf seine Exfrau, dass er seinem Kind deshalb nicht nahe sein kann oder, noch schlimmer, eben diese Wut an ihm auslässt. Letzteres kommt leider häufig vor.

Ich kenne einen Vater, der sogar zugibt, dass sich seine Wut auf seine Exfrau selbst zehn Jahre nach der Trennung »womöglich« noch negativ auf seine Beziehung zu seinem Teenagersohn auswirkt. Es wäre schön für seinen Sohn, wenn diese Erkenntnis irgendwelche Auswirkungen hätte. Wie wär's mit einem Besuch beim Therapeuten? Oder mit dem Versuch, gemeinsam mit der Exfrau die Altlasten endgültig aus der Welt zu schaffen? Fehlanzeige! Würde dieser Mann von sich sagen, er sei ein verantwortungsloser Vater? Ganz sicher nicht. Tatsächlich behauptet er, die Frau sei schuld daran, dass er keine gute Beziehung zu seinem Sohn habe.

All diese Szenarien haben eines gemeinsam: Die darin beschriebenen Väter scheren sich alle überhaupt nicht darum, dass ihre Kinder unter ihrem Verhalten leiden. Sie kreisen ausschließlich um sich selbst, lecken ihre Wunden und merken nicht, dass sie ihren Kindern dabei welche zufügen. Dass es auch seine Kinder sind, die leiden, scheint dem unreifen Mann egal zu sein, diesen Gedanken verdrängt er schnell wieder. Natürlich ist es ihm nicht wirklich egal, aber etwas Besseres fällt ihm nicht ein. Er bleibt daher in seinem unerwachsenen Verhaltensmodus, die Schuld bei anderen zu sehen, keine Verantwortung zu übernehmen und sich als Opfer zu betrachten.

Ein getrennter Mann erzählte mir mal triumphierend, wie einfach es sei, als armer, verlassener Mann eine neue Frau zu finden. »Sie reißen sich förmlich darum, dir eine gute Zeit zu verschaffen und dir zu helfen«, berichtete er stolz. Oje – könnte das einer der Gründe für unreifes Verhalten sein?

Obwohl üble Trennungsszenarien an der Tagesordnung sind, empfehlen männliche Scheidungsanwälte in der Regel den Paaren keine Begleitung durch einen Coach oder Therapeuten. Dies liege, so die von mir befragten Anwälte, »nicht in ihrer Verantwortung«. Nein? Darüber kann man streiten. Tun Sie das bitte!

Darf man Kinder in den Rosenkrieg schicken?

Nein, natürlich nicht, würde jeder sofort sagen. Dennoch werden Kinder nicht selten als Waffen im Rosenkrieg zwischen den getrennten Eltern eingesetzt. Sie leben zwischen den Fronten, ducken sich und versuchen irgendwie, beiden Elternteilen gegenüber loyal zu sein. Letzteres ist ein Ding der Unmöglichkeit, wenn Mama über Papa herzieht und Papa seine Ex eine dumme Kuh nennt. Die meisten Trennungskinder wachsen mit solchen Loyalitätskonflikten auf, denn sobald sie mit dem einen Elternteil sympathisieren, müssen sie fürchten, die Liebe des jeweils anderen zu verlieren.

Kleinere Kinder suchen die Schuld für die Trennung oft bei sich und entwickeln Szenarien à la »Wenn ich den Max nicht gehauen hätte, hätten Mama und Papa sich nicht so oft gestritten, dann wären sie jetzt noch zusammen. Ich bin schuld.«

Wen wundert es, dass die meisten Trennungskinder anfälliger für körperliche und seelische Störungen sind als andere? Zwar hängt dies vor allem auch vom Bildungsgrad der Eltern ab, aber der fängt nicht alles auf. Akademikerkinder sind vor unreifem elterlichen Verhalten und damit trennungsbedingten psychischen Störungen keineswegs gefeit.

Es gibt Statistiken darüber, dass es Scheidungskindern schlechter geht als Kindern, deren Eltern zusammenbleiben, wobei die Fortführung einer Beziehung wie erwähnt kein Garant für das Wohlergehen des Kindes ist. Ebenso gibt es Studien darüber, dass Scheidungskinder noch als Erwachsene unter der Trennung ihrer Eltern leiden, etwa indem sie vorwiegend problematische Beziehungen eingehen und sich häufiger trennen als andere. Allerdings lässt sich nicht eindeutig nachweisen, dass diese Probleme tatsächlich auf die Trennung der Eltern zurückzuführen sind. Ob dies tatsächlich so ist, muss jeweils individuell betrachtet werden.

Unbestritten ist hingegen, dass eine Trennung der Eltern das Leben der Kinder komplett verändert, leider eben oft nicht zum

Guten. Trennungskinder erleben einen heftigen Bruch und, je nachdem ob die Eltern sich neue Partner suchen, wenige gelingende Beziehungen als Vorbild. Zudem leben sie häufig in prekären oder zumindest finanziell unsicheren Verhältnissen. Viele alleinerziehende Mütter haben seltener Zeit für die Kinder, weil sie (mehr) arbeiten müssen und insgesamt belasteter sind, da sie sich alleine um alles kümmern.

Aber auch das kann gutgehen und manchmal sogar besser sein als zuvor. Viele Trennungskinder sind früher selbstständig als andere, weil sie früher Verantwortung für sich und andere übernehmen müssen. Das *Wie* ist hier entscheidend. Alles hängt davon ab, wie die einzelnen Menschen mit der Situation umgehen.

Derzeit gehen überwiegend die Frauen überhaupt damit um. Erfreulicherweise gelingt es vielen so gut, dass ihre Kinder die Trennung ohne größeren Schäden überstehen. Unerfreulicherweise bedeutet das allerdings in vielen Fällen, dass die Frauen das unreife Verhalten ihrer Exmänner kompensieren, indem sie zum Beispiel sagen: »Papa kommt heute doch nicht, dann machen wir eben was Schönes. Magst du in den Zoo?« Oder: »Doch, Papa hat dich lieb. Er hat sicher viel zu tun und deshalb noch nicht zurück gerufen.« Oder: »Natürlich wäre Papa gern zu deinem Fußballspiel gekommen. Er hat es mir selbst gesagt.«

Wer bringt es schon übers Herz, einem in Tränen aufgelösten, enttäuschten Kind zu sagen, dass der Vater das Spiel vergessen hat oder schlicht keine Lust hatte, am Sonntag so früh aufzustehen? Da rettet man den Papa lieber, auch wenn man dafür lügen muss.

Jedes Kind möchte, ob bewusst oder unbewusst, dass seine Eltern für immer zusammenbleiben, denn es wünscht sich eine Familie. Die muss allerdings nicht zwingend aus Mutter und Vater bestehen, vielleicht gibt es in Zukunft ja neue Familienmodelle. In jedem Fall braucht das Kind jedoch Erwachsene um sich, die sich auch so verhalten, damit es später selbst erwachsene Beziehungen führen kann.

Konsequenz 5: Abwesende Väter

Die Geschichte der abwesenden Väter wird erst dann zu Ende sein, wenn die Väter beginnen, anwesend zu sein. Das sind sie derzeit in den meisten Fällen nicht. Waren sie früher kriegsbedingt abwesend, sind sie es heute arbeits- und trennungsbedingt. Mit der Trennung verschwinden viele Väter aus dem Leben ihrer Kinder oder spielen darin nur noch eine Nebenrolle.

Dass die Kinder überwiegend bei ihren Müttern leben, müsste die Väter nicht daran hindern, weiterhin Kontakt mit ihnen zu haben. Auch nach der Trennung könnten und sollten die Eltern Eltern bleiben, was zugegeben schwierig ist mit einem Mann, der während der Beziehung schon ein unreifer Vater war.

Natürlich gibt es auch Männer, die ihre Kinder gern öfter sehen wollen, aber von ihrer Exfrau daran gehindert werden. Selbstverständlich ist es ebenso schlimm, wenn die Frau sich unreif verhält. Noch dazu hat der Mann in dem Fall rechtlich die schlechteren Karten. Was das angeht, würde ich mir mehr Männer wünschen, die um ihre Kinder und ihre Rechte kämpfen. Mehr Eier, sozusagen, aber bitte erwachsene. Leider geben viele Väter zu früh auf. Wer in der Beziehung Konflikten aus dem Weg gegangen ist, tut dies in der Regel auch danach.

Derzeit findet zum Glück ein Umdenken statt. Die Männer von heute engagieren sich stärker für ihre Kinder als frühere Vätergenerationen, oft sind sie bei der Geburtsvorbereitung und im Kreißsaal dabei. Aber danach driften Wunsch und Realität meist auseinander. Vom »neuen Vater« wird zwar viel gefaselt, praktisch ist er jedoch so gut wie unauffindbar. Seit Juli 1998 gilt bei Scheidungen automatisch das gemeinsame Sorgerecht (bei nichtehelichen Beziehungen leider noch nicht). Trotzdem kümmert sich ein Großteil der Väter nicht regelmäßig um ihre Kinder. Das besagen einerseits Statistiken, andererseits genügt bereits ein 360-Grad-Blick im eigenen Bekannten- und Freundeskreis.

Eine Bekannte erzählte mir, dass ihr Exmann und Vater ihrer Tochter mit einer zweiten Frau noch eine Tochter bekommen habe. Inzwischen ist er mit einer dritten zusammen, die bereits zwei eigene Kinder hat. Er hat also zwei leibliche und zwei Stiefkinder. Die beiden Kinder seiner neuen Freundin sind sein Ein und Alles und »gehen immer vor«, wie er selbst sagt. Und seine leiblichen Kinder? Die sind nicht so wichtig.

Auf die Frage meiner Bekannten, ob er seine leibliche Tochter auch mal übers Wochenende nehmen könne, erwiderte er: »Nein, das geht nicht, das wird mir zu viel.«

Er hat seine leibliche Tochter in den letzten drei Jahren zweimal gesehen.

Elternzeit ist Mutterzeit

Die Elternzeit wird von Vätern nach wie vor extrem selten und wenn doch, dann nur sehr kurz in Anspruch genommen. Laut einer Umfrage des Meinungsforschungsinstituts Allensbach aus dem Jahr 2014 würde etwa die Hälfte aller Väter gerne die Hälfte der Kinderbetreuung übernehmen. Allerdings können das nur 18 Prozent der Befragten auch realisieren. Institutschefin Renate Köcher fand dazu in der ZEIT vom Juli 2015 klare Worte: »Häufig bleibt es beim Wunsch. Einer der Gründe: Väter wollen zwar für ihre Kinder da sein, doch sie sind nicht bereit, die Nachteile, die Frauen dafür in Kauf nehmen, zu akzeptieren. So gab fast jeder fünfte Vater an, dass er gerne in Elternzeit gegangen wäre, dann aber darauf verzichtet habe, weil er Angst vor Einkommensverlusten und beruflichen Nachteilen hatte.«

»Ich will ja, aber ich kann nicht«, heißt also im Grunde nichts anderes als: »Eigentlich will ich gar nicht, denn ich möchte auf nichts verzichten. Das mach mal schön du.«

Zur Verteidigung der Väter sei angefügt, dass dies auch ein

gesellschaftspolitisches Thema ist, da viele Arbeitgeber sich derzeit noch väterfeindlich verhalten. Solange das so ist und solange Männer Verantwortung vermeiden, wird Elternzeit Mutterzeit bleiben.

Mein fremdes Kind

Noch immer ist in Familien das Modell Vater = Ernährer weit verbreitet, viele Männer stürzen sich erst recht in die Arbeit, sobald der Nachwuchs da ist. Demzufolge sind sie nach wie vor bei Haushalt, Kindererziehung und Kindermanagement kaum beteiligt. Demzufolge bauen sie nach einer Trennung auch kaum eine Beziehung zu ihren Kindern auf. Mit Beziehung meine ich übrigens nicht, auf den Rummelplatz oder in den Zoo zu gehen und den lieben Kleinen Zuckerwatte zu kaufen, sondern echte Nähe, Austausch und Interesse (jenseits von Zeugnisnoten). Das ist nicht ganz so einfach, wie Süßigkeiten zu kaufen, das braucht Zeit und Einfühlungsvermögen. Beides ist vor allem bei Vollzeit berufstätigen Männern Mangelware. Bei einer Trennung der Eltern kommt die nicht gelebte Beziehung zu den Kindern dann zum Tragen. »Mein Sohn ist mir fremd«, sagte mal ein Klient zu mir und schämte sich sofort furchtbar dafür. In diesem Falle war sein ehrliches Eingeständnis der Auslöser für eine neue, andere Beziehung zu seinem Sohn. Für die meisten getrennten Väter bleibt es dagegen bei dem heimlichen Fremdheitsgefühl. Kein Wunder, wenn sich da so mancher Mann fragt: Warum für einen »Alien« zahlen?

Ich habe doch vorher schon keine Beziehung zu meinem Kind gehabt, warum sollte ich daran ausgerechnet jetzt etwas ändern?

Ja, warum? Ganz einfach: weil Kinder ihren Vater brauchen, insbesondere die Söhne.

Die Folgen der Folgen

Die dramatischen Folgen für die Söhne habe ich weiter vorn bereits beschrieben. Ich möchte sie Ihnen an dieser Stelle noch einmal kurz ins Gedächtnis rufen: Der Vater ist dem Sohn ein gleichgeschlechtliches Vorbild, die emotionale und körperliche Nähe zum Vater schafft Vertrauen in die eigene Männlichkeit, gibt Halt und Sicherheit. Naturgemäß orientieren sich Jungen eher an männlichen Leitbildern. Sind die Väter nicht verfügbar, sind es eben andere Männer. Die Medien halten eine große Auswahl an virtuellen Helden bereit, von Sportlern über Stars bis hin zu einer Vielzahl an Kampfmonstern mit einer hohen Bereitschaft zum Töten anderer Kampfmonster. Letztere vermitteln den Jungen ein untaugliches Bild davon, wie man sich in Konflikten verhält und was man so alles mit seinen Aggressionen anstellen kann.

Die kindliche Sehnsucht der großen Jungs nach Orientierung durch einen starken Mann hört nie auf, sie suchen ein Leben lang danach, meist unbewusst. Es ist fraglich, inwieweit ein unbewusst suchender Mann später selbst zu einem starken, orientierten Vater werden kann. Nein, es ist nicht fraglich, er kann es nicht. Zieht sich der Vater nach der Trennung zurück, sorgt er so für eine neue Generation abwesender Väter. Dessen sollten sich die Väter bewusst sein, bevor sie aus dem Leben ihrer Kinder verschwinden.

Eine weitere Konsequenz dieses Verhaltens ist, dass Mütter einen viel zu großen Raum im Leben ihrer Söhne einnehmen. Auch hier noch einmal kurz zur Erinnerung: Dieser vergrößerte Spielraum führt oft zu einer viel zu engen Bindung an die Mutter, der oft überbehütete Sohn »verweiblicht« aus Loyalität, kann sich nicht frei und männlich entwickeln und wird womöglich sogar als Partnerersatz missbraucht. Die jungen Männer entwickeln daher oft Störungen wie ein unrealistisches, überhöhtes Selbstbild, überangepasstes Verhalten oder Bindungsängste.

Die dysfunktionale Beziehung zur Mutter ist für den Sohn das

Vorbild für seine eigenen Beziehungen, und zwar beruflich wie privat. Wen wundert es da, wenn diese nicht gelingen. Damit schließt sich der Kreis: abwesender Vater, Übermutter, Trennung, Trennungskinder, abwesender Vater.

Hier kann man die Frage nach Huhn oder Ei stellen. Wer hat solche Entwicklungen zu verantworten? Der abwesende Vater oder die Übermutter? Beide verhalten sich unerwachsen. Würde man die Anwesenheit von Vätern jedoch gesellschaftlich möglich machen, stünde der Mutter gar nicht so viel Raum zur Verfügung. Das wäre doch ein Anfang.

Konsequenz 6: Zu wenige Kinder

Unsere Gesellschaft ist veraltet, es fehlen Kinder als zukünftige Steuerzahler und um unseren Sozialstaat zu finanzieren, wenn wir den derzeit gültigen Standard erhalten wollen. Indirekt entstehen dem Staat also eine Menge Kosten dadurch, dass nicht genug Kinder geboren werden. Die Geburtenrate liegt seit rund 40 Jahren ziemlich konstant bei etwa 1,4 Kindern pro Frau. Das ist zu wenig.

Nur warum werden so wenige Kinder geboren?

Kindergeld, Elterngeld, Vätermonate, Kita-Ausbau – die Politik hat einiges für mehr Kinder getan, und dennoch bleibt die Geburtenrate niedrig. Diese Maßnahmen nutzen deshalb nichts, weil es daran nicht liegt. Anders gesagt: Würden sie etwas nutzen, müsste die Geburtenrate längst gestiegen sein. Offenbar gibt es also andere Gründe, die zu bearbeiten weniger angenehm ist. Ich denke da an die grundlegende Einstellung gegenüber Familie, gegenüber Männern und Frauen, die veraltet ist. Dieses Thema anzugehen wäre wahrlich harte Arbeit.

Die sogenannten Vätermonate zum Beispiel werden vor allem deshalb kaum in Anspruch genommen, weil sie mit dem aktuellen Männerbild und der männerdominierten Arbeitswelt nicht vereinbar sind. Gerade mal 25 Prozent der Väter haben 2011 die Elternzeit in Anspruch genommen, drei Viertel davon nur zwei Monate. Sie befürchten, dass sie nach ihrem Wiedereinstieg beruflich zurückstecken müssen – etwas, das für Frauen seit vielen Jahren völlig normal ist und für die Politik nach wie vor in Ordnung zu sein scheint.

Da wird lieber Geld in alte Rollenbilder gepumpt, als die verkrusteten Ideale zu reformieren. Mit Geld zu »helfen« ist übrigens eine typisch männliche Art, Probleme dort zu lösen, wo sie nicht liegen. (Das kennen wir alle aus dem privaten Bereich, wenn der Mann teure Geschenke macht, weil er Mist gebaut hat.) Damit wirkt man erst mal enorm aktiv – »Schaut nur, was wir für euch und eure Kinder tun! Wählt uns!« – und vermeidet so elegant Maßnahmen, für die man seine Komfortzone verlassen müsste. Kurz: Mit den oben genannten monetären Maßnahmen subventionieren Politiker die guten alten Zeiten, die schon lange vorbei sind.

Eine Studie des Bundesinstituts für Bevölkerungsforschung, kurz BiB, sieht den Grund für die niedrige Geburtenrate woanders. »Vielen Deutschen sind ihr Beruf, ihre Hobbys und ihre Freunde wichtiger als ein Kind.« Purer Egoismus also?

Das BiB, muss man wissen, liefert unseren Politikern Daten als Arbeitsgrundlage. Ich möchte diese Daten gerne ergänzen. Also, Politiker aufgepasst: Frauen müssen wegen ihrer Kinder entweder beruflich zurückstecken oder eine chronische Überlastung durch Job plus Haushalt plus Kind(er) in Kauf nehmen. Ich bin mir nicht sicher, ob man eine Frau als egoistisch bezeichnen kann, nur weil sie nicht chronisch überlastet sein möchte und sich beruflich ebenso verwirklichen will wie ihr Mann. Ich würde es vielmehr schon fast vernünftig nennen, wenn sie das Risiko Kinder nicht unter allen Umständen eingehen möchte, und zwar allein schon den Kindern zuliebe. Denn fast die Hälfte der Ehen wird bereits im ersten Jahr nach der Geburt geschieden. Überhaupt werden aus Kindern statistisch gesehen viel zu oft Trennungskinder.

Liebes BiB, liebe Politiker, die Gründe für den Geburtenrückgang liegen meines Erachtens auf der Hand:

1. Immer mehr Frauen wollen arbeiten und befürchten zu Recht Nachteile, wenn sie Mutter werden. Dann lieber nicht, sagen sie sich, ebenfalls zu Recht.
2. Immer weniger Frauen wollen Kinder mit Kindern, also mit unreifen Männern. Denn dann zahlen sie früher oder später finanziell und seelisch drauf, spätestens nach der Trennung, wenn sie mit den Kindern alleine dastehen. Dann lieber nicht, sagen sie sich auch hier.

Solange Männer Kinder bleiben dürfen, werde ich mich für den gesunden Egoismus der Frauen einsetzen. Solange unerwachsene Politiker familienfeindliche Politik machen, wird die Geburtenrate bleiben, wo sie ist, oder sogar noch weiter sinken.

Übrigens: In Schweden ist es für Männer beruflich sogar von Vorteil, wenn sie mehrere Jahre (!) Elternzeit nehmen, schließlich erweitern sie in dieser Zeit ihre Führungs- und Krisenkompetenzen. Wer Haushalt und Kinder managt, für den ist das Management im Büro ein Kinderspiel. Klingt nachvollziehbar, oder?

Das nenne ich mal eine grundlegend neue Einstellung gegenüber Familie, gegenüber Männern und Frauen. Also, worauf warten wir noch?

Konsequenz 7: Staatskosten

Gesundheit, Trennung, Scheidung sowie Trennungskinder und Alleinerziehende sind keine reinen Privatangelegenheiten der Betroffenen. Schließlich leben wir in einem Sozialstaat, der sich um unsere Mindestversorgung kümmert, wenn wir das Geld dafür nicht selbst aufbringen können. Diese Unterstützung wird über Steuergelder finanziert, was bedeutet, dass letztlich das Schweigen der Männer über Steuergelder und damit die Gemeinschaft finanziert wird.

Trennungen führen oft zum Streit über Betreuungsgelder. Diese werden dann über das Jugendamt geregelt, wodurch dem Staat Personalkosten entstehen, zum Beispiel für die Regelung der Beistandschaft. Auch zahlt der Staat die Alimente, falls der Vater nicht zahlen kann.

Getrennte, allein lebende Männer haben ein größeres Risiko, psychisch und körperlich zu erkranken. Da sie ihre Krankheiten in der Regel zu spät behandeln lassen, werden diese sich sehr wahrscheinlich verschlimmern und/oder andere Krankheiten nach sich ziehen. Die Kosten dafür zahlen die Krankenkassen, die unter anderem durch einen Bundeszuschuss vom Staat finanziert werden.

Getrennte, allein lebende Männer, die Alkohol und Drogen dem Besuch beim Arzt oder Therapeuten vorziehen, erhöhen die Wahrscheinlichkeit, ihren Job zu verlieren, langzeitarbeitslos zu werden und sozial abzusteigen. Auch hier springt dann der Staat ein, mit Hartz IV, Sozialhilfe und so weiter.

Von zehn Alleinerziehenden sind wie erwähnt neun Frauen, die ihre Kinder bei häufig nur unzureichender finanzieller Unterstützung durch den Vater betreuen. Selbst wenn sie Vollzeit arbeiten (was viele nicht schaffen), haben sie ein geringeres Netto-Einkommen als ein Mann in einem vergleichbaren Job. Noch immer verdienen Frauen laut Statistischem Bundesamt im Schnitt 22 Prozent weniger als Männer. 39 Prozent der 2,3 Millionen alleinerziehenden Mütter sind auf finanzielle Hilfe vom Staat angewiesen.

Sowohl Frauen als auch Männer erkranken unter anderem auf Grund von Trennung an Depressionen. Diese verursachen der Wirtschaft erhebliche und zudem steil ansteigende Kosten. Bis zum Jahr 2020 werden Depressionen oder affektive Störungen laut Weltgesundheitsorganisation, kurz WHO, weltweit die zweithäufigste Volkskrankheit sein. In Deutschland liegen die Kosten, die durch depressionsbedingte Frühverrentungen entstehen, bei ca. 1,5 Milliarden Euro jährlich. Nach Angaben des Bundesministeriums für Gesundheit sind Arbeitnehmer pro Jahr etwa elf Millionen Tage arbeitsunfähig, verursacht durch über 300 000 depressive Erkrankungsfälle. Tendenz steigend.

In diesem Zusammenhang möchte ich eine Frage aufwerfen: Wie gerecht ist unser Sozialstaat gegenüber Frauen und Kindern?

Vor etwa 50 Jahren waren in der Regel nur die Männer erwerbstätig und haben über ihre Steuergelder den Staat finanziert. Mittlerweile zahlen auch die Frauen Steuern und finanzieren damit die Männer, die sich verantwortungslos ihrer Gesundheit, ihrer Beziehung und ihren Kindern gegenüber verhalten. Sie zahlen die Folgen sowie die Folgen der Folgen. Hier, so scheint es mir, ist die soziale Sache aus der Balance geraten.

Dies gilt vor allem vor dem Hintergrund, dass durch ein verändertes Verhalten der Männer ein Großteil dieser Kosten vermeidbar wäre. Reife Männer könnten die Kosten spielend leicht senken.

Fazit

Schweigende Männer sind teuer. Teuer auch im Hinblick darauf, dass immer mehr überlastete Frauen an der Erschöpfungsgrenze Haushalt, Kinder, Job und Selbstoptimierung betreiben, weil ihre bessere Hälfte zu sehr damit beschäftigt ist wegzuschauen. Diese Frauen ziehen, egal ob mit einem Partner oder ohne, überwiegend alleine ihre Kinder groß, die die neue Generation bilden werden, während die Väter überwiegend abwesend sind. So entsteht eine weitere Generation verhaltensgestörter Männer, die entweder gar keine Eier haben oder zu viele. Damit werden die alten dysfunktionalen Verhaltensmuster einfach an die neue Generation weitergegeben. So wird sich nie etwas ändern. Die Katze beißt sich in den Schwanz, weil der Kater immer nur vermeidet, verdrängt und verschiebt.

Können wir es uns als Gesellschaft leisten, da nicht hinzuschauen?

Offenbar lebt die Mehrzahl unserer männlichen Schweige-Politiker immer noch in ihrem persönlichen Takka-Tukka-Land und verschließt weiter die Augen vor der Realität. Obwohl diese gerade direkt vor unserer Nase mit erhobenem Zeigefinger herumfuchtelt: mehr Trennungen, mehr Leid, mehr psychische Krankheiten, mehr Kosten. Das ist das Ergebnis von einem Jahrhundert konservativer Arbeitsmarkt- und Familienpolitik, gemacht von Männern für Männer.

Es könnte besser aussehen. Aber dazu braucht es Männer, die bereit sind für Veränderung. Die hat ohnehin schon begonnen – mit ihnen oder ohne sie. Die Männer haben die Wahl. Sie müssen sich nur noch entscheiden.

Was jetzt geschehen muss

Was Männer jetzt tun müssen

Ich sehe, was du denkst
Ich denke, was du fühlst
Ich fühle, was du willst
Aber ich hör dich nicht
Ich hab mir ein Wörterbuch geliehen
Dir A bis Z ins Ohr geschrien
Ich staple tausend wirre Worte auf
Die dich am Ärmel ziehen
(…)

Oh bitte gib mir nur ein Oh
Bitte gib mir nur ein Oh
Bitte bitte gib mir nur ein Wort

Es ist verrückt, wie schön du schweigst
Wie du dein hübsches Köpfchen neigst
Und so der ganzen lauten Welt und mir
Die kalte Schulter zeigst
Dein Schweigen ist dein Zelt
Du stellst es mitten in die Welt
Spannst die Schnüre und staunst stumm
Wenn nachts ein Mädchen drüber fällt
Zu deinen Füßen red ich mich
Um Kopf und Kragen

Ich will in deine tiefen Wasser
Große Wellen schlagen

Oh bitte gib mir nur ein Oh (…)

In meinem Blut werfen
Die Endorphine Blasen
Wenn hinter deinen stillen
Hasenaugen die Gedanken rasen
Wir sind Helden, »Bitte gib mir nur ein Wort«

Ich bin sicher, der Großteil der Männer tut nichts, um anderen bewusst zu schaden. Nur schaden sie anderen leider trotzdem. Wie viele andere Frauen bin ich hin- und hergerissen zwischen Wut und Mitgefühl. Es ist nicht immer leicht, diese Wut in Liebe umzuwandeln. Trotzdem fühle ich diese Liebe, und ich möchte, dass sie es ist, die Blüten treibt. Ich bin sicher, es gibt einen gangbaren Weg für die Männer. Allerdings führt er über ein paar Nachhilfestunden, denn was Hänschen nicht gelernt hat, das braucht Hans jetzt dringend zum Leben. Auf dem Lehrplan stehen folgende Fächer:

Aufwachen

Wie sagten Omis früher so schön? »Du hast dir das ganze Stück genommen, jetzt musst du es auch aufessen.«
Aktuell haben Männer sich selbst Umstände geschaffen, die sie nicht aufessen wollen. Nämlich eine Welt, in der sie Kompetenzen brauchen, über die sie nicht ausreichend verfügen, als da wären Autonomie, Selbstreflexion, Kommunikation und Beziehungsfähigkeit. Statt sich dieser Tatsache zu stellen, sitzen die Männer vor ihren Tellern und stochern mit ihren Gabeln im Essen herum.

»Ich mag diese sozialen Kompetenzen nicht lernen. Ich will, will, will nicht reden! Du bist blöööööd!«

Niemand schickt sie mehr ohne Abendessen ins Bett. Dabei wäre das vielleicht eine pädagogisch sinnvolle Maßnahme, denn mittlerweile schaden Männer mit ihrer Ignoranz auch sich selbst. Die Folgen sind Burnout, Boreout und steigende Suizidraten. Sie haben das Spiel nicht mehr im Griff, es ist zu komplex geworden und sinnlos dazu. Warum das alles? Warum der ganze Stress?, fragen sich immer mehr Menschen, auch Männer. Der Anstieg der psychischen Erkrankungen ist ein Zeichen dafür, dass Männer diese seelenlose Komplexität mit ihren alten asozialen Kompetenzen nicht mehr bewerkstelligen können. Das muss neu!

Möglich ist das, vorausgesetzt die Männer haben ein ehrliches Interesse daran, eine lebenswerte Welt zu erschaffen und gelingende Beziehungen zu führen, aus denen selbstbewusste und orientierte Kinder hervorgehen.

Aufmachen

Der verschlossene Mann ist out. Das mag mal cool gewesen sein, aber immer weniger Frauen haben Lust, Öffnungen in männliche Schweigemauern zu kratzen. Es ist zu anstrengend, und ehe man sichs versieht, ist das Loch sowieso wieder zu. Warum sollten die Frauen sich das noch antun?

Aufmachen heißt für den Mann, in sich hineinzuhören und -zuspüren. Wie geht es mir? Was möchte ich ändern? Habe ich vor irgendetwas Angst? Vermeide ich gerade irgendetwas?

Aufmachen heißt, Gefühle zuzulassen, und zwar auch die unangenehmen. Denn die führen geradewegs ins Paradies. Das gelingt aber nur, wenn man sie akzeptiert, sonst sind sie die Hölle.

Ein Mann, der sich für sein Inneres öffnet, kann sich fragen: Wer bin ich? Wer will ich sein? Was brauche ich dafür? Er kann sich eine Identität gestalten, die ihm gefällt. Dann muss er nicht länger mit einer herumlaufen, die er im Grunde nicht mag und die womöglich gar nicht zu ihm passt. Was passt und was nicht, das findet er erst heraus, wenn er seine Mauern einreißt. Das muss er wollen, und den ersten Schritt dazu muss er alleine tun. Aber er kann sicher sein, dass ihm zugewandte Menschen sich darüber freuen werden. Zum einen darüber, dass sie ihre Mauer-Einreiß-Werkzeuge endlich weglegen können, zum anderen darüber, was dahinter alles an Schönem zum Vorschein kommt. Der Weg dahin ist nicht immer angenehm, doch er lohnt sich.

Wenn ich mit Paaren arbeite, erlebe ich mit schöner Regelmäßigkeit, wie nach einem Geständnis des Mannes die Liebe wieder fließt, weil er sich geöffnet hat. Seitens der Frau zeigen sich Dankbarkeit und Erleichterung, während der Mann oft gar nicht glauben kann, dass sich der Erdboden danach nicht sofort aufgetan hat. Alles noch an seinem Platz, nur viel besser.

Ehrlichkeit kann schmerzhaft sein, dauerndes sich selbst Belügen ist allerdings viel schmerzhafter, und zwar für alle Beteiligten!

Abgesehen davon hilft es ohnehin nichts, sich dauerhaft zu verschließen. Irgendwann kommt sowieso alles heraus – dann aber mit Karacho und oft mit schwerwiegenden Konsequenzen für Körper und Seele.

Bewegen

Männer sind oft der sprichwörtliche Fels in der Brandung, im Guten wie im Schlechten. Im Guten geben sie anderen Halt, Orientierung und Sicherheit, im Schlechten steht der Fels immer felsenfest auf dem Boden. Dann driften seine Qualitäten in Rigidität ab, und nichts bewegt sich mehr. Wir leben derzeit in einem Felsenmeer mit Wurzeln bis zur Erdmitte (klar, Felsen haben keine Wurzeln, aber ist es nicht ein schönes Bild?). Ausgerechnet dort, wo viel Bewegung nötig wäre, bleiben viele Männer stehen, und meist hält sich dabei auch noch ein Fels am anderen fest. So fällt es weniger auf, und sie können sich gegenseitig stützen.

Männer müssen endlich begreifen, dass sie die neuen Umstände nicht länger ignorieren dürfen, ja sich sogar damit anfreunden sollten. Dafür müssten sie allerdings aufgeschlossen sein, und damit ist es in unserem Lande so eine Sache. Das Erbe des deutschen Michels mit der Schlafmütze ist kulturell tief verankert. Die Kombination aus »deutsch« und »Mann« ist geradezu ein Garant dafür, dass sich eher nichts bewegt. Nicht umsonst kommt die gerade angekündigte »Industrie 4.0« nicht richtig in die Gänge. Wenn man keine Bewegung in alte Denkstrukturen bringt, bleibt nun mal alles beim Alten, da hilft auch kein schickes neues Wort. Allein die Tatsache, das Ganze »Industrie« 4.0 zu nennen, obwohl die Industriegesellschaft schon lange nicht mehr existiert, zeugt von Unbeweglichkeit.

Mit der alten Idee von der Vollbeschäftigung bleiben wir wirtschaftlich stehen und verpassen den Anschluss an die digitale Automatisierung, an die Wissensgesellschaft mit all ihren Möglichkeiten und Problemstellungen. Wir könnten bereits an Lösungen arbeiten, aber das Felsenmeer um Frau Merkel mit ihren Aussitzerqualitäten ist zu sehr mit Festhalten beschäftigt. Andere, beweglichere Nationen sind uns da weit voraus, vor allem die Länder, in denen Kreativität einen hohen Stellenwert hat und das Neue nicht argwöhnisch beäugt wird. Aber Felsen mögen nun mal keine Veränderung. Wer auch immer versucht, einen Felsen zu verschieben, der kommt ganz schön ins Schwitzen. Trotzdem sollten wir es weiter versuchen.

Sich auf etwas Neues einlassen heißt übrigens nicht, dass alles Alte zwangsläufig auf den Müll wandern muss. Vielmehr gilt es, den eigenen Wissens- und Seelenhaushalt nach noch Brauchbarem zu durchforsten. Was bleibt? Was geht? Was muss neu?

Stellen Sie sich einen Kleiderschrank vor, in dem noch einige alte, nach Omas Mottenkugeln stinkende Nerzmäntel hängen. Raus damit! Schaffen Sie Platz für Neues!

Sich zu bewegen heißt natürlich auch, nicht auf dem Sofa sitzen bleiben, wenn man 20 Kilo Übergewicht hat. Einer der Hauptgründe für die meisten Herz-Kreislauf-Erkrankungen ist mangelnde körperliche Bewegung. Wer sich ausreichend körperlich bewegt, der bleibt auch geistig beweglicher – das ist wissenschaftlich erwiesen.

Synergieeffekte sollten nicht länger ungenutzt bleiben. Vor meinem geistigen Auge entsteht gerade das Bild einer Gruppe joggender Männer, die ihre festgefahrenen Vorstellungen Kilometer um Kilometer einfach weglaufen...

Reden

»Zum Schluss hatten wir uns nichts mehr zu sagen.« Wer hat es noch nicht erlebt, das für Beziehungsenden so typische Schweigen? Viele Paare leben früher oder später aneinander vorbei, statt miteinander zu reden. Meistens hat das Schweigen am Ende schon viel früher begonnen, oft mit sprachlosen Männern. Es ist an der Zeit, dass sie ihr Sprachvermögen nutzen.

Mit Kommunikation beginnt eine Beziehung überhaupt erst, die zu sich selbst ebenso wie die zu anderen. Und damit meine ich durchaus nicht nur private Beziehungen, denn auch in der Arbeitswelt geht es schon lange nicht mehr ohne Kommunikation. Gut zwei Drittel der Arbeitszeit nimmt diese im Durchschnitt in Dienstleistungsberufen ein, und der Anteil der Dienstleistungsberufe beträgt derzeit 74 Prozent am Gesamtvolumen aller Berufe. Es ist notwendig geworden, dass man sich mit anderen über die Arbeit austauscht, ihnen sagt, was man warum tut, wie man es tun möchte und wie sich die Qualität der Arbeit verbessern lässt. Gelingende Kommunikation ist zu einer Voraussetzung für Erfolg im Job geworden und damit auch die Fähigkeit, Beziehungen aktiv und konstruktiv zu gestalten. Wer da schweigt, mindert die Qualität seiner Arbeit und macht sich selbst und anderen das (Arbeits)leben unnötig schwer.

Eine Führungskraft muss heute in der Lage sein, die Stärken und Schwächen ihrer Mitarbeiter einzuschätzen und damit umzugehen, was schweigend schlecht geht. Sie muss über Sensibilität für Gruppenprozesse verfügen und Kompetenzen im Umgang mit Gruppen haben – auch hier hilft reden. Führungskräfte sollen Aufgaben delegieren, indem sie – so liest man derzeit oft – »motivierend kontrollieren«. Da kratzt sich so mancher Mann am Kopf und fragt sich: Wie soll das denn bitte gehen?

Ganz einfach: Nachhilfestunden nehmen und lernen zu reden, zu sprechen, zu artikulieren, zu äußern, zu formulieren, vorzutragen, auszudrücken, zu erklären, festzustellen, zu verbalisieren, zu rufen, zu schreien, zu erzählen, zu debattieren und zu diskutieren. Mit einem Freund, der Partnerin, einem Coach oder einem Therapeuten, was auch immer ihm guttut oder hilft.

Oft hilft tatsächlich einfach nur reden. So empfinden das jedenfalls die Männer in meiner Coaching-Gruppe, die sich einmal pro Monat treffen. Es tut ihnen gut, sich mit ihren Männerproblemen nicht alleine zu fühlen, sondern sie zu teilen, sie anderen mitzu*teilen*. Es tut ihnen gut, ihre Sollbruchstellen im Kreise von Sollbruchstellenkennern zu entdecken. Statt verbaler K.o.-Schläge regnet es dann Verständnis, und davon können Männer nicht genug bekommen, wenn sie sich mit ihren Konflikten und Ängsten befassen. Es muss meiner Erfahrung nach nicht immer gleich eine langwierige Therapie sein, die den Schweiger zum Reden bringt.

Ein positiver Nebeneffekt davon ist, dass Männer ihre für die Arbeitswelt neu erworbenen Kompetenzen gleich in ihren privaten Beziehungen einsetzen können. Das nenne ich Effizienz.

In Beziehung gehen

Männer sind meist emotionale Analphabeten. Aus Angst vor Zurückweisung oder totaler Vereinnahmung in einer Partnerschaft geht der Mann lieber keine Beziehung ein. Von außen mag es zwar so aussehen, als würde er es tun. Ehe, Haus, Kinder – alles da. Innen dagegen herrscht Ambivalenz. Nähe oder Distanz? Aufbegehren oder kuschen? Die meisten Männer tun Letzteres: heimlich aufbegehren und offiziell kuschen.

Dabei sind Männer wesentlich abhängiger von Beziehungen als Frauen. Sie brauchen die Bestätigung von außen durch die Frau ebenso wie durch die Nachbarn oder Kollegen. »Seht nur, was für eine schöne Familie in dem schönen Auto vor dem schönen Haus ich da habe.«

Frau und Familie bedeuten Status und signalisieren den anderen: Ich hab's geschafft. Frau und Familie ermöglichen es dem Mann, seine Lieblingsrolle als Versorger auszuüben, und geben ihm zudem Sinn und Halt. Frau und Familie stabilisieren letztlich den Selbstwert des Mannes.

Ausgerechnet die Männer, die so stark von Beziehungen abhängen, weigern sich jedoch beharrlich, in Beziehung zu gehen. Sie vermeiden Beziehung so lange, bis sie tot ist. Damit bestätigen sich im Verlauf ihres Lebens mehrmals ihre schlimmsten Befürchtungen, nämlich dass Beziehungen einfach nicht funktionieren. Ja, SO nicht!

»Ich hab das einfach nicht raus, das mit den Frauen«, sagen sie dann und bestellen traurig ein weiteres Glas irgendetwas mit Alkohol. Trennungen sind, ich kann es nicht oft genug erwähnen, einer der Hauptgründe dafür, dass Männer in Depression und Alkoholabhängigkeit abdriften.

Eine Beziehung funktioniert nicht von selbst, vielmehr muss man überhaupt erst einmal dazu in der Lage und bereit sein, eine zu führen. Dazu muss man sich öffnen und in sich hineinspüren.

Wie will ich in Beziehung gehen? Was wünsche ich mir? Was erwarte ich? Ganz wichtig auch: Was schleppe ich noch an Altlasten von meinen Eltern herum? Was hat bei denen schon nicht funktioniert? Welche Kompetenzen habe ich? Welche fehlen mir noch? Der Mann muss also zunächst mit sich selbst in Beziehung gehen. Ist er dazu nicht in der Lage, wird er kaum eine gelingende andere Beziehung führen können.

Denn wo zwei Menschen sind, da sind unterschiedliche Interessen, Ansprüche und Arten, im Leben sein zu wollen. Da knallt es dann eben auch mal. Hier würden die sozialen Kompetenzen greifen, wenn man sie denn hätte. Ohne sie wächst hingegen nichts, außer dem Bauch und der Verachtung für den anderen.

Zum Arzt gehen

Mit der körperlichen und seelischen Gesundheit der Männer steht es derzeit nicht zum Besten. Zudem führt die Unterdiagnostizierung bei Männern dazu, dass körperliche Krankheiten oft zusätzlich psychische Störungen nach sich ziehen und umgekehrt. Viele dieser Krankheiten und Folgekrankheiten sind vermeidbar, dazu müssten die Männer allerdings frühzeitig zum Arzt und bei Bedarf auch zum »Seelenklempner« gehen. Letzteres ist ein Ausdruck, den Männer gerne verwenden, wenn sie das Wort »Therapeut« vermeiden wollen (in psychischen Angelegenheiten gilt es so früh wie möglich zu vermeiden). Offenbar mögen sie das Bild, dass da jemand ihren verstopften seelischen Abfluss von altem, schleimigem Dreck befreit. Es ist ein abschreckendes Bild, und vielleicht mögen sie es genau deshalb. Denn dann können sie leichter sagen: Um Himmels willen, bloß keine Therapie!

Dabei schreien die männlichen Seelen geradezu nach Psychohygiene. Leider jedoch so leise, dass niemand sie hört. Es sollte einen Tag geben, an dem es verboten ist, Lärm zu machen, damit man die zahllosen Männerseelen wispern hört. Sie haben nämlich eine Menge zu erzählen.

Wer nicht rechtzeitig zum Arzt geht, wer Vorsorgeuntersuchungen schwänzt und unbehandelte Depressionen mit sich herumträgt, der verhält sich verantwortungslos und asozial allen gegenüber, mit denen er sein Leben teilt. Auch denjenigen gegenüber, die er gar nicht kennt. All jenen nämlich, die seine Therapiemaßnahmen, Medikamente und oft wochenlangen stationären Aufenthalte über Krankenkassenbeiträge und Steuern mit bezahlen. Gesetzliche Krankenkassen basieren auf dem Prinzip der Solidargemeinschaft, in der jeder jeden mitträgt. Sie sind ein soziales System zur sozialen Absicherung eines jeden Bürgers. Wie soll das funktionieren, wenn sich fast die Hälfte der Bevölkerung asozial verhält?

Vater sein

Kein Zweifel, die meisten Männer möchten gute Väter sein. Allerdings liegen zwischen der Absicht und der Tat leider oft Welten, insbesondere nach einer Trennung.

Eine Freundin erzählte mir von einem Dialog mit ihrem Exmann, in dem es um den gemeinsamen Sohn ging, einen fast 16-Jährigen.
Vater: »Ich glaube, unser Sohn wird schwul.«
Mutter: »Aha. Warum?«
Vater: »Na ja, ist doch ein Klassiker: dominante Mutter und abwesender Vater.«
Mutter: »Wenn dich das so sorgt, dann sei du eben ab jetzt anwesender.«
Schweigen.
Nie mehr haben die beiden über dieses Thema gesprochen. Der Verantwortungsstab ging automatisch wieder an die »domi-

nante« Mutter, die heute noch darüber grübelt, wie sie weniger Raum bei der Erziehung ihres Sohnes einnehmen kann, wenn der Vater so gut wie keinen beansprucht.

Männer, wo seid ihr, wenn eure Söhne euch brauchen? Im Büro, einen Burnout ausbrüten? Im Nimmerland bei Peter Pan?

Söhne brauchen ihre Väter. Warum das so ist, habe ich weiter vorn bereits ausführlich beschrieben. Jungs brauchen die männlichen Qualitäten ihrer Väter, als da wären Willensstärke, Mut, Disziplin, Durchsetzungskraft, Risikobereitschaft, Genussfähigkeit, Zielstrebigkeit und Verantwortungsübernahme.

Verantwortungsübernahme? Ja, dafür standen Männer tatsächlich einmal. Aber das ist lange her.

Männer haben es selbst in der Hand, diese Qualitäten wieder für sich zu beanspruchen, eine Identität zu finden, mit der sie selbst – und damit auch die Menschen in ihrem Umfeld – gut leben können.

Nur eines dürfen sie nicht tun, nämlich diese neu erworbenen Qualitäten gleich wieder in Beton gießen. Felsen sind grundsätzlich super, solange sie sich bewegen können, wenn es darauf ankommt. Genau das ist nun der Fall, denn es ist höchste Zeit, die lange Linie der abwesenden Väter zu durchtrennen, damit in Zukunft stabilere Männer den Planeten bevölkern.

Erwachsen werden

Verantwortung übernehmen, Position beziehen, das eigene Leben gestalten, authentisch sein, sich weiterentwickeln – wer all das tut, verhält sich erwachsen. Ein reifer erwachsener Mensch steht mit beiden Beinen felsenfest im Leben und ist gleichermaßen flexibel für Veränderung. Denn das Leben *ist* Veränderung.

Ein erwachsener Mensch hat Freude in und an seinem Leben,

weil es genau das Leben ist, das er für sich gewählt hat. Er bewegt sich maximal autonom in seinem Umfeld und kann sich klar auf andere beziehen, ohne Jein, Wenn und Aber. Anpassung kennt ein reifer Mensch nur, wenn er sich willentlich dafür entscheidet. Überhaupt ist er sich darüber bewusst, was er gerade tut oder tun will und was nicht.

In diesem Sinne ist er zugleich Steuermann und Kapitän auf seinem Schiff, das er bis in den letzten Winkel kennt. Bei Stürmen kann er es souverän navigieren, und bei blauem Himmel genießt er die freie Fahrt an sein selbst gewähltes Ziel.

Kindliche Qualitäten haben in dem Ganzen durchaus ihre Berechtigung. Was wäre unser Leben ohne kindliche Freude, Lust, Kreativität und Spontaneität? Auch Risikobereitschaft ist bisweilen gefragt, denn in Einzelfällen kann es besser sein, eben nicht zu planen und einfach ins kalte Wasser zu springen.

In Einzelfällen. Nicht immer.

Ein erwachsener Mensch kann sein Verhalten jederzeit steuern, indem er sich und sein Tun hinterfragt. In welchen Situationen ist es angemessen, dass ich mich wie ein Kind verhalte? Mit meinen Kindern auf dem Spielplatz? Okay. Mit meinen Mitarbeitern im Meeting? Nicht okay.

Steuern lernt man nicht von einem Tag auf den anderen. Zunächst einmal sollte man sich selbst besser kennen lernen. Es gilt, eingefahrene Verhaltensmuster, die die Lebensqualität einschränken – die eigene ebenso wie die der Menschen, die man liebt –, zu verändern. Am Anfang stehen die ehrliche Bereitschaft dazu und der Entschluss: Ich will es angehen.

Jetzt gleich zum Beispiel.

Wer immer noch zögerlich ist, der möge bitte das Kapitel »Schweigen ist teuer« noch einmal lesen.

Was Frauen jetzt tun müssen

> »*Die Männer regieren die Welt und die Frauen ihre Männer.*
> *Was wollen sie noch mehr?*«
> Bogumil Goltz, *Zur Charakteristik und Naturgeschichte*
> *der Frauen* (1859)

Dieses Kapitel handelt von Töpfchen und Deckelchen. Es handelt von Spielen, die keiner gewinnen kann, und davon, was Frauen in beruflichen wie privaten Beziehungen tun und vor allem lassen müssen, um die Männer beim Erwachsenwerden zu unterstützen. Insgesamt müssen die Männer eher mehr tun und die Frauen eher lassen. Der Lehrplan für die Frauen sieht demzufolge ein bisschen anders aus als der für die Männer:

Das Ergänzungsspiel nicht mitspielen

Unreife Männer agieren in der Regel kurzsichtig, egozentrisch, verantwortungslos, größenwahnsinnig, trotzig verweigernd, starrsinnig, unorganisiert, unstrukturiert, angepasst und ängstlich.

Die Frau ist seit Jahrhunderten herzlich vom Manne eingeladen, die jeweilige Gegenseite dazu einzunehmen, also sozial, empathisch, bescheiden, vergebend, akzeptierend, flexibel, organisiert und strukturiert zu sein, und hat die Einladung bisher stets angenommen. Sie denkt umsichtig, weitsichtig, vorsichtig, plant voraus und übernimmt (leider oft zu viel) Verantwortung. Auf diese Weise ergänzen die Frauen die Männer perfekt, jedenfalls die unreifen.

Beispielsweise animiert männlicher Stillstand zu vermehrter Bewegung auf der weiblichen Seite. Meines Erachtens ist dies derzeit eines der Hauptprobleme unserer Gesellschaft, dass Männer sich gerade zu wenig und Frauen sich zu viel bewegen. Beides ist nicht gut.

Auch in der Rollenverteilung haben diese Spielregeln eine ganze Weile prima funktioniert: Du Arbeit – ich Kinder. Du Wissen – ich Gefühle. Du schlau – ich blöd. Du laut – ich still usw.

Bis vor wenigen Jahren waren Frauen noch wirtschaftlich abhängig von ihren Männern. Die Einladung auszuschlagen, war für sie daher keine Option. Das hat sich inzwischen geändert, und immer mehr Frauen haben den Mut, es zu tun. Ein Scheidungsanwalt berichtete mir, dass immer mehr Frauen um die 60 sich nach 40 Jahren Ehe scheiden lassen. Begleitet wird dieser Schritt nicht selten von einem tiefen Seufzer und der Erkenntnis: »Hätte ich das doch nur schon vor 15 Jahren gemacht.« Die Zahl der Scheidungen nach 26 und mehr Ehejahren hat sich in den letzten zwei Jahrzehnten nahezu verdoppelt.

Dennoch basiert unsere Gesellschaft nach wie vor darauf, dass Frauen diese Einladung und damit ihre traditionelle Rolle einnehmen. Immer noch spielen zu viele Frauen das Ergänzungsspiel unbewusst mit und stellen sich damit selbst ein Bein.

Liebe Frauen, hört endlich damit auf!

Ja, ich weiß, das ist derzeit nicht so einfach, denn ebenso wenig wie der Mann hat die Frau Vorbilder für gelingende Weiblichkeit. Sie erfährt selten Orientierung durch die eigene Familie, ebenso wenig wird sie von einer klaren Zukunftsvision seitens der Regierenden geleitet. Frauen und Männer gehen gerade gemeinsam im ungeklärten Übergang unter. Das Alte taugt nicht mehr, das Neue ist noch nicht etabliert. Ein Drehbuch gibt es zurzeit nicht, weshalb viel improvisiert und ausprobiert wird. Das ist – leider – ein guter Boden für Destruktivität.

Aus diesem Grund sollten Frauen und Männer gleichermaßen aktiv für ein besseres Miteinander sorgen. Wie die Männer dürfen sich auch die Frauen Unterstützung holen, um eine Beziehung auf Augenhöhe mit sich selbst und anderen führen zu können.

Schluss mit Unterhosen und Überfürsorge

Sagt die Frau zu ihrem Mann: »Warum hast du denn die blaue Unterhose an? Du hast doch gesagt, die kneift. Warte, ich gebe dir eine andere.«
Was macht die Frau da?
Genau, sie denkt für ihren Mann mit. Damit bietet sie ihrem erwachsenen Mann die Rolle des leicht debilen Jungen an, der sich nicht mal seine Unterhosen selbst aussuchen kann. Leider nimmt der Mann diese Rolle allzu oft dankbar an. Entweder traut er sich nicht, für seine Unterhose zu kämpfen, weil er schon im Voraus weiß, dass er den Kampf verlieren wird, oder findet es angemessen, dass seine Frau sein persönlicher Unterhosenmanager ist.

Beziehungsmütter und ewige Söhne bilden häufig ein perfekt eingespieltes Team. Diese Art von Beziehung ist derart weit verbreitet, dass man die Hochzeitsschwüre ändern sollte. »Möchtest du, Horst Fink, die hier anwesende Rita Müller zur Mutter nehmen, bis dass der Tod euch scheidet?«

Auch aus dem Berufsleben gibt es Beispiele für Situationen, in denen die Frau für ihre männliche Kollegen oder Vorgesetzten mitdenkt und deren Aufgaben erledigt. Damit stabilisiert sie das gute alte System »Frau tut, Mann lässt tun« und nicht zuletzt die Unreife des Mannes.

Am Anfang macht man so vieles gern, doch ehe man sichs versieht, sieht's keiner mehr, denn es ist selbstverständlich geworden. Solange die Frau gerne länger bleibt, damit ihr Kollege oder Chef pünktlich Feierabend machen kann, ist die Beziehung in Ordnung. Der Mann ist fein raus, weil er lästige Aufgaben abgeben kann, und fühlt sich darin bestätigt, dass er die richtige Partnerin oder Mitarbeiterin gewählt hat. Nur leider wird diese Freude getrübt, sobald die Frau ein neues Lied anstimmt, und das geht so: »Muss ich denn hier alles alleine machen? Du könntest ruhig auch mal mithelfen!« Oder: »Hast du eigentlich eine Ahnung, was ich alles erledige?«

Nein, die hat der Mann nicht, ehrlich nicht. Er würde es nämlich ganz anders machen, und große Lust zum Hinschauen hat er auch nicht. Sobald es nach Vorwurf riecht, hält der Mann sich nämlich nicht nur die Nase zu.

Ich hatte mal eine Klientin, die ihrem Chef sogar Knöpfe an seine Hemden nähte. Das stand ganz sicher nicht in ihrer Job Description, wie so viele andere Dinge auch, die sie anfangs aus Nettigkeit getan hatte. Irgendwie hat sie es versäumt, rechtzeitig Nein zu sagen.

Nein sagen ist etwas, das Frauen dringend lernen müssen.

Nicht mehr alles hinnehmen

Denken Sie stets daran, liebe Frauen, Sie sind nicht Mutter Teresa.

Wenn Frauen immer nur Ja sagen, lebt der Sohn alias Ehemann/Partner/Chef in einem Paradies, in dem er nicht nur seine Unterhosen nicht selbst heraussuchen muss. Seine »Mutter« kümmert sich um alles und verzeiht ihm alles. Dabei ist sie durchaus nicht unkritisch. Frauen können sich endlos über ihre Männer und darüber auslassen, was er wieder mal alles nicht getan und gesagt hat. Dann aber folgt der Satz, der den Mann von allem befreit: »So isser halt.«

Dieser Satz ist ein Freibrief für den Mann, der sich sodann von morgens bis abends wie ein Kleinkind oder ein pubertierender Teenager verhalten kann. Seine Frau alias Mutter wird ihm sowieso alles vergeben und nach einer dreistündigen Hasstirade seufzend zu ihrer Freundin sagen: »Aber du weißt ja, wie er ist.«

Da ist der Vater, der beleidigt ist, weil sein 16-jähriger Sohn aus erster Ehe nicht mehr so oft zu ihm kommt. Statt mit ihm zu reden, schmollt er. Wer ist hier der Teenager? Seine Frau erklärt mir: »Das finde ich auch nicht gut. Aber so isser halt.«

Manchmal hat eine Frau leider tatsächlich keine Wahl, etwa wenn sie finanziell von einem 48-jährigen Teenager abhängt, der ihr Boss ist. Da die Jobs derzeit in vielen Branchen nicht gerade auf der Straße liegen, akzeptieren viele Mitarbeiter, dass ihr Chef weder Absprachen einhält noch Dinge tut, zu denen er keine Lust hat, zum Beispiel an Meetings teilzunehmen. Dann seufzen sie leise »Soisserhalt« (ein neues Wort für den Duden) und setzen ein neues Meeting an. Insbesondere Assistentinnen seufzen viel.

Dieses Prinzip erinnert mich an die katholische Kirche, die nicht zufällig ein Männerverein ist. Man darf eine Menge nicht tun, aber Gott verzeiht alles, denn es gibt ja die Beichte. Ich habe gesündigt, bekennt der Mann reumütig, ich bin trotz meines Versprechens wieder mal nicht früher nach Hause gekommen. In der Hand hält er einen riesen Blumenstrauß (= zehn *Ave Maria*). Die Frau seufzt: »Soisserhalt.« Für einen vergessenen Hochzeitstag sind es dann auch schon mal 100 *Ave Maria*, gern in Form eines Diamanten. Verziehen wird immer, die Wiederholung ist Teil des »Soisserhalt«-Spiels. Auf diesem Boden gedeihen Sünden.

So ist sie halt, die Frau? So bleibt er halt, wie er ist, der Mann.

Einfordern statt sich überfordern

Solange Frauen »acht Arme und keine Grenzen« (das habe ich mal aufgeschnappt und fand das Bild sehr treffend) haben, werden Männer ihre beiden Arme weiterhin schonen und damit die Frauen überfordern. Fragen Sie mal in Ihrem Umfeld herum, wer den Haushalt, die Kinder, das soziale Leben und die pflegebedürftigen Großeltern managt, vermutlich bei einer 26-Stunden-Arbeitswoche. Sie werden in aller Regel eine Antwort mit vier Buchstaben bekommen: F-R-A-U.

Die Frau ist der selbst ernannte achtarmige Lastenesel der meisten Familien. Sie fühlt sich für alles zuständig, und wenn sie es nicht von Beginn an war, so wird sie es im Laufe der Zeit. Es gehört zu ihren Kernkompetenzen, sich um mehrere Dinge gleichzeitig kümmern zu können, und ist zugleich ihr Verhängnis. Warum tut sie das? Warum lässt sie es nicht einfach?

Das Wörtchen »einfach« ist hier fehl am Platz, denn es fällt vielen Frauen außerordentlich schwer, es zu lassen. Einer der Gründe ist jahrhundertealt und sitzt fest in der kollektiven Erinnerung der Frau, nämlich die kategorische Abwertung des Frauseins durch die Männer. Nicht wenige Frauen haben dieses System mitgetragen, und oft sind jene noch die Großmütter oder manchmal sogar die eigenen Mütter der Frauen, die heute zwischen 35 und 50 sind. Der Selbstwert der meisten Frauen ist demzufolge labil. »Ich bin nicht gut genug«, lautet der Glaubenssatz vieler Frauen, auch der ehrgeizigen und selbstbewussten. Ich habe schon so manches Mal erlebt, wie aus einem *tough cookie* im Designerkostüm ein Häuflein Elend wurde, das sich tränenreich diesen Ängsten stellte. Aus lauter Furcht, nicht zu genügen, tun Frauen oft mehr, als sie tun müssten. Als sie tun sollten. Als sie tun *können*.

Berufstätige Mütter sind wahre Meisterinnen der Selbstüberforderung. Sie wollen auf allen Bühnen perfekt sein, indem sie einen super Job machen, eine super Ehefrau und eine super Mutter sind. Zur ihrer Angst, nicht zu genügen, gesellt sich oft ihr schlechtes Gewissen. Bei der Arbeit, weil sie sich dann nicht genug um Haushalt und Kinder kümmern, und zu Hause, weil sie dann ihre Arbeit vernachlässigen. Außerdem gibt es da ja noch die Beziehung…

Frauen wollen es jedem recht machen und dienen sich dabei um Kopf und Kragen. Dabei, das muss einmal in aller Deutlichkeit gesagt werden, sind die Lebensumstände für berufstätige Mütter derzeit unzumutbar. Das Wort »Doppelbelastung« halte ich in Anbetracht der zu bewältigenden Aufgaben für stark untertrieben. Die Männer können und sollen durchaus einen Beitrag zur Verbesserung der Lage leisten, allerdings können die Frauen auch selbst dazu beitragen, dass es ihnen besser geht. Sie können lernen, ihre eigenen Grenzen zu spüren und sie gegenüber anderen zu verteidigen: »Ich bin müde.« – »Ich bin zu erschöpft.« – »Ich möchte mich hinlegen.« – »Nein, heute nicht.« – »Ich will, dass *du* rechtzeitig nach Hause kommst, damit *ich* zum Yoga gehen kann.« – »Ja, ich könnte einen Kuchen fürs Sommerfest backen, aber ich möchte nicht, weil...«

Wieso eigentlich *weil*? Die Herausforderung für die Frauen besteht darin, sich nicht ständig dafür zu rechtfertigen, dass sie sich *nicht* kaputtschuften. Sie werden lernen müssen, von anderen (hauptsächlich Männern, sei es ihr eigener oder ein Kollege) zu fordern und von ihnen Unterstützung anzunehmen. Übung macht die Meisterin, und vielleicht wäre bisweilen ein Meister alias Coach sinnvoll, der sie beim Üben unterstützt.

Raus aus der Abhängigkeit

Es ist nicht zu leugnen, dass in vielen Beziehungen der Mann von der Frisur bis zu den Socken auf dem Schoß seiner Partnerin sitzt und dort auch gern bleiben möchte. Es war alles so nett und bequem, damals, als sie noch freudestrahlend die Geschenke für seine Eltern organisiert hat. Irgendwie hatte er das Gefühl, dass sie das gebraucht hat. Hat er ihr nicht im Grunde sogar einen Gefallen getan, indem er sich unter ihren acht Armen in einen Fünfjährigen verwandelt hat?

An dieser Sichtweise ist durchaus was dran. Denn indem die Frau andere versorgt, versorgt sie sich oft auch selbst. Ihr Selbstwert ist nämlich in hohem Maße abhängig davon, sich permanent gebraucht zu fühlen. Damit ist die scheinbar selbstlose Hilfsbereitschaft oft nichts anderes als ein Undercover-Versorgungssystem, das nach dem folgenden Prinzip funktioniert: Indem ich dich von mir abhängig mache, bin *ich* immerzu versorgt. Dieses Verhalten garantiert, dass der Frau jederzeit Dankbarkeit entgegengebracht wird. Allerdings verwechselt sie hier Dankbarkeit mit Liebe, wovon sie als Kind oft zu wenig bekommen hat.

Die achtarmige Supermärtyrerin hat deshalb immer ein Bonbon zum Verteilen in der Tasche, doch wehe, man will ihr mal eins geben. »Das kann ich nicht annehmen«, heißt es dann. Das kann sie aus ihrer Sicht tatsächlich nicht, denn dann wäre ihr Umfeld nicht in der Bringschuld, und das geht nicht. Bleibt die Dankbarkeit (= Liebe) aus, schlägt die gekränkte Helferin zurück. Dann ist demjenigen, dem geholfen wurde, nicht mehr zu helfen. »Wie kann man nur so undankbar sein!«, schimpft die ehemals Großzügige daraufhin und wendet sich entrüstet ab, wobei sie sich der kollektiven Empathie ihrer anderen Versorger gewiss sein kann.

In ihren hilflosen Männern finden diese Frauen das perfekte Deckelchen. Er darf hilflos bleiben, sie darf über ihn herrschen und sich so selbst versorgen.

Nach außen ist sie diejenige, die sich selbstlos bis an den Rand des Nervenzusammenbruchs aufopfert. Wenn sie sich dann mit dunklen Ringen unter den Augen und letzter Kraft in ein Café geschleppt hat, um mal (»Nur fünf Minuten«) Pause zu machen, badet sie in der Bestätigung durch ihre Freundinnen. »Du bist super, dein Mann ist doof und schuld«, heißt es dann. So schreitet die Abwertung des Mannes voran. Flächendeckend wird er zu einem sabbernden Baby stilisiert, das seine Termine und Unterhosenbestände nicht im Griff hat. Der Chor der Frauen intoniert währenddessen seinen Lieblingsrefrain: »Ohne mich, ohne mich, wär er nix.«

Abwertung statt Akzeptanz streut jedoch Salz in die Wunden des Mannes und sorgt für Ärger. Ist die Beziehungskrise bereits weiter vorangeschritten, ist nichts mehr an ihm gut genug. Ist es

Ironie des Schicksals, dass beide dabei an ein und derselben Angst scheitern, nämlich nicht gut genug zu sein?

Nach außen mag es so aussehen, als ob die Frau reifer ist, denn sie stellt sich gern publikumswirksam über ihren Mann, aber dem ist bei weitem nicht so. Töpfchen und Deckelchen befinden sich vielmehr auf dem gleichen Level. Was das angeht, sollten die Frauen sich an die eigene Nase fassen und erst mal ihren Seelenhaushalt in Ordnung bringen statt die Unterhosenschublade ihres Mannes. Letztere dient oft ohnehin nur zur Ablenkung von den eigenen Themen.

Mit Kindern können Frauen sich ebenfalls prima ablenken. Je weniger Raum die Aufmerksamkeit für das eigene Leben einnimmt, desto mehr Platz ist für den Nachwuchs. Was die Söhne betrifft, ist das insofern tragisch, als dass sie auf diese Weise zu früh zu viel Platz bekommen – und zu wenig Begrenzung. Kaum auf der Welt, gehen sie auch schon in die Schule des Größenwahns und treten so in die Fußstapfen ihrer Vorgänger, die ihnen zusätzlich als Vorbild dienen.

Die Überhöhung der Kinder geschieht oft auch aus einem schlechten Gewissen heraus, etwa weil die berufstätige Frau so selten zu Hause ist und selbst dann noch unzählige andere Dinge zu tun hat. Da bleibt kaum Zeit, noch mit den Kleinen zu spielen.

Wenn Frauen daran etwas ändern möchten, sollten sie für eine gute Balance zwischen Ich und Du sorgen. Das Du wird davon mindestens ebenso profitieren, denn Fürsorge beginnt immer mit Selbstfürsorge.

Frauen können lernen, besser für sich zu sorgen, aber das wird ihnen nur etwas nutzen, wenn die Politik sie dabei unterstützt. Denn über all diesen haus- und fraugemachten Problemen schwebt eine Old-School-Männer-Regierung, die tatenlos mit ansieht, wie berufstätige Mütter und vor allem auch Alleinerziehende ihren Alltag mit nur zwei Armen zu bewältigen versuchen.

Nicht vom Märchenprinzen träumen

Prinzen gibt es zwar nur im Märchen, dennoch ist das archaische Bild vom Königssohn, der die Prinzessin erobert und sie auf seinem Schimmel in sein Schloss und damit ins Glück bringt, in der weiblichen Seele für alle Zeiten abgespeichert. Männer müssen sich zwangsläufig mit diesem Königskerl messen – und scheitern grandios.

Die Romantisierung und die damit verbundene Idealisierung von Liebe ist eines der vielleicht größten zwischenmenschlichen Probleme in der heutigen Zeit. Die Erwartungen an Beziehungen sind auf beiden Seiten gigantisch. Weder Mann noch Frau kann diese erfüllen, was beide jedoch nicht davon abhält, weiter daran festzuhalten.

Während die Frau ihren Mann mit einem Prinzen verwechselt, türmen sich Wäscheberge und unausgetragene Konflikte, schreien die Kinder, bleiben die offenen Rechnungen liegen und nörgelt die Schwiegermutter. Der Mann träumt seinerseits davon, der Prinz zu sein, der sich ehrenhaft um seine Familie kümmert – noch immer wollen laut Umfragen etwa 70 Prozent der Männer der Versorger ihrer Familie sein. Dabei ist der Mann sowohl seinen eigenen als auch den riesigen Ansprüchen seiner Frau oft nicht gewachsen.

Mit Träumen lässt sich eine Beziehung nicht gestalten. Die archaischen Bilder beißen sich mit der Realität, die beißt zurück, und die Probleme sind unausweichlich.

In der Phase der ersten Verliebtheit sieht es noch so aus, als könne die Prinz-Prinzessin-Nummer klappen. Nach drei bis vier Jahren aber sinkt die Ausschüttung der Hormone, die dafür zuständig sind, dass wir den jeweils anderen großartig finden (unter anderem weil er uns großartig findet). Danach beginnt die eigentliche Beziehung – oder eben nicht. Meistens beginnt etwas ganz anderes, nämlich der schmerzvolle, oft etliche Jahre andauernde

Abstieg zum Ende. Idealisierung und Überhöhung fallen unsanft auf den Boden der Realität, die beide Partner nicht bewältigen können.

Das alte christliche Modell der Ehe »bis dass der Tod uns scheidet« ist längst kein Vorbild mehr, doch ein neues ist derzeit nicht in Sicht. Wie also geht Beziehung? Da sind Prinz und Prinzessin gleichermaßen ratlos. Sie tun, was sie tun können, und vertreiben die Liebe mit den besten Absichten. Die vormals liebliche Prinzessin verwandelt sich in eine gemeine Hexe, der einst so ehrenhafte Prinz in einen launischen König mit einem Hofstaat an Geliebten. Dass es so kommt, ist keinem von beiden oder vielmehr beiden zu gleichen Teilen vorzuwerfen. Sie sind das Projekt Partnerschaft biografie- und/oder hormonbedingt vielleicht etwas zu blauäugig angegangen und haben zu spät die Augen geöffnet.

Der Grund für die Sehnsucht der Frauen nach dem Prinzen liegt auf der Hand. Rein biologisch gesehen wünschen sich Frauen einen starken Mann, mit dem sie sich fortpflanzen können, denn damit ist der Nachwuchs gesichert. Aber wir sind nicht nur biologische Wesen, wir haben eine Kultur erschaffen, um unseren Trieben Einhalt zu gebieten, und wir können und sollten diese Kultur gestalten. Beispielsweise könnten die Frauen die vorhandenen Prinzen-Qualitäten ihrer Männer in Ehren halten und aufhören, einen vollkommenen Prinzen aus ihm machen zu wollen. Dies würde die Männer enorm entlasten, und vermutlich würden sie sich dann sogar deutlich prinzenhafter verhalten als bisher. Denn der Mann wäre gern ein Prinz, so viel ist gewiss, nur weiß er nicht so recht, wie das gehen soll. Er ist nämlich noch auf der Suche nach seiner männlichen Identität, und dabei sollten ihn die Frauen unterstützen.

Selbstverständlich entbindet ihn dies keineswegs der Pflichten, denen er in Sachen Verantwortung nachzukommen hat. Es ist nur schöner, wenn beide Partner einander unterstützen, statt sich gegenseitig mit zu hohen Erwartungen zu belasten. Damit meine ich keineswegs, dass die Frau den Mann retten soll. Genau das eben nicht. Denn das hieße nur, sich wieder über ihn zu stellen und wieder zu viel Verantwortung zu übernehmen. Mit unterstützen meine ich vielmehr, für seine Situation Verständnis aufbringen und die Lage auch mal durch seine Brille zu betrachten.

Apropos Brille, eine Frau, die sich nach einem edlen Ritter-Retter sehnt, rettet selbst gern andere. Besser wäre es jedoch, sie würde sich um ihre eigenen Belange kümmern.

Den Mann unterstützen heißt nämlich paradoxerweise auch, sich um sich selbst zu kümmern. Sozusagen vor dem eigenen Schlosstor kehren.

Nicht jammern – handeln

»Liebe Frauen, lest Bücher, komponiert Sonaten, schreibt Romane, aber hört auf, euch über Männer aufzuregen.« Diesem Zitat, das ich mal irgendwo aufgeschnappt habe, kann ich nur zustimmen.

Der Chor der jammernden Frauen, die unveröffentlichte Anti-Männer-Romane schreiben, wird, so scheint es, immer größer.

Wenn Frauen zu mir in die Coaching-Praxis kommen, dann sind sie selten alleine, sondern haben fast immer jemanden »dabei«, der schuld ist an ihrer misslichen Lage. Meistens ist dieser Jemand männlich. Manchmal ist es ihr Partner, manchmal der Chef oder ein Kollege. »Er sagt nichts, kümmert sich nicht genug, lässt Dinge schleifen, bekommt seinen Alltag, seine Führungsaufgaben nicht geregelt«, beklagen sie sich.

Was die Frauen berichten, mag alles genau so sein. Oft ist es tatsächlich so, dass ihr Partner den Hintern nicht hochbekommt und jedes Bewerbungsgespräch vermasselt. Oder dass er depressiv ist und häufig beleidigende, abwertende Dinge sagt und tut.

Ebenso mag es sein, dass ihr Mann arbeitsbedingt kaum zu Hause ist und sie sich alleine um die Kinder kümmern muss. Muss? Eine gute Frage. Sie führt zu Antworten, die etwas an der Situation verändern könnten, wenn alle Beteiligten das wirklich wollten. Immerhin haben auch die Frauen oft ein Interesse daran, dass alles so bleibt, wie es ist.

Auffällig ist die Art und Weise, wie Frauen unisono und mühelos in den Klagegesang über ihre Männer einstimmen, nämlich komplett abwertend. »Er sagt *nie* was, er redet *immer* nur über die Arbeit, er ist *ständig* weg, er ist *total* unorganisiert, *immer* vergisst er *alle* Termine, *nie* kümmert er sich um die Kinder, außerdem arbeitet er zu viel, isst zu viel, schläft zu wenig.« *Darüber* schreiben Frauen Romane, die sie nie veröffentlichen, und komponieren Sonaten, die sich ziemlich schräg anhören, weshalb ihre Männer sie nicht hören wollen. Das, was sich später oft zu einem Klagelied auswächst, beginnt immer mit leisen Tönen und endet nicht selten mit einem Paukenschlag: Trennung.

Jammern ist destruktiv und führt definitiv nicht zur Lösung von Problemen. Im Gegenteil, jene bekommen durch permanentes Jammern viel (zu viel) Aufmerksamkeit. Falls die Frau wirklich darunter leidet, dass ihr Mann nicht redet, hilft es bestimmt nicht, wenn sie alle Freunde und Bekannten ausführlich darüber informiert. Na gut, es hilft ein bisschen, schließlich ist geteiltes Leid bekanntlich halbes Leid. Allerdings liegt genau darin auch eine Gefahr, denn wenn man sich das Leid von der Seele geredet und von anderen viel Zuspruch bekommen hat, kommt es einem nicht mehr so schlimm vor. Das Problem ruht dann – bis zur nächsten Eskalation.

Besser, als immer nur zu lamentieren, ist es, die Sachlage gemeinsam kritisch zu analysieren. Kann ich oder können wir als Paar das alleine lösen? Wenn nicht, dann wäre ein Termin bei der Paarberatung sinnvoll, und zwar je eher, desto besser. Bei Beziehungsproblemen gilt nämlich: Früher Vogel fängt die Eskalation.

Das Kleinmädchengehabe sein lassen

Viele Frauen verstecken ihre Leistungen, zum Beispiel hinter lustig bunten Buchstaben. »Kita Regenbogen« steht da, und die Buchstaben purzeln fröhlich auf dem Schild herum, jeder in einer anderen quietschbunten Farbe. Offenbar nimmt die Leitung der Einrichtung an, dass Dreijährige lesen können – oder für wen ist das Schild bestimmt? Für Erwachsene wohl kaum.

Dieses Schild sagt: Spiel, Spaß, Kinder. Was es nicht sagt: »Wir Erzieher machen hier einen verantwortungsvollen Knochenjob, damit die kommende Generation gut fürs Leben gerüstet ist und damit Sie, liebe Eltern, ungestört Ihrer Arbeit nachgehen können. Wir sind gut ausgebildete, ernstzunehmende Leute. Bitte respektieren Sie uns als Menschen und als Experten in Erziehungsfragen.«

Ja, so viele wichtige Dinge sagt das Schild leider nicht. Stattdessen bagatellisiert es den wichtigen gesellschaftlichen Beitrag der Erzieher, und das sind in der Regel Frauen. Ganze 95 Prozent der Erzieher in deutschen Kindergärten und 87 Prozent der Grundschullehrer sind weiblich.

Wollen Sie so weitermachen wie bisher? Oder wollen Sie gesehen und anerkannt werden? Wenn Letzteres, dann ist jetzt Schluss mit kindlichen Schildern! Wie wär's stattdessen mit einem edlen Messingschild samt Gravur?

Dieses simple Prinzip gilt für alle Frauen. Wenn sie ernst genommen werden möchten, müssen sie in ihrer Kommunikation nach außen erwachsener werden. Das kann im Einzelfall bedeuten, dass sie in sich investieren müssen. Für eine Frau mit einer Stimme, die zum Quäken oder Piepsen neigt oder schlicht zu leise ist, wäre zum Beispiel ein Termin bei einem Stimmcoach der erste Schritt auf dem Weg zur Veränderung.

Viele Frauen behaupten von sich, dass sie nicht präsentieren können, tun jedoch nichts dagegen. Stattdessen halten sie weiterhin stockend und nervös kichernd Vorträge auf den Bühnen ihres (Berufs)lebens und werten auf diese Weise nicht nur sich selbst, sondern auch die Substanz ihrer Gedanken ab. Ein glattes Eigentor!

Warum, liebe Frauen, sollten Sie sich kleiner machen, als Sie sind? Das verlangt kein Mann von Ihnen, das haben Sie selbst zu verantworten.

Die Christen haben ganze Arbeit geleistet, als sie vor etwas mehr als zwei Jahrtausenden das Bild der perfekten Frau etablierten. Einer Frau, die hold lächelnd im Verborgenen ihren Aufgaben nachgeht, die sich niemals ihrer Leistungen und Qualitäten rühmt und jedwedes Lob geziert zurückweist. Es scheint, als müssten die Frauen nun ganze Arbeit leisten, um ihr Versteck wieder zu verlassen. Nur zu, dann finden euch die Männer besser!

Aus einem Pony kein Pferd machen

Ein häufig vorkommendes Beziehungsmuster beginnt mit einem Pony. Viele Frauen träumen von einem ganzen Kerl, sozusagen einem stattlichen Pferd, und nehmen stattdessen ein klappriges Pony. Oft spüren sie instinktiv oder wissen sogar, dass er »nicht der Richtige« ist, aber geritten wird trotzdem. Eine solche Beziehung basiert von vornherein auf einer Abwertung des Mannes, was dieser seinerseits irgendwann mit Abwertung beantwortet. Dabei ist meistens die Frau die aktiv Aggressive und der Mann der passiv Aggressive. Männer mit Beißhemmung suchen sich oft starke Frauen, die verbal zuschlagen können. Sobald sie es tun, antwortet der Mann mit Schweigen und Rückzug, also gar nicht. Dies wiederum macht die Frau noch aggressiver und den Mann zum Meister in Sachen Rückzugspolitik. Ab da beginnt die meist sehr lange andauernde und für alle Beteiligten leidvolle Trennungsphase, bis es dann auf dem Gipfel der Destruktivität tatsächlich aus ist.

Warum entscheiden sich so viele Frauen für ein Pony, obwohl sie im Grunde lieber ein Pferd hätten?

Zum einen liegt es daran, dass ein Pony kleiner ist und damit weniger respekteinflößend. Man kann leichter aufsteigen und ihm in die Hacken treten, also Befehle geben. Am Anfang ist das toll, mit der Zeit wird es jedoch langweilig, und konfrontiert man das arglose Pony mit der Erwartung vom »stattlichen Pferd«, wird es destruktiv. Der Trend zum Pony hat sicher auch etwas mit dem Anstieg der »starken Frauen« zu tun. Immer mehr Frauen werden selbstbewusster und entwickeln zunehmend männliche Verhaltensweisen, wie zum Beispiel Durchsetzungsfähigkeit. Auch optisch werden sie den Männern übrigens immer ähnlicher; ihre Weiblichkeit, so scheint es, sinkt proportional mit der Höhe ihrer Position. Ich nenne das »Femannismus« und bedaure das sehr. Der Verlust der eigenen Weiblichkeit ist ein hoher Preis für Erfolg im Beruf.

Nicht zuletzt aber, so meine Überzeugung, liegt der Hang zum Pony am Pferdemangel in unserem Land. Einer der Gründe dafür ist, dass Männer sich bei der Partnerwahl vom Bildungsniveau eher nach unten orientieren und die Frauen nach oben. Dort oben sind dem zufolge aber nicht mehr so viele Männer übrig… Eine Verknappung des Angebots erhöht bekanntlich die Nachfrage – und die Kompromissbereitschaft. Lieber ein Pony als einsam, lautet daher die Devise vieler Frauen. Doch das ist doppelt unehrlich, sich selbst und dem Partner gegenüber.

Wie viele Kinder sind wohl schon aus einem solchen Kompromiss heraus entstanden? Wie viele werden noch folgen? Verständlich ist dieses Verhalten, denn viele (Single-)Frauen stehen altersbedingt unter Druck, und der Kinderwunsch heiligt die Mittel. Sie brauchen einen Mann, der mitmacht, und zwar schnell. Solche Beziehungen stehen jedoch von vornherein auf wackligen Füßen.

Nun denn, ein jeder möge nach seinen persönlichen ethischen Grundsätzen leben, die solche Entscheidungen gestatten oder nicht. Ich möchte nur später kein Gejammer über die »blöden Männer« hören. Der Pony-Mann hat nie behauptet, ein edles Araberpferd zu sein. Wer lieber ein Kind von einem »echten Kerl« gehabt hätte, hätte sich gleich einen suchen sollen, statt später auf dem armen Partner herumzuhacken, weil er keiner ist.

Die Verantwortung für das eigene Leben liegt bei jedem selbst und damit auch bei jeder Frau, die mit einem für sie unpassenden Mann ein Kind zeugt. Das Leben als Alleinerziehende ist kein Ponyhof, auch wenn es oft mit einem Pony beginnt.

Nicht arrogant resignieren

Es gibt ein Buch von Mandana und Soheyla Sangi mit dem Titel *Sitz! Platz! Kuscheln! Die moderne Männerschule.* Im Klappentext heißt es: »›Männer sind Schweine‹ hört man oft. Stimmt aber nicht. Männer sind vielmehr wie Hunde: Sie verfügen über einen ausgeprägten Jagdtrieb, reagieren am besten auf kurze und klare Befehle und markieren beim Aufeinandertreffen mit anderen Rüden gerne ihr Revier.« Beworben wird es als »Ein witziges Geschenkbuch für alle Männerhalterinnen – mit Tipps zu Erziehung, Ernährung und Unterbringung«.

Humor ist toll, wenn er lustig ist. In diesem Fall bewegt sich bei mir kein Gesichtsmuskel. Arrogante Abwertung ist definitiv kein Weg für eine Beziehung auf Augenhöhe.

Einige Wege, wie eine solche Beziehung gelingen kann, habe ich bereits beschrieben, das Prinzip ist klar. Die Frauen müssen endlich aufhören, die Unreife ihrer Männer auszugleichen, sonst bleiben die Männer Kinder. Also Schluss mit Mutti, mit »So isser halt«, mit der Ignoranz der eigenen Grenzen. Wagen Sie sich heraus aus Ihrem Versteck und haben Sie mehr Mut, sich Ihrem Mann entgegenzustellen und Forderungen zu stellen. Aber bitte immer einfühlsam und ohne Abwertung. Warten und werten sie nicht länger ab, resignieren Sie nicht arrogant, sondern gehen Sie in den Dialog.

Und wenn er partout nicht reden will?

Versuchen Sie es trotzdem. Sagen Sie liebevoll und bestimmt zu ihm: »Aber ich will. Ich brauche jetzt das Gespräch mit dir.«

Und wenn er dann immer noch nicht will?

Dann sollten Sie eine Paartherapie machen.

Und wenn er das auch nicht will?

Diese Frage höre ich oft von Frauen. Früher hätte ich darauf geantwortet, dass man niemanden zu einer Therapie zwingen kann. Heute bin ich anderer Meinung, auch auf die Gefahr hin, dass ich mir damit Feinde mache. Natürlich kann man niemanden wirklich zwingen, das wäre absurd, aber Sie können die Notwendigkeit sehr deutlich machen, zum Beispiel indem Sie sagen: »Unsere Beziehung ist ein Wir. Wenn ich Beziehungsprobleme habe, dann hast du sie automatisch auch, bis dass der Richter uns scheidet. Wenn dir etwas an mir, wenn dir etwas an uns liegt, dann musst du eine Therapie machen/zum Coach gehen/mit mir zum Paartherapeuten.«

Zumindest sollte der Mann es ausprobieren. Denn was ist das für eine Beziehung, wenn er noch nicht einmal seiner Frau zuliebe einen Versuch startet? Genau, eine aus den 50ern. Und die will heute so gut wie keine Frau mehr führen.

Was Politiker jetzt tun müssen

Wie kommt der Mann nun aus der größten Krise seines Bestehens wieder heraus? Wie kann Familie unter den aktuellen Umständen gelingen, und zwar so, dass Mann *und* Frau damit glücklich sind? Wie soll Arbeit in Zukunft aussehen? Wie soll unser Leben in zehn oder 20 Jahren sein?

Diese Fragen sollte nicht nur jeder einzelne Bürger für sich in seinem stillen Kämmerlein beantworten. Im Hinblick auf eine sich wandelnde Gesellschaft braucht es dazu auch strukturelle Veränderung im Arbeits-, Sozial- und Steuerrecht, ebenso in der Gesundheits- und Bildungspolitik. Dafür bräuchte es Politiker mit Standpunkten, keine rückgratlosen Jeinsager, keine Verantwortungsverschieber und Konfliktvermeider.

Tja.

Am liebsten würde ich die politische Riege in Deutschland auf der Stelle komplett austauschen und statt der Frauenquote eine Erwachsenenquote einführen, aber das ist unrealistisch. Deshalb habe ich auch für die Politiker in unserem Land einen Lehrplan erstellt.

Familienpolitik für moderne Männer

Im deutschen Bundestag herrscht (!) eine Zweidrittelmehrheit für Männer, von denen die meisten konservativ sind und demzufolge das traditionelle Rollenmodell leben. Sie halten an Altem fest, als gäbe es kein Heute und ein Morgen schon gar nicht. Die Politik, die sie machen, ist entsprechend von gestern, auch wenn sie nach außen hübsch bunt, modern und fortschrittlich erscheint.

Das Perfide am »modernen Politiker« ist, dass er (bewusst oder unbewusst) nur so tut, als wäre er modern. Das muss er auch, denn es gilt mittlerweile als politisch unkorrekt, Neuem gegenüber nicht aufgeschlossen zu sein. Also unter anderem sich über Frauen zu stellen, sie zu benachteiligen, sich nicht mit der Partnerin die Hausarbeit zu teilen, sich nicht hingebungsvoll ums Kind zu kümmern (oder hingebungsvoll über all dies zu reden). Umso mehr muss der Politiker von heute dafür sorgen, dass es so aussieht, als würde er sich politisch korrekt verhalten. Auf gar keinen Fall darf irgendjemand bemerken, dass er im Grunde so modern ist wie ein Modem.

Solche Politiker unterstützen alle Männer und deren Verhalten, das ich im Kapitel »Strategien für eine schlechtere Welt« beschrieben habe.

Wen wundert's, dass in den Führungsetagen vieler Unternehmen in Deutschland nach wie vor das traditionelle Familien-Ernährer-Modell dominiert. Lange Arbeitszeiten sowie ständige Erreichbarkeit dank Smartphone und Co. lassen sich mit dem Familienleben nun mal nicht in Einklang bringen. Also bleibt die Frau nach wie vor zu Hause und nimmt die Nachteile hinsichtlich Aufstiegschancen und Verdienst hin. Männer machen Karriere und Frauen Teilzeit. Die vermeintlich moderne Elternzeit ist im Grunde ein alter Hut, denn sie basiert auf einer alles andere als neuen Idee von Arbeit. Der Hauptnährer ist dann halt mal kurz weg, aber nicht zu lange, sonst ist er weg vom Fenster. Solange Arbeit außerdem ein derart bedeutsamer Faktor für die psychische Gesundheit des Mannes ist, ist es überaus fragwürdig, ob es sich überhaupt positiv auf die psychische Gesundheit der Männer auswirkt, wenn sie Elternzeit in Anspruch nehmen. Der vaterwillige moderne Mann bräuchte hier mehr Möglichkeiten, Sicherheit und vor allem Akzeptanz – das wäre eine neue, moderne Arbeitswelt!

Ein ebenso alter Hut sind die Betreuungsplätze für Kinder. Trotz massivem Ausbau des Betreuungsangebotes stagniert die Geburtenrate seit 20 Jahren, was unsere Regierung nicht daran hindert, die Ganztagsbetreuung weiterhin als Heiligen Gral zu verkaufen. Frei nach dem Motto »Wenn erst mal alle Kinder woanders untergekommen sind, dann können alle arbeiten, dann wird alles gut« werden Millionen in dieses Unterfangen gepumpt, statt das Szenario mal grundlegend zu überdenken. Im Jahr 2015 wurde mit 100 Millionen Euro »das dritte Investitionsprogramm Kinderbetreuungsfinanzierung 2015-2018« des BMFSFJ aufgelegt. Unter anderem sollen damit 24-Stunden-Kitas finanziert werden, damit Kinder künftig auch dort übernachten können.

Abgesehen davon, dass all das ganz offenbar nicht zu mehr Geburten führt – ist das wirklich erstrebenswert?

Wie geht es eigentlich unseren Kindern damit? Geht es ihnen gut, wenn beide Eltern überwiegend weg sind? Ist dies das angestrebte Ideal der Bundesregierung, dass die Erwachsenen »trotz Kindern« ganz viel arbeiten können?

Und was ist dann mit den 52 Prozent Männern, die sich gern um ihre Kinder kümmern würden, wenn sie die Möglichkeit dazu hätten? Vielleicht bräuchten wir weit weniger Angebote zur Kinderbetreuung, wenn diese Männer mehr Zeit für ihre Kinder hätten. Das wäre mal wirklich neu gedacht.

In einer aktuellen Studie der Väter gGmbH gaben 74,9 Prozent der befragten Väter an, dass ihnen »Geld verdienen« sehr wichtig sei. Gleichzeitig legten 88,2 Prozent der Befragten großen Wert darauf, die Entwicklung ihrer Kinder von Anfang an aktiv zu begleiten. 91,5 Prozent der Befragten gaben an, dass ihnen »Zeit mit der Familie, auch in der Woche« sehr wichtig sei.

Sieht ganz so aus, liebe Politiker, als wollten in Zukunft nicht nur die Frauen Job *und* Kind haben.

Was habt ihr denen zu bieten außer alten Hüten?

Familienfeindliche Gesetze ändern

Alle großen Parteien haben sich die »Vereinbarkeit von Beruf und Familie« auf die Fahnen geschrieben. Damit ist bislang die Vereinbarkeit von *Mann* und Familie gemeint, der das Geld nach Hause bringt, dafür sehr viel arbeitet und seine Kinder kaum sieht.

Alle, die anders leben, sei es freiwillig oder unfreiwillig (wie zum Beispiel Alleinerziehende), kämpfen tagtäglich mit der *Un*vereinbarkeit von Beruf und Familie. Das hat, ich betone es noch einmal, strukturelle Ursachen, und ist daher auf politischer Ebene zu ändern.

Wenn es um Familienpolitik geht, sind unsere Politiker beweglicher, als man denkt, sie können sogar Spagat: Einerseits wird viel Wind um Betreuungsplätze gemacht, damit Frauen arbeiten können, andererseits belohnt das geltende Steuer- und Sozialrecht deren Ausstieg aus dem Beruf. Über das sogenannte »Ehegattensplitting« bekommen Verheiratete Steuervorteile, wenn ein Ehepartner nicht arbeitet oder nur ein bisschen was dazuverdient, egal ob mit oder ohne Kinder. Dieser Ehepartner ist in der Regel die Frau, und wenn sie gar nicht arbeitet, ist der Steuervorteil am höchsten. Eine Klientin, die nach der Geburt ihrer Tochter wieder arbeiten wollte, wurde von ihrem Mann gebremst, da es sich finanziell für die Familie nicht lohnte. Sie solle sich besser ein neues Hobby zulegen, meinte er.

Genauso wenig lohnt es sich, wenn ein Paar sich Beruf und Kindererziehung gleichermaßen teilt. Besser ist es auch in diesem Fall, wenn der Mann Vollzeit arbeiten geht und die Frau zu Hause bleibt. Damit platzt der Traum vom gleichberechtigten Leben, den die beiden ohne Kinder noch träumen konnten.

Manche Paare teilen sich Job und Kindererziehung trotzdem, dann eben ohne Belohnung vom Staat. Damit unterstützen sie allerdings das System, das die verheirateten Gutverdiener weiterhin belohnt, und zwar auch mit ihren Steuergeldern.

Das Ehegattensplitting ist am Leitbild der Hausfrauenehe ausgerichtet, ein uralter Hut und ein sehr unfairer noch dazu. Übrigens belohnt es nicht nur ganz unverhohlen die Old-School-Familienmodelle, sondern es verhindert zudem Geburten: Mit einem Vollzeit arbeitenden Mann kann man sich Job und Kind(er) nicht teilen, denn er ist ja nie da. Frauen haben also die Wahl zwischen einem Hausfrauendasein oder viel Stress bei dem Versuch, Job, Haushalt und Kind unter einen Hut zu bringen (diesen Hut gibt es meines Erachtens nicht). Beide Alternativen sind nur wenig attraktiv, und so lautet die dritte: Bloß nicht schwanger werden!

Falls die Politik die Geburtenrate wirklich erhöhen möchte,

wäre das Ehegattensplitting ein prima Hebel, an dem man ansetzen könnte.

In Bezug auf Alleinerziehende gibt es übrigens einen weiteren Politiker-Spagat, der nur schwer nachvollziehbar ist. Zum einen ist da das Ideal der Frau, die zugunsten von Haushalt und Kindern ihre berufliche Tätigkeit reduziert, zum anderen wird von Alleinerziehenden erwartet, dass sie für ihr Einkommen selbst sorgen. »Alleinerziehend Geschiedene müssen Vollzeit arbeiten, sobald das Kind drei Jahre alt ist«, hat der Bundesgerichtshof im Jahr 2009 entschieden. Die Richter gehen davon aus, dass die Betreuung in Ganztagsschulen oder Tagesstätten gleichwertig zur Betreuung durch die Eltern ist. Also einerseits soll die Frau arbeiten und dann wieder nicht. Je nachdem, wie es dem Staat besser in den Kram passt.

Die Politik in unserem Land schlicht als frauenfeindlich zu bezeichnen, wäre Schönfärberei, denn sie betrifft mittlerweile eben wie weiter vorne erwähnt auch eine wachsende Zahl an Männern. Jene nämlich, die ihr Arbeits- und Familienleben auch gerne anders gestalten würden und dafür zurzeit noch mit finanziellen Nachteilen, einem Karriereknick oder Stigmatisierung rechnen müssen. Für Frauen ist das ja normal, aber für Männer?

Gleichberechtigung für Männer

Im Rahmen einer Studie haben Forscher des Pew Research Center in Washington 2011 herausgefunden, dass Männer und Frauen im Grunde das Gleiche vom Leben wollen. Beide finden es wichtig, ein guter Elternteil zu sein (Frauen: 94 Prozent, Männer: 91 Prozent), eine gelingende Partnerschaft zu führen (Frauen: 84 Prozent, Männer: 83 Prozent) und in einem gut bezahlten Job erfolgreich zu sein (Frauen: 51 Prozent, Männer: 49 Prozent). Ich wage zu behaupten, dass deutsche Männer und Frauen das

Gleiche wollen: ansehnliche Karrieren, tolle Liebesbeziehungen, stolze Gehälter und gesunde Kinder. Ach ja, gesund wollen sie auch bleiben und nicht mehr so gestresst sein, wie es dieser Tage üblich ist. Wenn beide Partner sich mehr oder weniger das Gleiche vom Leben wünschen, warum bekommen sie es dann nicht?

Der Grund liegt auf der Hand. Eigentlich wissen Männer, ebenso wie die Politiker in Deutschland, ganz genau, dass Frauen die viel zitierte Work-Life-Balance gar nicht hinbekommen können, solange Männer ihre »Work« als »Life« bezeichnen. Da ist etwas aus der Balance geraten, und wie das aussieht, können wir uns tagtäglich anschauen.

Aus diversen Studien geht hervor, dass berufstätige Frauen oft zufriedener und glücklicher sind als Hausfrauen, egal ob sie Teil- oder Vollzeit arbeiten. Das hat den einfachen Grund, dass Zufriedenheit und Anerkennung am Arbeitsplatz die wichtigsten Kriterien für das allgemeine Wohlbefinden neben einer glücklichen Beziehung oder Familie sind. Darüber hinaus sind sich die Glücksforscher alle darin einig, dass Selbstbestimmung glücklich macht.

Es mag für manche Politiker überraschend sein, aber Frauen arbeiten genauso gerne wie Männer. Sie möchten genau wie Männer über ihr Leben weitestgehend selbst bestimmen und nicht ständig Opfer der Umstände werden. Frauen verdienen übrigens auch gerne Geld.

Die Länder, in denen die Menschen am glücklichsten sind, sind jene, in denen ein großer Anteil der Frauen arbeitet, in denen Gleichberechtigung gelebt wird. Laut der Studie *Happiness, Housework and Gender Inequality in modern Europe* des Centre for Research on Social Dynamics in Mailand ist das Land mit der höchsten Glücksrate Island, gefolgt von Norwegen und Schweden.

Würde die Politik die Gleichberechtigung der Männer vorantreiben, wären alle zufriedener. Dazu müsste man die alten Hüte ablegen und den Männern beispielsweise mehr Zeit mit ihrer Familie ermöglichen. Dann könnten sie sich die Hausarbeit und die Erziehung der Kinder mit ihren Frauen teilen. Durch diese Entlastung wären Frauen entspannter und hätten mehr Freude am Leben, was wiederum dem Manne zugutekäme. Wer sich des Lebens freut, das ist mittlerweile hinreichend bekannt, der lebt gesünder und länger, und auch die Beziehung zum Partner wird besser. Die Frau hätte mehr Zeit für sich selbst und könnte selbstbestimmter über ihre Zeit verfügen. Einigen Studien zufolge haben gleichberechtigt lebende Frauen auch mehr Lust auf Sex. Sowohl die Entlastung durch den Mann als auch mehr Sex könnten zu mehr Geburten führen.

Damit aber nicht genug. Mit einer weniger gestressten Mutter wird auch das Leben der Kinder besser. Sie hat jenseits des Familien-Managements (Impftermine, Elternabende, ADHS-Test machen, zum Geigenunterricht fahren) mehr Zeit für sie und kann auch mal entspannt mit ihnen spielen.

Thomas Lampert vom Robert-Koch-Institut spricht vielen Eltern und Alleinerziehenden aus der Seele, wenn er sagt: »Eltern, die mit ihrer eigenen Lebenssituation zu kämpfen haben, können ihren Kindern häufig nicht die gleiche Zeit widmen und auch nicht die gleiche emotionale Sicherheit geben wie Väter und Mütter mit einer positiven Lebensperspektive.«

Laut mehreren US-amerikanischen Studien sind eine entspannt zufriedene Frau und entspannt zufriedene Kinder gut für Männer. Sie rauchen und trinken dann weniger, gehen früher zum Arzt und zur Vorsorge, und die Wahrscheinlichkeit, dass sie psychisch erkranken, ist sehr viel geringer. Auch diesmal wage ich zu behaupten, dass es in Deutschland nicht so viel anders abläuft.

Es ist also im Grunde schlecht für Männer, dass Frauen immer noch im Schnitt 22 Prozent weniger verdienen als sie. (Warum ist das eigentlich so? Mindestlöhne kann man gesetzlich festlegen, eine gleichberechtigte Bezahlung hingegen nicht?) Es ist schlecht für Männer, dass Frauen den Großteil der Hausarbeit und der Kinderbetreuung übernehmen.

Es ist schlecht für *alle*, dass knapp 90 Prozent der Väter Vollzeit arbeiten, dass sie sogar oft längere Wochenarbeitszeiten haben als kinderlose Männer.

Die Politik muss daher Rahmenbedingungen schaffen, in denen der Mann ein berufstätiger Vater sein kann, in denen er ein gesunder, erwachsener Mann sein kann. Am Ende haben dann alle eine bessere Work-Life-Balance. Aber jetzt erst einmal anfangen und den Mann aus der Krise holen.

Die Männerkrise als politisches Thema behandeln

Die Krise der Männer ist kein Einzelfall, das erkennt man allein an den Kosten, sofern man sich nur für die Zahlen interessiert. Sie hat zweifellos Bedeutung für uns alle. Wir können, wir müssen etwas dagegen tun, und zwar dringend.

Bislang widmen sich vor allem einzelne Initiativen diesem Thema, darunter verschiedene regionale und überregionale Vereine, wie zum Beispiel der »Väterwiderstand«, die gemeinnützige GmbH »Väter« oder die Initiative »Männer für morgen«. Das ist natürlich gut, aber es ist zugleich auch schlecht, denn die Eigeninitiative einzelner Menschen verhindert Veränderung, so paradox das klingen mag. Denn solange die Bürger sich engagieren, können die Politiker weiter schweigen. Sie können ihre Regierungsaugen schließen, ihren Regierungskopf in den Sand stecken und ihre gesellschaftliche Verantwortung an ein paar versprengte Gruppen abgeben, die mit unermüdlichem Einsatz und oft ohne Entgelt für ein besseres Männerleben kämpfen.

So wird die Hyperaktivität der Bürger mit der Passivität der Politiker beantwortet. Und mit Passivität meine ich durchaus auch die finanzielle Unterstützung solcher Gruppierungen. Geld ist kein Ersatz für politisches Handeln! Die Politik ist gefordert, in Sachen Männerkrise Position zu beziehen.

Das Thema »Mann« thematisieren

Es gibt ein Bundesministerium für Familie, Senioren, Frauen und Jugend, kurz BMFSFJ. Das Ministerium hat nicht nur eine Abkürzung, die noch komplizierter ist als sein Name lang, sondern wie erwähnt auch etwas vergessen: die Männer! Ministerien werden ins Leben gerufen, wenn die Regierung beschließt, dass bestimmte Themen besondere Aufmerksamkeit verlangen. So wurde das Umweltministerium eingerichtet, als die Grünen 1983 in den Bundestag einzogen. Zwar kommen Männer durchaus in einigen Begriffen mit vor, etwa in der Familie, in der Jugend oder bei den Senioren, aber so wichtig wie Frauen sind sie offenbar nicht, sonst würde man sie im Namen mit aufzählen. Damit unterstützt die Regierung das alte Rollenmodell, in dem Männer in der Familie lediglich als monetärer Versorger von Belang sind, aber als Mensch und Vater keinerlei Bedeutung für die Familie zu haben scheinen.

Es gab sicher wichtige Beweggründe dafür, den Fokus der Aufmerksamkeit auf die Frau zu legen, doch nun ist es an der Zeit, den Fokus zu verschieben. Denn die Männer leiden unter den veränderten Lebensumständen ebenso wie die Frauen. Auch brauchen die Väter gleichermaßen Unterstützung, wenn es um die Vereinbarkeit von Beruf und Familie oder das Vatersein nach einer Trennung geht.

Ja, auch Männer haben Probleme, und deren stiefväterliche Behandlung im BMFSFJ ist unter anderem der Tatsache geschuldet, dass Männer in der Politik nach wie vor in der Überzahl sind und die meisten Politiker offenbar meinen, sie hätten keine Probleme.

Es ist höchste Zeit für ein Männerministerium oder zumindest für die Aufnahme der Männer in das BMFSFJ, und zwar asap. Wobei, das Ministerium hieße dann BMFMSFJ – wer soll das aussprechen? Vielleicht wäre ein eigenes Ministerium für Männer dann doch besser, das BMM.

Wie dem auch sei, das Thema »Mann« muss auf den Tisch, und zwar offiziell, und das Thema »Männergesundheit« gleich mit.

Würde man sich auch nur annähernd so viel um Männergesundheit wie um Frauengesundheit kümmern, würden Männer nicht nur länger leben, sondern auch deutlich besser. Davon würden am Ende alle profitieren, von den Familien über die Senioren bis hin zu den Frauen und der Jugend. Männerfreundliche Politik ist familienfreundliche Politik.

Im ersten deutschen *Männergesundheitsbericht* aus dem Jahr 2010 moniert Martin Dinges, Archivar am Institut für Geschichte der Medizin der Robert Bosch Stiftung: »Die deutsche Gesundheitspolitik verweigert bisher schlicht die Anerkennung eines besonderen gesundheitlichen Bedarfs von Männern. Das Motiv ist evident: Man scheut mögliche zusätzliche Kosten. Aber: Nur durch eine Politisierung des Themas werden die Chancen für eine angemessene Wahrnehmung steigen.«

Zentrales Thema der Männergesundheit sind die deutlich gestiegenen psychischen Störungen bei Männern, nämlich die Verbindung aus seelischem Leid, ungesundem Verhalten und sich daraus ergebenden körperlichen Erkrankungen, wie ich sie in den letzten Kapiteln beschrieben habe. Viele Krankenkassenberichte legen davon Zeugnis ab, und dennoch existiert trotz dieser alarmierenden Berichte weiterhin ein Gesundheitssystem, das den Mann in seiner Ignoranz in Bezug auf die eigene Gesundheit noch bestärkt. »Die Medizin« bestand wie erwähnt bis vor kurzem überwiegend aus Männern, die ihrem eigenen Körper auch nicht sonderlich viel Aufmerksamkeit geschenkt haben (ich denke da an meinen kettenrauchenden Gynäkologen, den ich mittlerweile durch eine kettentragende Ärztin ersetzt habe).

Ein Gesundheitssystem, das die Apparatemedizin besser vergütet als ein Patientengespräch, unterstützt Männer bei der Beziehungsvermeidung. In einem einfühlsamen Gespräch könnte ein Arzt hinter dem körperlichen Symptom eventuell ein vorhandenes psychisches Problem erspüren. Apparate können das nicht. Apropos, 2012 wurde eine Anti-Burnout-App entwickelt, die das Handy zur Früherkennung von Burnout-Anzeichen nutzen will, indem sie Stressindikatoren wie Sprache, Tippfehler und Schlaf misst. Offenbar ist sie noch in der Entwicklungsphase, denn kaufen kann man sie noch nicht. Ich bin sicher, bei Erscheinen werden sich einige Männer darüber freuen, dass sie für die Erkennung ihres Stresslevels keinen Menschen brauchen. Übrigens, die App wurde von drei Männern entwickelt. Ich jedenfalls freue mich nicht darüber, wenn der Teufel mit dem Beelzebub behandelt wird, und plädiere stattdessen für die Wiedereinführung von mehr menschlichem Miteinander in der Medizin, und zwar gerade für Männer.

Das wäre eine politische Entscheidung.

Das Thema »Mann« thematisieren bedeutet auch, die Unterschiede der Geschlechter in den Fokus zu rücken. Zum Beispiel mit der Förderung der Gender-Medizin, die sich damit befasst, welche Bedeutung das Geschlecht für die Gesundheit eines Menschen hat. Denn es ist bewiesen, Frauen erkranken anders als Männer, sie haben andere Symptome und reagieren anders auf Therapien und Medikamente, weil sie molekularbiologisch anders aufgebaut sind. Naturgemäß brauchen Frauen deshalb auch andere Maßnahmen, Behandlungen und Medikationen als Männer. Welche genau, darüber wird gerade viel geforscht, allerdings nicht viel in Deutschland. Hierzulande gibt es nur eine Einrichtung hierfür, nämlich das Institut für Geschlechterforschung in der Medizin, kurz GiM, an der Charité in Berlin. Die Charité bietet auch als einzige Universität in Deutschland ihren Medizinstudenten dieses Fach im regulären Curriculum an. Obwohl erwiesenermaßen sowohl Männer als auch Frauen von der unterschiedlichen Behandlung und Medikation profitieren, wird dieses Thema bisher hauptsächlich von Frauen vorangetrieben. In der medizinischen Trennung der Geschlechter liegt ein enormes Potenzial, einerseits wegen der gesundheitlichen Aspekte, andererseits weil der Mann dadurch ein neues Selbstbewusstsein für seinen Körper entwickeln könnte. Die Erkenntnis »Hey, ich bin anders« würde vielen angepassten Männern sicher guttun.

Die aktuelle Familienpolitik vergisst nicht nur den Mann, sie vergisst noch etwas, nämlich dass Eltern abgesehen von ihrer Elternrolle auch noch ein Paar sind. In diesen geschlechteridentitätsverunsicherten Zeiten sind sie ziemlich überfordert damit, eine gelingende Beziehung zu führen, was viele Trennungen zur Folge hat.

Wie lebt man heute eine moderne Beziehung? Woher sollen die Politiker das wissen?

Schluss mit der Polemik, zurück zur Sache. Viele Beziehungen ließen sich retten, wenn Männer sich Paarproblemen und Paartherapeuten gegenüber gesprächsbereit zeigen würden. Es gälte, eine Öffentlichkeit für dieses Thema zu schaffen und zur Prophylaxe alias Beziehungspflege zu ermutigen. Hierzu ließen sich viele Ideen entwickeln, aber zunächst mal muss das Thema auf den Tisch, damit es nicht noch mehr unnötige Trennungen und darunter leidende Kinder gibt.

Und der getrennte Mann muss gleich mit auf den Tisch. Vor dem bereits ausgeführten Hintergrund, dass er stark gefährdet ist, seine Probleme mit Drogen zu bewältigen, und ein hohes Risiko birgt, psychisch und/oder körperlich zu erkranken, ist es auch

Aufgabe der Familien- und Gesundheitspolitiker, hier Maßnahmen zu ergreifen.

Getrennte Männer brauchen Unterstützung dabei, wie sie auch nach der Trennung weiter Vater sein können. Mit psychologischer Beratung allein ist es dabei oft nicht getan, Väter brauchen auch rechtliche Beratung. Ich wünsche mir, dass die Regierung nicht nur hie und da ein wenig Geld in gute Projekte und förderungswürdige Eigeninitiativen wie das Väterzentrum in Berlin steckt, sondern endlich ein deutliches Zeichen setzt und ihr Augenmerk auf Beziehungen und die Schwierigkeit richtet, in der heutigen Zeit der Geschlechterverunsicherung ein Paar zu sein und Kinder zu haben. Der Geburtenrückgang ist ein klares Zeichen dafür, dass etwas faul ist in unserem Staate. Die Lebensqualität von Mann und Frau, von Paaren und Familien könnte sehr viel höher sein. Lebensqualität braucht nicht nur eine starke Wirtschaft (also Geld), sondern auch eine starke Gemeinschaft (also Beziehungen).

Zerstört werden Beziehungen nach wie vor ausgerechnet von denjenigen, die sie so dringend benötigen, den Männern.

Selbst sichtbares Vorbild für den Mann sein

Als Sigmar Gabriel verkündete, er wolle seine zweijährige Tochter einmal in der Woche von der Kita abholen, wurde er »Teilzeitminister« genannt. Noch trauriger finde ich, dass er sich auch noch dafür rechtfertigt. Es gehe dabei um »drei bis vier Stunden an einem Tag«, sagte er dem *Spiegel*. »Ich arbeite weit mehr als 70 Stunden in der Woche.« Na gut, in dem Fall darfst du die Kleine abholen, Sigmar. Aber keine Stunde weniger arbeiten, ja? In was für Zeiten leben wir eigentlich, wenn unsere Regierenden um ein paar Stunden mit ihren Kindern kämpfen müssen? Oder wenn sie gar wegen der Familie ihre Ämter niederlegen wie die Familienministerin Kristina Schröder?

In einem Interview des SZ-Magazins sagte sie: »Aus meiner bisherigen Biografie kann man die Aussage ableiten, dass es objektiv möglich ist, Kinder und Karriere zu verbinden. Ich habe es ja selbst zwei Jahre lang durchgezogen. Aber die Frage ist doch, ob man es zu den Bedingungen will, unter denen es möglich ist. Hier geht es wirklich darum, was einem fundamental im Leben wichtig ist. Und das kann nur jeder Mensch für sich selbst entscheiden.«

Da bin ich anderer Meinung. Es sollte auf der politischen Agenda stehen, dass die Bürger des Landes Zeit für fundamental wichtige Menschen haben. Jeder Bürger, auch diejenigen, die uns regieren.

Wie kann eine Regierung für ein neues Rollenverständnis Vorbild sein, wenn nicht mal die Abgeordneten Elternzeit nehmen? Denn selbst wenn sie wollten, sie dürfen nicht. Was Arbeitnehmern zusteht, ist ihnen nicht vergönnt. Sie seien, so die Begründung, für das Volk im Einsatz und müssten diesem immer zur Verfügung stehen. Kinder stören da offenbar nur. Was für eine Gesellschaft ist das, in der »immer zur Verfügung stehen« ein Muss ist? In der Kinder stören? Da ist die niedrige Geburtenrate kein Wunder.

Heißt das, die männlichen Politiker müssen sich weiterhin Frauen suchen, die ihnen den Rücken freihalten? Und wie machen das eigentlich die Politikerinnen? Nun gut, sie verdienen genug Geld, um sich Personal zur Kinderbetreuung zu leisten. Irgendwie werden sie das schon hinbekommen, Frauen bekommen es immer irgendwie hin – das ist Teil des Problems.

Es wäre wünschenswert, wenn unsere Regierung mit gutem Beispiel voranginge, vor allem die männlichen Abgeordneten. Ich bin sicher, es fände sich die eine oder andere Lösung, wenn man nur die alten Denkpfade verlassen und neue Hüte aufsetzen würde. Und zwar nicht nur in Sachen Familiengestaltung, sondern auch in Sachen Menschsein – menschlich sein. Erstaunlicherweise sind bekannte Politiker selten von psychischen Erkrankungen betroffen. Jedenfalls sprechen sie, mit wenigen Ausnahmen, nicht darüber. Vielleicht liegt es daran, dass sie prädestiniert für diesen stressigen Job sind, oder sie erliegen dem Irrtum, dass ein Politiker immer stark und gesund sein müsse, weil das Volk sonst denken würde, es habe sich verwählt.

Wir brauchen dringend Vorbilder, die menschliche Züge tragen. Die uns vorleben, dass wir unsere hohen Erwartungen an uns selbst auf ein realistisches Maß zurückschrauben dürfen. Wir brauchen mehr Männer, die zugeben, dass sie Fehler gemacht haben. Die offen darüber reden und damit andere Männer mit Versagensängsten entlasten.

Ein schönes Beispiel für gelungene Vorbilder ist die Kampagne »Real Men, Real Depression« des National Institute of Mental Health in Washington. Auf dessen Webseite kann man sich unter anderem Videos von mehr oder weniger bekannten Männern anschauen, die unter Depressionen litten und sich Hilfe geholt haben. Die Botschaft lautet: »Es braucht Mut, sich Unterstützung zu holen, diese Männer hatten ihn.«

Ich wünschte, es gäbe mehr mutige Politiker!

Ein anderes schönes Beispiel sind die sogenannten »Fuck up Nights«, bei denen das eigene Versagen sogar gefeiert wird. Dabei erzählen Menschen von ihren gescheiterten Projekten und was sie daraus gelernt haben, um es beim nächsten Mal besser machen zu können. Wie wäre es mit einer Fuck up Night für unsere Politiker?

Bei den Kleinen anfangen

Es ist Aufgabe der Politik, Bedingungen dafür zu schaffen, dass Kinder ihrem Geschlechtswesen entsprechend aufwachsen können. Jungen sind bekanntlich keine Mädchen, auch wenn sie momentan überwiegend so behandelt werden. Jungen, so befürchten gerade viele Experten, bleiben in unserem Schulsystem hinter den Mädchen zurück. Mehr als die Hälfte der Abiturienten und Hochschulabsolventen sind Frauen. Schulabbrecher sind hingegen zu zwei Dritteln männlich. Stillsitzen und sich konzentrieren – das ist nichts für Jungen. So lernen sie von klein auf, dass sie »verkehrt« sind. Wobei verkehrt bedeutet, dass sie nicht ins System passen. »Ihr Sohn fällt unangenehm auf«, bekommen Mütter während der Schulzeit ihrer Kinder oft zu hören. Wie viele Jungen müssen eigentlich noch »unangenehm auffallen«, bis die für das System Verantwortlichen hinterfragen, ob da vielleicht etwas mit dem System nicht stimmt? Sind Jungen »zu lebendig« oder ist das System zu tot? Hat der Junge ADHS oder bewegen sich die Politiker zu wenig? Sie ahnen meine Antwort auf diese Fragen.

Psychotherapie, Ergotherapie, Logopädie – der kleine Max lernt heutzutage schon früh, dass etwas mit ihm nicht stimmt. Da ist es schwer, einen stabilen Selbstwert aufzubauen.

Jungen sind keine Mädchen, deshalb ist ein Unterricht, der für Mädchen sinnvoll ist, für Jungs oft der blanke Horror. Jungen müssen ihren Expansions- und Bewegungsdrang ausleben und ihren Körper einsetzen können. Entwicklungspsychologen sprechen, was das angeht, eine deutliche Sprache, man müsste ihnen nur mal zuhören und im Anschluss das gesamte Bildungssystem überdenken. Zu getrennten Schulen für Mädchen und Jungen zurückzukehren, wäre sicher zu viel des Guten, aber eine zeitweilige Trennung ist für beide Geschlechter sicher lohnenswert. Denn Jungen und Mädchen lernen nicht nur unterschiedlich, sie müssen auch andere Sachen lernen. Jungen zum Beispiel, wie man sich konzentriert und über seine Gefühle spricht, Mädchen hingegen, wie man ganz laut schreit, wie man Nein sagt oder einfach mal ins kalte Wasser springt.

Jungen, auch das ist mittlerweile klar, brauchen Männer für ihre gesunde Entwicklung, aber Männer sucht man wie erwähnt in Erziehungseinrichtungen bislang wie Stecknadeln in Heuhaufen.

Ausgerechnet im entwicklungspsychologisch so wichtigen Zeitraum zwischen 0 und 10 Jahren kommen Jungen kaum mit »echten« Männern in Berührung. Erst auf weiterführenden Schulen ist die Verteilung zwischen männlichen und weiblichen Lehrkräften ausgeglichen. Je nach Bildungsgrad kann die »Suche nach Vaterersatz« für die Jungen dramatische Auswirkungen haben. Etwa profitieren politisch extreme Bewegungen von den vielen Jungen, die Orientierung suchen. Aber auch Akademikerjungen neigen in ihrem späteren Leben dazu, ihren Chefs wie Vätern zu folgen. Dies zeigt sich oft an der bedingungslosen Hingabe an den Chef oder die Firma und ist oft ein Motiv für die Abwesenheit junger Väter zu Hause. »Ich musste das heute noch fertig machen«, heißt es dann.

Mehr Männer in Erziehungseinrichtungen, dieses Ziel wird derzeit offiziell angestrebt. Aber woher nehmen? Auch weibliche Erzieher gibt es derzeit zu wenige. Das Bundesministerium für Familie, Senioren, Frauen und Jugend (genau, das BMFSFJXYZ) hat deshalb im Jahr 2010 die Initiative »Mehr Männer in Kitas« gestartet. »Bislang«, heißt es aktuell auf der Webseite des Ministeriums, »entscheiden sich Männer nur selten für den Erzieherberuf, wie auch für viele andere Berufe im sozialen, pflegerischen und erzieherischen Bereich.«

Liebes BMFSFJ, wie macht man Männern schmackhaft, dass sie nach einer vergleichsweise langen Ausbildung vergleichsweise wenig verdienen und anschließend weder große Aufstiegsmöglichkeiten haben noch viel Anerkennung erfahren? Oder anders ausgedrückt: Wie verkauft man einem Mann, der etwas von Autos versteht, ein kaputtes Auto?

Hand aufs Herz, liebes Ministerium, soziale Berufe waren für Frauen jahrzehntelang eine Überbrückung bis zur Ehe, nichts Ernstes. Soziale Berufe sind ursprünglich gemacht für Menschen, die es sich leisten können, sich für kleines Geld für die gute Sache aufzuopfern. Die meisten Männer wollen das nicht, auch weil der geringe Verdienst mit einem Statusverlust einhergeht. Nach wie vor ist nichts erotischer als Erfolg, und den zeigt der Mann gerne in Form von Statussymbolen. Wie soll er die denn als Erzieher bezahlen?

Bevor ich jetzt als reaktionäre Macho-Frau dastehe, beeile ich mich hinzuzufügen, dass auch ich mir mehr Männer in sozialen Berufen wünsche. Darüber hinaus ist es meines Erachtens längst überfällig, dass auch die weiblichen Erzieher angemessen bezahlt werden, sozusagen muss der hohe Stellenwert dieses Berufes in einem entsprechend hohen Gehalt ausgedrückt werden. Denn die Kleinen sind die Großen von morgen, sie bilden unsere zukünftige Gesellschaft, und Erzieher sorgen dafür, dass es ihnen dabei gutgeht. Sie sind für mehrere Stunden täglich an fünf Tagen die Woche die Führungskräfte unserer Kinder. Warum werden sie nicht wie solche bezahlt?

Setzen Sie unsere Steuergelder sinnvoll ein, liebe Politiker, dann gehen wir auch wieder wählen, versprochen!

Die Großen besser unterstützen

Auch die großen Männer brauchen mehr denn je Unterstützung – aber bitte wirksam, nicht nur publikumswirksam.

Noch überwiegt Letzteres, zum Beispiel werben Krankenkassen und andere Gesundheitsorganisationen neuerdings mit flotten Sprüchen dafür, dass Männer früher zur Vorsorge gehen. »Vorsorgemuffel« werden sie dann liebevoll genannt und zum »Boxenstopp« aufgerufen. 2012 mahnte der von der Deutschen Gesellschaft für Mann und Gesundheit zum »Gesundheitsmann« gewählte Schauspieler Erol Sander: »Lieber einmal weniger mit dem Auto zur Inspektion und dafür zum Arzt.«

Weniger Auto, mehr ich? Das geht doch gar nicht, denkt sich der schlaue Mann und muffelt weiter. Den Test »Sind Sie ein Vorsorgemuffel?« muss er nicht machen, er weiß, dass er einer ist und es nicht wissen will.

Wer hier dringend zum Arzt muss, sind die Erfinder des Gesundheitsmannes und anderer dämlicher Maßnahmen wie diesen, denn sie orientieren sich an alten Denkstrukturen: Das eigentliche Problem wird mit medienwirksam präsentierter Veränderungsbereitschaft vermieden. Mit einem Gesundheitsmann wirkt man aktiv (und Erol Sander auch) – soll einem bloß keiner vorwerfen, dass man nichts getan hätte. Nichts getan nicht, aber nichts bewirkt.

Autos haben keine Gefühle, der Vergleich hinkt, denn Männer haben welche. Sie haben Angst vorm Arzt, vor Schmerzen, vor der Diagnose und nicht zuletzt davor, etwas ändern zu müssen. Darüber hinaus erlaubt ihnen ihr Männerbild keine Schwäche in Form einer Krankheit. Eine Präventionsaktion, die sie freundlich in die Seite knufft und »Nun mach doch mal« sagt, verpufft noch wirkungsloser als die Ermahnungen der Ehefrau. Eine solche Aktion ermutigt den Mann schlimmstenfalls sogar zu einer kindlich trotzigen Reaktion. »Nö, keine Lust.«

Die einzige Möglichkeit, Männer für ihre Gesundheit zu sensibilisieren, ist, an ihre eigene Verantwortung zu appellieren und sie wie erwachsene Menschen zu behandeln. Denn das sind sie, und als solche hat ihr Verhalten Folgen, über die sie, wenn sie ein Gewissen haben, nicht einfach so hinwegsehen können. Eine wirkungsvolle Prävention nimmt den Mann nicht überfürsorglich an die Hand, sondern ernst. Warum ihn nicht mit den Konsequenzen seiner Ignoranz konfrontieren? Männer, die nicht zur Vorsorge gehen, als »Vorsorgemuffel« zu bezeichnen, ist eine Bagatellisierung der Sachlage. Keine Frage, die Wahrheit über die Folgen von Vermeidung ist eine unbequeme, und ich habe volles Verständnis für die damit verbundenen Ängste.

Deshalb braucht es eine neue Haltung zur Männergesundheit und ein flächendeckendes Netz an Beratungsstellen für Männer, die mit ihrem Latein am Ende sind. Denn das sind viele. Zu viele.

Vielleicht braucht es auch einen Arzt, der auf Männerlatein spezialisiert ist. Für Frauen gibt es Frauenärzte, Männerärzte gibt es nicht, da steht der Urologe allein auf weiter Flur, und der behandelt nur einen kleinen Teilaspekt des Mannseins. Ein männlicher Arzt wäre für einen Mann sicher oft besser, schließlich weiß er, was es heißt, ein Mann zu sein. Vorausgesetzt natürlich, der Arzt ist erwachsen, sonst wird es eine Kindersprechstunde, in der vor allem vieles verschwiegen wird.

Damit meine ich keineswegs, dass Männer nicht auch bei Frauen gut aufgehoben sind, sie sollten lediglich die Wahl haben. Auch das wäre ein Schritt zu mehr Gleichberechtigung für den Mann.

Ich bin ja nun auch eine Frau, und seit zehn Jahren kommen Männer nicht nur zahlreich und gern zu meinen Coachings, sondern auch gut voran. Ich bin mir allerdings nicht sicher, ob das auch so wäre, stünde auf meinem Türschild »Therapie«. Vielleicht würden sie dann eher einen großen Bogen um mich machen. Dabei spreche ich auch als Coach mit ihnen über ihre Vergangenheit und die daraus resultierenden lebenseinschränkenden Verhaltensmuster – allerdings immer fest in der Gegenwart verankert.

Coaching, so meine Erfahrung und die vieler Kollegen, nutzen derzeit viele Männer, die eine Therapie scheuen. Mit einem Coach können sie sich ohne Gesichtsverlust (nach innen und nach außen) für ihre Probleme öffnen. Entweder hilft der Coach dem Klienten, oder er sensibilisiert ihn für eine Therapie (aus meiner Sicht sind Therapien meistens nicht nötig, aber das hängt sehr davon ab, wie der Coach arbeitet). Niedrigschwellige Beratungsangebote wie Coaching oder Männergruppen erleichtern dem Mann den ersten Schritt, und nur der führt bekanntermaßen zu weiteren, die froh und gesund machen und so auch andere Männer zu einer Veränderung bewegen. Neil Armstrong hat es damals auf dem Mond gut formuliert: »*This is one small step for a man, one giant leap for mankind.*« Der kleine Schritt eines Mannes in Richtung Gesundheit ist womöglich ein großer Schritt für eine gesunde Menschheit.

Daher, liebe Gesundheitspolitiker und liebe Krankenkassen, gebt euer Geld lieber für echte Männer mit echten Problemen aus, statt für wirkungslose Kampagnen. Vor allem für niedrigschwellige Beratungsangebote wie Coaching oder Männergruppen. Allerdings müsste dann mehr Qualitätssicherung betrieben werden. Bislang kann sich jeder Coach nennen, jeder darf ungeprüft mit den Seelen anderer Menschen hantieren. Um hier Schäden vorzubeugen, muss die Berufsbezeichnung Coaching geschützt werden.

Bei all diesen Maßnahmen gilt es zu bedenken, dass beim eher beratungsresistenten Mann das Zeitfenster, in dem er beratungsbereit ist, extrem klein ist. In der Regel muss »jetzt sofort« ein Termin zum Coaching her, bevor er es sich wieder anders überlegt. Das heißt, es braucht in jeder Stadt ein Männerzentrum oder ein Netzwerk, das auch kurzfristig Termine vergibt. Wie wäre es damit, zukünftig Berater explizit darin auszubilden, andere Männer kurzfristig zu unterstützen. Sozusagen eine »Erste Hilfe in Sachen Krisenintervention«, bis ein Coach, Therapeut oder Arzt gefunden ist. Das können Männer und Frauen sein (der Mann sollte auch hier die Wahl haben) oder auch männliche Berater, die ehemals selbst von psychischen Problemen betroffen waren. Das wären dann Gesundheitsmänner, die wirklich etwas bewirken, da sie als greifbares realistisches Vorbild fungieren à la »Wenn der das geschafft hat, dann bekomme ich das auch hin«. Selbstredend muss dieses Angebot für Männer aller Schichten gelten und darf zunächst nicht mit Kosten verbunden sein, sonst geht das winzige Fenster genauso schnell wieder zu, wie es sich geöffnet hat.

Ein solches Männerzentrum hätte den positiven Nebeneffekt, dass es als Institution öffentlich wahrgenommen wird und Signale setzt. So würde das Thema Mann beispielhaft thematisiert werden. Jenseits von akuten Interventionen sollte es darüber hinaus Angebote zur Prophylaxe anbieten, Männergruppen zum Beispiel. In meiner aktuellen Männer-Coaching-Gruppe geht es gar nicht immer um Probleme. Es zeigt sich jedes Mal, wie heilsam alleine der Austausch untereinander ist.

Neue Ideen entwickeln, statt alte Suppen aufzuwärmen

Wie erwähnt wird in der Politik zwar viel über Innovationen geredet, doch nur wenig tatsächlich Neues kommt ins Land. Viele der vermeintlich innovativen Maßnahmen sorgen vor allem dafür, dass die dafür Verantwortlichen enorm aktiv, modern und eben innovativ erscheinen, aber nicht für wirkliche Veränderung. Das mag daran liegen, dass die Verantwortlichen so gerne wiedergewählt werden möchten.

Erinnern Sie sich noch an das Beispiel von der Straße, die man entweder neu teeren oder deren Schlaglöcher man notdürftig zumachen kann? Unser Staat flickt ständig irgendwelche Löcher. Das mag daran liegen, dass er überwiegend aus konservativen Menschen besteht, die überwiegend konservative Familienmodelle leben.

Konservativ ist kein guter Nährboden für »neu«, da gedeihen meist nur Wiederholungen und damit mehr von demselben. Da wird überwiegend bewahrt und höchstens hie und da ein neues Schleifchen um alte Themen gebunden. Dann gibt es großzügige vier Euro mehr Kindergeld und eine Kita-Garantie für überforderte Eltern und Alleinerziehende, dann gibt es das G 8 für Gymnasien als Antwort auf die PISA-Studie (die ihrerseits fragwürdig ist) und die Elternzeit als Lösung für die vielzitierte »Vereinbarkeit von Beruf und Familie«.

Der von mir erstellte Männer-Maßnahmen-Katalog kann nur

dann zu echten Veränderungen führen, wenn die Verantwortlichen die Schleifchenpolitik sein lassen und wirklich zupacken: Es braucht eine grundsätzliche Neudefiniton, was es heißt, in unserer Gesellschaft ein Mann, eine Frau oder eine Familie zu sein. Es braucht das Eingeständnis, dass die neue »Jetzt-mit-50-Prozent-Frau!«-Gesellschaft mit der alten überhaupt nichts mehr zu tun hat. Es braucht einen Paradigmenwechsel.

Auf diesem Boden können dann wirklich neue Ideen von Zusammenleben gedeihen. Der Unterschied der Geschlechter kann hierbei eine Grundlage liefern, auf deren Basis Männer ein neues Männerbild entwickeln können und ein neues »Jetzt-mit-50-Prozent-mehr-Anwesenheit«-Väterbild. Mehr als rein monetäre Maßnahmen brauchen wir eine neue Haltung, ein neues Bewusstsein, neue Ideen und kreative Lösungen.

Apropos, gibt man die Stichworte »Bundesregierung + Kreativität« in eine Suchmaschine ein, kommen seitenweise Artikel zum Thema »Initiative Kreativwirtschaft der Bundesregierung«. Kreativität wird als Wirtschaftszweig gefördert, weil man sich Wachstum davon verspricht, darüber hinaus aber scheint unsere Regierung damit offenbar nicht viel am Hut zu haben. Schade! Viele Ideen ließen sich mit Menschen entwickeln, die ganz anders denken, *out of the box*, wie es so schön heißt. Dies hätte durchaus positive wirtschaftliche Konsequenzen *in the box*. Vielleicht würden die geförderten Kreativen unsere Ministerien und Krankenkassen sogar unentgeltlich unterstützen, weil sie dann endlich wieder einen Sinn in Regierungsarbeit sehen würden. Seit 30 Jahren laufen den Parteien die Mitglieder davon, vielleicht ließen sich einige davon auf diese Weise zurückholen?

Ob die von der Bundesregierung im Jahr 2015 gestartete Initiative »Gut leben in Deutschland« wieder nur eine passive Löcher-flicken-Maßnahme ist oder wirklich etwas bewirkt, wird sich zeigen. Die Politiker suchen den Dialog mit den Bürgern, um ihre Politik besser an deren Bedürfnisse anpassen zu können, das klingt erst einmal prima. Ich möchte gerne glauben, dass es eine Evaluierung der Ergebnisse geben wird und diese dann auch berücksichtigt werden.

Einstweilen aber sieht es so aus, als könne man sich auf die Politik als Gestalter einer für Familien lebenswerten Gesellschaft nicht verlassen. Und selbst wenn sich doch das eine oder andere tut, die Umsetzung dauert schlicht zu lange. Das Leben ist jetzt.

Warum auf die anderen warten? Jeder Mann kann sofort etwas für sich tun. Wenn er will.

»Ich kann nicht« gilt nicht!

Are you strong enough to be weak?

Nachsitzen oder Sitzenbleiben?

Würde man einen Mann fragen, ob er sich eine gelingende Beziehung zu seiner Partnerin und zu seinen Kindern wünscht, würde er sicher bejahen. So weit zum Alten. Die neue, wichtigere Frage lautet jedoch: Was ist er bereit dafür zu tun? Und tut er es dann auch?

Ist der Mann in Zukunft bereit, für das zu »bezahlen«, was er haben möchte, also für eine gelingende Beziehung, einen erfüllenden Job, Zufriedenheit, Gesundheit? Wird er Verantwortung für seinen Körper übernehmen, damit Frau und Kinder noch lange Freude an ihm haben? Oder wird er seine Symptome wie bisher weggrummeln und seinen Frust in Alkohol ertränken? Wird er bei fortgeschrittenen Beziehungsproblemen mit seiner Partnerin eine Paartherapie beginnen? Oder wird er weiterhin sagen, das sei ihr Problem? Wird er sich professionelle Unterstützung holen, wenn er spürt, dass er ein Problem hat, mit dem er alleine nicht fertigwird? Wird er das Problem überhaupt bemerken? Wird er ein Bewusstsein für sein Verhalten entwickeln und die Konsequenzen aus seinem Fehlverhalten tragen? Oder wird er sie weiter anderen aufbürden?

Kurz: Wird er sich entwickeln?

Denn vor allem um Letzteres geht es. Es braucht keine Meister, die vom Himmel fallen, sondern motivierte Schüler.

Männer müssen Beziehungsgestaltung lernen, Kommunikation üben und unbrauchbare Verhaltensmuster ablegen, und das bedeutet für viele, sie müssen nachsitzen. Mit professioneller Unterstützung geht das übrigens einfacher, und das muss nicht gleich eine Therapie sein.

Viele meiner Klienten ärgern sich hinterher, dass sie nicht schon viel früher zu mir gekommen sind. »Wenn ich gewusst hätte, dass es gar nicht so schlimm ist, dass es so schnell hilft…« Solche Sätze höre ich oft in meiner Praxis.

Allerdings müssen Männer hierfür ein paar Hürden nehmen. Sie müssen das alte Rollenbild überspringen, das da lehrt, dass der deutsche Indianer keinen Schmerz kennt und grundsätzlich nicht zum Seelenklempner geht. Sie müssen ihren inneren Schweinehund überwinden und über ihre Gefühle sprechen. Doch, doch, Männer haben Gefühle. Sie haben alle Gefühle, die auch Frauen haben, sie können sie nur bislang kaum außerhalb des Fußballstadions ausleben. Sie müssen endlich den Deckel vor ihrem Gefühlspulverfass nehmen und sich mit dem auseinandersetzen, was da kommt.

Männer brauchen Mut, sich ihren Ängsten zu stellen und sich der rollenbebilderten Männermasse entgegenzustellen, den Mut, es anders zu machen. Sie brauchen Ideen, wie das gehen könnte. Sie brauchen ein neues Rollenbild.

Viele Männer befürchten, dass sie darüber ihre Männlichkeit verlieren, doch das Gegenteil ist der Fall. Jene Männer, die sich ihre Schwächen eingestehen, sich gegebenenfalls Unterstützung holen und sich weiterentwickeln, sind die eigentlich starken.

Der Koch Tim Mälzer ist jedenfalls immer noch ein Mann. Nach seinem Burnout im Jahr 2006 sprach er im *Manager Magazin* offen darüber, dass er ein Coaching gemacht hat. »Die Inanspruchnahme einer professionellen Beratung finde ich überhaupt nicht schwach, im Gegenteil: Ich finde das hochgradig intelligent und vorausschauend. Es ist das Beste, was man machen kann, ich kann das nur jedem empfehlen. Ich hätte mich schließlich auch dumm und dämlich saufen können.«

Ich frage also die Männer: *Are you strong enough to be weak?*

What's in it for me?

Die Antwort ist einfach: ein besseres Leben.

Der neue Mann kann nur gewinnen. Freiheit, Authentizität, ein neues Selbstverständnis, mehr Selbstbewusstsein. Er bekommt die einmalige Chance, ohne Gesichtsverlust zu scheitern. Schluss mit dem Gefühl, eine Mogelpackung zu sein! Schluss mit dem Verstecken von Schwächen! Der neue Mann ist aus seinem Rollenkäfig ausgebrochen, in dem er jahrelang, jahrzehntelang eingesperrt war. Er ist endlich frei!

Er muss nicht länger aus Angst schweigen und alles in sich hineinfressen. Er ist nicht mehr abhängig davon, was andere von ihm denken, muss es anderen nicht mehr recht machen. Er steht zu sich, zu all seinen Gefühlen, auch den unangenehmen, und kann sie benennen. Der neue Mann hat aufgehört zu schweigen, er hat einen eigenen Standpunkt. Er spricht.

Nicht zuletzt deshalb führt er jetzt erfülltere Beziehungen. Er erlebt eine neue Beziehungskultur, in der nicht die Angst vor Trennung als Klebstoff fungiert, sondern die Freude am Miteinander, am Familienleben, an den Kindern – den Söhnen. Der neue Mann ist ein anwesender, engagierter Vater, ein gutes Vorbild. »Früher habe ich mit meinen Kindern nur gespielt, es aber nicht genossen«, sagte der Torwart Markus Miller der *ZEIT* nach seinem Klinikaufenthalt wegen Depression. »Das war eine traurige Sache.«

Zu gewinnen gibt es Genuss, Freude, Liebe.

In seinem beruflichen Umfeld kann der neue Mann den Gestaltungsspielraum der veränderten Arbeitswelt künftig voll ausschöpfen und wird deshalb erfolgreicher sein als all jene, die noch den alten Zeiten nachhängen. Denn Gestaltungsfreiheit verlangt Autonomie, Selbstreflexion, Kommunikation, eine klare Position und Beziehungsfähigkeit. Das alles hat er, der neue Mann. Vor allem aber hat er Vertrauen in sich selbst und den Mut, Verantwortung zu übernehmen.

Zu gewinnen gibt es also auch ein erfülltes Berufsleben, Sinn inklusive. Denn der neue Mann macht beruflich genau das, was er will. Vielleicht sogar das, was er eigentlich wollte, bevor er wegen seiner Eltern und aus Mangel an Alternativen BWL studiert hat.

Der neue Mann lebt seine Werte. Er strahlt auf seine Mitmenschen eine wohltuende Klarheit aus, weil er selbst Klarheit über sich hat. Diesen Trumpf wird er privat und beruflich ausspielen und damit gewinnen, an Sicherheit, an Standfestigkeit, an Orientierung.

Zu gewinnen gibt es außerdem Gesundheit, Kraft und ein langes Leben. Denn der neue Mann unterdrückt nichts, was ihn kaputt macht, und braucht auch keine Drogen, um sich wohlzufühlen. Er achtet auf sich, er weiß, was ihm guttut, und das tut er. Das andere, das Ungute, das lässt er sein. Er weiß ja, wofür.

Der kraftvolle, gesunde neue Mann kann besser mit Stress umgehen, denn er hat jetzt eine gute Beziehung zu sich selbst und zu anderen. Damit ist er gut geschützt gegen berufliche Tsunamis. Er ist ein wahrer Krisenmeister, denn die größte Krise, seine eigene, hat er bereits gemeistert. Das macht ihn zu einer umsichtigen Führungspersönlichkeit.

Der neue Mann lebt besser, weil er sich besser kennt. Er hat ein Bewusstsein für sein Verhalten und kann es steuern, jedenfalls meistens (nicht immer, schließlich ist er auch nur ein Mensch). Deshalb passiert etwas Großartiges: Alle, die mit ihm zu tun haben, profitieren von ihm. Die Frauen, die Kinder, die Freunde, die Kollegen, die Wähler, alle wenden sich ihm freundlich zu, er badet geradezu in Wertschätzung. »Wechselwirkung« nennt man das, »*Domino Day*« nenne ich das. Ein Stein wird angestoßen, und schon macht es klack, klack, klack, und alle weiteren Steine fallen um. Der neue Mann wird sich wundern, denn plötzlich ist alles viel leichter.

Zu gewinnen gibt es außerdem Frieden.

Häuslichen, beruflichen, inneren und äußeren Frieden. Außerdem Einigkeit, Einklang, Eintracht, Einvernehmen, Entspannung, Harmonie, Partnerschaft, Seelenruhe, Verständigung, Gemütsruhe und Übereinstimmung.

Reicht das?

Eine entspannte, befreite, kraftvolle Männlichkeit, die allen zugutekommt, nicht zuletzt auch unserem Planeten?

Also, mir würde das reichen.

Die Zukunft kann beginnen

Es waren einmal zwei Planeten, der Männerplanet und der Frauenplanet. Lange, lange waren sie fein säuberlich voneinander getrennt, bis vor etwa 50 Jahren die Frauen begannen, den Männerplaneten zu besiedeln.

Seitdem verschmelzen diese beiden so unterschiedlichen Planeten zu einem. Die Kraft der Frauen trifft auf die Kraft der Männer, und es kracht, denn Mobilität trifft auf Immobilität. Diese beiden großen Kräfte ringen tagtäglich miteinander, und noch verlieren dabei meistens die Frauen, denn es sind noch nicht genügend davon auf dem Männerplaneten, umgekehrt lassen sich noch zu wenige Männer auf dem Frauenplaneten blicken (und wenn doch, dann nur kurz).

Wir befinden uns derzeit an einem wichtigen *turning point*, denn der Männerplanet ist vor lauter Frauen in Schieflage geraten. Er wackelt und wankt, und ein wankender Männerplanet kann nicht mehr so gut an Altem festhalten. Warum nicht einfach nachgeben, aufgeben? Warum nicht den Zwei-Planeten-Versuch abbrechen, weil er sich als Irrtum erwiesen hat?

Weiter an Altem festhalten schadet uns allen. Die Chance, loszulassen und in eine gemeinsame Zukunft aufzubrechen, ist da. Jetzt. Was Männer und Frauen gemeinsam haben, ist so viel mächtiger als das, was sie voneinander unterscheidet. Und was sie voneinander unterscheidet, ist ebenso mächtig. Denn Mann und Frau sind nicht gleich, um Himmels willen, gerade das nicht, sie sind sehr unterschiedlich, und das ist auch gut so. In dieser Dualität entsteht nicht nur erotische Spannung, vielmehr würden sich Mann und Frau in vielem perfekt ergänzen, wären sie nicht mehr hauptsächlich damit beschäftigt, die Qualitäten des jeweils anderen abzuwerten.

Aber das macht der neue Mann ja nicht mehr. Er will Begegnungen auf Augenhöhe, und die bekommt er auch. Nicht immer, aber immer öfter. Auf Augenhöhe lässt es sich respektvoll miteinander kommunizieren und miteinander entwickeln. Auf Augenhöhe können Männer ihre männlichen Qualitäten und Frauen ihre weiblichen überhaupt erst ausleben, weil sie keine Angst vor Abwertung haben müssen.

Die Wirtschaft, so heißt es oft, wird immer weiblicher, aber es kann nicht unser aller Ziel sein, dass die Frauen jetzt »übernehmen«. Unser Ziel muss vielmehr sein, dass wir zusammen wirtschaften (und vieles andere), denn zusammen ist einfach besser.

Viele Studien zeigen, dass Unternehmen mit gemischten Teams und einer gemischten Führungsetage erfolgreicher sind, sie verdienen besser und gehen seltener bankrott. Dabei wirken sich die vielzitierten sozialen Kompetenzen der Frauen vor allem dann positiv aus, wenn im Team auch Männer sind. Ein reines Frauenteam ist nicht automatisch erfolgreicher als ein Männerteam, ebenso wenig wie ein reines Männerteam mit Superhirnen. Erst die Kombination aus beidem ergibt das Dreamteam schlechthin. Mit einem solchen Team können wir die Herausforderungen der Zukunft meistern.

Ach, wäre das wunderbar, wenn Männer mit allen ihren hauseigenen Tugenden zu einer lebenswerten Welt beitragen würden. Mit ihrem Mut, ihrer Risikobereitschaft, ihrem Durchsetzungsvermögen, ihrer Fähigkeit, auf das Wesentliche zu fokussieren, zu genießen, zu spielen, mal fünf gerade sein zu lassen, ihren Körper kraftvoll einzusetzen (Männer müssen rennen, radeln, schwitzen), zu kämpfen... Männlichkeit hat so viel Gutes zu bieten!

Sicher werden sich all die guten Eigenschaften nicht über Nacht in Luft auflösen, wenn man beschließt, ein neuer Mann zu werden. Im Gegenteil, sie werden noch besser, wenn sie im Guten gelebt werden und Gutes tun. Wie war das noch mal bei *Aschenputtel*? Die guten ins Töpfchen, die schlechten – die übertriebene Schattenseite – ins Kröpfchen. Für die Männer hieße das, die kraftvolle Risikobereitschaft ins Töpfchen, das verantwortungslose, von Gier getriebene Risiko ins Kröpfchen. Genießen und loslassen ins Töpfchen, die unreife Übertreibung dieser Qualität, zum Beispiel das vermeidende Nichtstun, ins Kröpfchen. Das kernige Durchsetzungsvermögen ins Töpfchen, der Versuch, die eigenen Sichtweisen um jeden Preis durchzuboxen, weil man sich selbst als Maßstab aller Dinge betrachtet, ins Kröpfchen. Und so weiter.

Zu Beginn dieses Buches habe ich die Frage gestellt: Was bedeutet Männlichkeit im 21. Jahrhundert?

Ich hoffe, dass Sie jetzt besser verstehen, was ich darunter verstehe. Und ich hoffe, dass Ihnen das genauso gut gefällt wie mir.

Nachwort

Ich habe dieses Buch für Männer *und* für Frauen geschrieben, weil ich mir wünsche, dass wir einander näherkommen. Weil ich möchte, dass wir in unseren gemeinsamen Spielräumen spielen und von unseren Unterschieden profitieren. Ich habe es auch geschrieben, weil ich nicht länger dabei zusehen möchte, wie unreife Männer ungebremst Beziehungen und unseren Planeten zerstören – und damit unser aller Lebensgrundlage.

Als reiches und entwickeltes Land sind wir hier in Deutschland in der Lage und meines Erachtens auch in der Pflicht, Lösungen für aktuelle Probleme zu finden. Für unsere ökologischen Probleme, die sich mit hoher Dynamik verschärfen. Für den Klimawandel. Für eine Energiewende, die nie stattgefunden hat. Für die Wasserknappheit. Für eine »grüne Revolution« (grün?), die unser Land zerstört – und weiter zerstören wird, wenn wir nichts dagegen tun. Für den Elektronikschrott, den Atommüll. Für eine Wachstumsgesellschaft, die an ihre Grenzen gekommen ist. Für arme Menschen, die immer ärmer werden, und Reiche, die immer reicher werden, für die Konzentration von Kapital und Macht. Für die Eurokrise und in deren Schatten die astronomische Überschuldung von Bund, Ländern und Gemeinden in Deutschland. Für die hohe Arbeitslosigkeit. Für die steigende Zahl psychischer Erkrankungen bei Männern, Frauen, Kindern. Für die Ungleichberechtigung.

Aktuell stehen wir vor einer Wahl, und die wird nicht alle vier Jahre wiederholt: Ego versus Beziehungsorientierung in Bezug auf Wirtschaft, Finanzwesen, Umwelt, Klima, Dritte Welt, Flüchtlinge. Es kann in Zukunft nicht mehr nur darum gehen, mit möglichst wenig Einsatz möglichst viel Wachstum zu erzeugen, also um kurzfristige Profitmaximierung ohne Rücksicht auf Verluste. So wie der Mann von gestern nicht mehr zeitgemäß ist, ist auch unser Ökonomiemodell überholt, falls wir unser Ökosystem noch ein Weilchen behalten wollen.

Im großen Maßstab geht es um Politik und Wirtschaft und, ja, auch um die Beziehung zwischen diesen beiden. Im Großen wie im Kleinen gibt es viel zu tun. Wann fangen wir an? Wie fangen wir an?

Mit Nähe.

Wir leben in Zeiten, in denen es normal geworden ist, wildfremde Menschen zu duzen oder gar zu küssen, und währenddessen liegt die echte Nähe im Sterben.

Deshalb, liebe Männer, werdet neue Männer. Holt die echte Nähe aus dem Hospiz, lasst sie zu, lasst sie leben. Brecht endlich euer Schweigen. Geht in Beziehung. Übernehmt Verantwortung für euer Leben, denn es ist immer auch das der anderen. Und ihr, die ihr noch an den Hebeln sitzt, ihr entscheidet, wer jetzt die Wahl gewinnt: das Ich oder das Wir?

PS: Wie oft kommt in diesem Kapitel das Wort »Beziehung« vor? Zu gewinnen gibt es eine bessere Welt!

Danke

Dieses Buch ist aus Wut entstanden. Ich danke meinem Vater und meinen Ex-Männern dafür, dass sie mich wütend gemacht haben. Ich danke meinen ungarisch-italienischen Vorfahren für mein Temperament – ohne deren Feuer wäre dieses Buch wahrscheinlich nie geschrieben worden. Zum Glück ist es nicht bei der Wut geblieben. Das wäre auf Dauer recht langweilig gewesen, und hätte darüber hinaus auch zu nichts geführt (außer zu mehr Wut). Daher gilt mein Hauptdank all jenen Menschen, die mir dabei geholfen haben, meine Wut in das zu verwandeln, was sie eigentlich ist: Liebe.

Viele haben mich auf diesem Weg begleitet, und ich möchte hier gern die nennen, die mir insbesondere während des Schreibens zur Seite gestanden haben.

Vor allem danke ich meiner Freundin Petra Wagner für ihre unerschütterliche Liebe zur Liebe – und fürs für mich da sein, wenn mein In-Liebe-Umwandel-Apparat gerade kaputt war. Wenn es Engel gibt, dann ist sie einer. Gleichermaßen zur Stelle war meine Freundin Maria Klein mit Rat und Tat und »Komm runter, Baby.« Wenn sie lacht, weiß ich nicht mehr, warum ich eben noch so wütend war.

Ich danke meiner Transaktionsanalyse-Lehrerin Angelika Glöckner dafür, dass sie immer wieder meinen Blick öffnet, weitet und in eine für mich richtige Richtung lenkt. Mit ihrer Unterstützung, und der meiner Fortbildungsgruppe, bin ich in den letzten Jahren zu einem recht angenehmen Menschen geworden, der nur noch ab und zu unangemessene Wutanfälle bekommt.

Ich danke Eric Berne für die Transaktionsanalyse.

Ich danke meinem Freund Sebastian Drewek für seine Großzügigkeit und seinen klaren männlichen Blick. Wenn ich den 33. Gedankentopf aufmache, macht er alle Töpfe wieder zu und sagt: »Mach's einfach, Dasa!« Ohne ihn hätte ich so manchen Schritt nicht gewagt.

Ich danke Erich Kästner für den Satz »Es gibt nichts Gutes außer man tut es.«

Ich danke Mike Ries dafür, dass er mir ein weiser Mentor ist. Mike ist für mich eines der besten Beispiele dafür, wie ein Mann durch seine bloße Anwesenheit Gelassenheit in eine Situation bringen kann. Schon die bloße Aussicht auf ein Treffen mit ihm macht mich ruhig und zuversichtlich.

Ich danke Jean Remy von Matt, weil er mein Potenzial gesehen und es weiter entwickelt hat. Er hat mich Struktur gelehrt, und dass es immer noch besser geht.

Ich danke Niccolò Tacconi für die Gespräche über Männer und Männlichkeit, und dafür, dass er Letztere so inspirierend lebt. Ich danke überhaupt allen aus Monestevole, wo ich den größten Teil des Buches geschrieben habe. Hätte ich abends nicht so viel Spaß gehabt, hätte ich tagsüber nicht so entspannt schreiben können.

Ich danke meinem Sohn Lino dafür, dass er das Manuskript mit seinem wunderbar wachen Blick überprüft, und um Beispiele aus dem Sport (nicht meine Kernkompetenz) ergänzt hat. Ich entschuldige mich bei ihm für all die Male, die ich morgens liegen geblieben bin, weil ich des Nachts geschrieben habe, und danke wem auch immer dafür, dass ich ausgerechnet diesen Sohn habe.

Ich danke Phyllis Kiehl für ihre wohltuende Klarheit und Birgit Schuster für ihren liebevollen Pragmatismus, der mich auf den Boden geholt hat, wenn ich mal wieder überzeugt davon war, dass ich das Buch *Niemals! Schaffen! Werde!* (Mein Hang zur Dramatik geht womöglich auch auf meine süd-osteuropäischen Vorfahren zurück). Ich danke Nicole Christ, die mir bei der Titelsuche einen wichtigen Impuls gegeben hat, und im Mai ein warmes Bett in Augsburg. Ich danke Rosi Stern, der Chefin des Restaurants Pasta Davini. Pasta hilft! Zumal, wenn sie so lecker ist, und von einer so bezaubernden Italienerin kredenzt wird.

Ich danke Tove Jansson für ihre Bücher, die allesamt klug und bezaubernd sind, und mich viel über das Leben, die Liebe und Erziehung gelehrt haben (Was, Sie haben »Geschichten aus dem Mumintal« noch nicht gelesen?).

Ich danke meinen Klienten dafür, dass ich an ihrem Leben teilhaben darf.

Allen voran natürlich meinen männlichen Klienten, denn sie haben maßgeblich dazu beigetragen, dass sich meine Wut auf Männer in Liebe verwandelt hat. Sie haben mir Einblick in ihre Männerseelen gewährt und durch sie habe ich vieles verstehen und nachvollziehen können, was ich zuvor abgewertet hatte. *Ach würden Männer doch mehr mit ihren Frauen reden*, habe ich in den vielen Coaching-Gesprächen nicht nur einmal gedacht.

Und wenn ich dann drohte allzu verständnisvoll zu werden, brachten mich die Erzählungen meiner weiblichen Klienten auf die Wutpalme: Ich fühlte und litt genauso mit ihnen. Wut ist Energie, und die habe ich mitunter auch gebraucht, um dieses Buch zu schreiben.

Letztlich war es dieses Wechselspiel zwischen dem Mitgefühl für die weibliche Rage und dem tiefen Verständnis für die männliche Seele, das Pendeln zwischen den unterschiedlichen Blickwinkeln, welche das Buch überhaupt erst möglich gemacht haben. Danke, liebe Frauen, liebe Männer!

Den entscheidenden Schubs zum Buch hat mir meine Agentin Bettina Querfurth gegeben. Jahrelang habe ich ihr bei jedem Treffen mit meinem Männerbuch in den Ohren gelegen; diesmal hat sie mich dazu gebracht, es jetzt aber dann auch mal endlich und wirklich zu an den Verlag zu bringen. Danke dafür! Ebenso ermutigend war die Blanvalet-Programmleiterin Wiebke Rossa mit ihrer schnellen Entscheidung, das Buch zu machen. Begeisterung ist ansteckend, danke!

Zu guter Letzt danke ich Italien dafür, dass es trotz seiner miserablen Politiker ein wunderbares Land geblieben ist. Ich habe dort den Großteil des Buches geschrieben, und musste oft in mich hineinkichern, wenn das Klicken meiner Tastatur sich mit dem Gebrüll von italienischen Macho-Männern vermischte. Ich erinnere mich an ein gemeinsames Mittagessen, an dem ich am Männertisch saß, umgeben von überselbstsicheren Alltagshelden. Mein Buch war natürlich Gesprächsthema, und so erzählte einer von ihnen, er habe in seiner Beziehung immer das letzte Wort. Daraufhin grölte der Rest des Tisches sein letztes Wort: »Si amore!« – »Ja, Liebling«.
   Danke für diesen Moment.

Quellen

S. 10 Zitat von Wolfgang Streck
Interview mit Wolfgang Streek »Das kann nicht gutgehen mit dem Kapitalismus« in WiWo Online, 8.1.2015
http://www.wiwo.de/politik/konjunktur/soziologe-wolfgang-streeck-es-entsteht-keine-neue-ordnung-sondern-nur-neue-unordnung/11195698-2.html, aufgerufen am 27.1.2016

S. 43 Gedicht »Ein Mann gibt Auskunft«
Zitiert nach: Erich Kästner, *Ein Mann gibt Auskunft*, Droemer Knaur Verlag 1972, S. 29

S. 44 Männliche Babys haben ein höheres Sterberisiko
»Baby boys have higher mortality rate than girls in their first year of life«, in: *News-Medical.net*, 25. März 2008
http://www.news-medical.net/news/2008/03/25/36646.aspx, aufgerufen am 30.11.2015
Die Studie *The rise and fall of excess male infant mortality*, auf die sich der Text bezieht, finden Sie hier: http://www.pnas.org/content/105/13/5016.full?sid=bc09b7dd-2516-4ca9-b305-7bba7ba1bd0a, aufgerufen am 27.11.2015

S. 44 Männliche Föten sterben häufiger
Der Text bezieht sich auf einen Artikel über eine israelische Langzeitstudie des Beilinson-Krankenhauses in Petach Tikva bei Tel Aviv, basierend auf der Untersuchung von mehr als 64 000 Frauen in den Jahren 1996 bis 2006. Gut die Hälfte der Frauen gebaren Jungen, die andere Hälfte Mädchen.
»Schwangerschaften mit Jungen sind komplizierter«, in: *Die Welt*, 23. Februar 2008   http://www.welt.de/gesundheit/article3257951/Schwangerschaften-mit-Jungen-sind-komplizierter.html, aufgerufen am 14.11.2015

S. 44 Plötzlicher Säuglingstod bei Jungen
»Der plötzliche Säuglingstod: Epidemiologie, Ätiologie, Pathophysiologie und Differenzialdiagnostik«, in: Thomas Bajanowski, Christian Poets, *Deutsches Ärzteblatt*, 19. November 2004
http://data.aerzteblatt.org/pdf/101/47/a3185.pdf, aufgerufen am 14.11.2015

S. 44 Das männliche Immunsystem ist schwächer als das weibliche.
Gerald Hüther, *Männer - Das schwache Geschlecht und sein Gehirn,* Verlag Vandenhoeck & Ruprecht, 16. September 2009, S. 94 ff

Ein anderer Erklärungsansatz spekuliert, ob das Hormon Testosteron eine signifikante Rolle dabei spielt: »In Men, high testosterone can mean weakened immune response, study finds«, in: Bruce Goldman, *Stanford Medicine News Center,* 23. Dezember 2013
http://med.stanford.edu/news/all-news/2013/12/in-men-high-testosterone-can-mean-weakened-immune-response-study-finds.html, aufgerufen am 16.11.2015

S. 53 Testosteron macht aggressiv? Irrtum!
Das Team um Dr. Jack van Honk, Professor für Soziale Neurologie an der Universität Utrecht, kam bei einer wissenschaftlichen Studie zu den Auswirkungen von Testosteron auf das Verhalten zu erstaunlichen Ergebnissen. Menschen, die denken, dass sie Testosteron bekommen haben, verhalten sich aggressiver als jene, die annehmen, dass sie keines bekommen haben. Umgekehrt kann die tatsächliche Gabe von Testosteron sogar zu Fairness bei Verhandlungen führen.
»Testosteron: Das verkannte Hormon«, in: Christoph Eisenegger, *Spektrum,* 08. August 2014
http://www.spektrum.de/news/das-verkannte-hormon/1303615, aufgerufen am 14.11.2015

S. 55 Der Junge sucht Halt im Außen, weil er innerlich keinen findet.
Gerald Hüther, *Männer - Das schwache Geschlecht und sein Gehirn,* Verlag Vandenhoeck & Ruprecht, 16. September 2009, S. 69 ff

S. 60 A Man's World
Writer(s): Betty Jean Newsome, O'shea Jackson, James Brown Copyright: Dynatone Publishing Company, Warner-tamerlane Publishing Corp., Gangsta Boogie Music, Universal Music Corp. Lyrics powered by www.musiXmatch.com

S. 61 Der erste Weltkrieg: Die größte Männerselbstabschaffung
»Erster Weltkrieg: Die große Verwüstung« in: Robert Gerwarth, ZEIT-Online, 25. Februar 2014
http://www.zeit.de/zeit-geschichte/2014/01/erster-weltkrieg-essay, aufgerufen am 30.12.2015

S. 62 Der Zweite Weltkrieg machte mehr als 1,7 Millionen Frauen zu Witwen sowie fast 2,5 Millionen Kinder zu Halb- oder Vollwaisen.
»Nachkriegsjahre 1945-1949«, in: Erich und Hildegard Bulitta, Landesverband Bayern/Volksbund Deutsche Kriegsgräberfürsorge e. V. (Hrsg.) *Materialien zur Friedenserziehung,* S. 15
http://www.volksbund.de/fileadmin/redaktion/Landesverbaende/Nieadersachsen/

Schularbeit/Downloads/Beispiele%20Praxis-Nachkriegsjahre.pdf, aufgerufen am 27.11.2015

Zu diesem Thema gibt es einen Dokumentarfilm: »Vater blieb im Krieg. Kindheit ohne Vater nach dem Zweiten Weltkrieg« Regie Gabriele Trost, SWR, Erstausstrahlung 2012

S. 71 Kein Vater, keine Kindheit

»Zu Kriegsende waren über elf Millionen deutsche Soldaten in 12 000 Kriegsgefangenenlagern auf 80 Staaten der Erde verteilt. 1946/47 kehrten zwischen neun und zehn Millionen ehemaliger Soldaten aus Kriegsgefangenschaft wieder zurück. Im Frühjahr 1947 befanden sich noch 2,3 Millionen Kriegsgefangene in alliierten Händen, ca. 900 000 in sowjetischer Kriegsgefangenschaft. 1947 wurden weitere 350 000 Kriegsgefangene entlassen, 1948 eine halbe Million, 1949 weitere 280 000 Kriegsgefangene. (...) Im Bundesgebiet wurden im November 1950 über 2,01 Millionen »Kriegsbeschädigte« registriert, davon waren etwa 1,5 Millionen zwischen 30 und 100 Prozent in ihrer Erwerbstätigkeit beeinträchtigt, davon etwa 760 000 über 50-Jährige.«
»Nachkriegsjahre 1945-1949«, in: Erich und Hildegard Bulitta, Landesverband Bayern/Volksbund Deutsche Kriegsgräberfürsorge e. V. (Hrsg.) *Materialien zur Friedenserziehung*, S. 15
http://www.volksbund.de/fileadmin/redaktion/Landesverbaende/Nieadersachsen/
Schularbeit/Downloads/Beispiele%20Praxis-Nachkriegsjahre.pdf, aufgerufen am 27.11.2015

In diesem Zusammenhang lesenswert: Sabine Bode, *Die vergessene Generation: Die Kriegskinder brechen ihr Schweigen*, Piper 2010.

S. 75 Cat's in the Cradle
Writer(s): Harry F. Chapin, Sandy Chapin
Copyright: Story Songs Ltd.

S. 115 Passivität

Ich beziehe mich hier auf ein Modell der Transaktionsanalyse, welches von Jaqui Lee Schiff und Aaron Wolfe Schiff in den 70er Jahren entwickelt wurde. Hier die Definition von Passivität der Deutschen Gesellschaft für Transaktionsanalyse (DGTA): »Passivität bedeutet kontra-autonomes Verhalten: Durch die Weigerung, eigenständig zu fühlen, zu denken und zu handeln werden eigene Bedürfnisse, Ziele und Entwicklungsnotwendigkeiten ausgeblendet und Problemlösungen vermieden. Passives Verhalten ist stets an eine negativ symbiotische Haltung gekoppelt. Dabei wird Verantwortung delegiert und entstehendes Unbehagen auf andere verschoben. Passives Verhalten lässt sich in vier beobachtbare Verhaltensweisen definieren: (1) nichts tun, (2) sich überanpassen, (3) Agitation, (4) Selbstverunfähigung.«
Aus »Was ist TRANSAKTIONSANALYSE? Definition – Selbstverständnis –

Dimensionen – zentrale Begriffe – Fragestellungen«, zusammengetragen von Angelika Glöckner, Februar 2011, S. 10
http://www.dgta.de/pdf/TA-Definitionen.pdf, aufgerufen am 30.12.2015

Originalliteratur: *Transactional Analysis Treatment of Psychosis, Cathexis Reader.* Jaqui Lee Schiff, Harper & Row 1975.

S. 117 Banker und die Krise: Schuld sind immer die anderen.
Claudia Honegger, *Strukturierte Verantwortungslosigkeit. Berichte aus der Bankenwelt*
http://claudiahonegger.ch/strukturierte-verantwortungslosigkeit-berichte-aus-der-bankenwelt-2/, aufgerufen am 27.11.2015

S. 119 Warum Männer schneller vergessen und Frauen sich immer erinnern
Marianne J. Legato, Laura Tucker, *Why Men Never Remember and Women Never Forget*, Rodale Press 2005, S. 164 ff

S. 121 Befragung deutscher Führungskräfte zu den eigenen Schwächen
Eva Schmeißer, »Praxishandbuch ‚leiten, führen, motivieren'«. Verlag für die Deutsche Wirtschaft AG, Bonn 2007

»In 2008 wurde die Befragung erneut bei 1.963 Führungskräften aus den verschiedenen Branchen durchgeführt. Das Bild deckt sich recht gut mit der vorherigen Befragung. Danach haben Führungskräfte in Deutschland nach eigener Einschätzung bei der Kommunikation mit den Mitarbeitern besondere Schwächen. Der Befragung zufolge ist »Konflikten und Kritikgesprächen ausweichen« die Schwachstelle Nummer eins. Als zweite Schwachstelle sahen die Befragten »Kein Feedback geben« gefolgt von »Entscheidungen aufschieben« an. Weitere häufige Schwächen seien »Delegationsfehler« und »Keine Verantwortung übertragen«. Geblieben ist auch die Erkenntnis, dass fast alle Befragten (97 Prozent) einräumten, nicht genügend Zeit für ihre Mitarbeiter zu haben.«
http://www.weiterbildungslüge.de/weiterbildungsfakten/index.html, aufgerufen am 30.12.2015

S. 125 Gröhe-Interview im Hamburger Abendblatt
»Was macht die CDU im Norden falsch«, in: Karsten Kammholz und Nina Paulsen, *Hamburger Abendblatt*, 12.7.2012
http://www.abendblatt.de/politik/deutschland/article108267610/Was-macht-die-CDU-im-Norden-falsch.html, aufgerufen am 14.11.2015

S. 126 »Loriots Bundestagsrede«
http://privat.flachpass.net/html/bundestagsrede.html, aufgerufen am 14.11.2015

S. 126 »Die demokratischen Parteien zerreden alles und lösen die Probleme nicht«
»Fragile Mitte – Feindselige Zustände, Rechtsextreme Einstellungen in Deutsch-

land 2014«, in: *Friedrich-Ebert-Stiftung*, Ralf Melzer (Hrsg.), Tabelle 5.1, S. 89
http://www.fes-gegen-rechtsextremismus.de/pdf_14/FragileMitte-Feindselige
Zustaende.pdf, aufgerufen am 30.12.2015

S. 132 Guttenberg kann nicht
»Guttenberg im Kreuzverhör«,in: Hauke Friederichs, *ZEIT Online*, 23.2.2011
http://www.zeit.de/politik/deutschland/2011-02/guttenberg-plagiat-parlament,
aufgerufen am 25.11.2015

S. 141 Wer nach oben will, muss Einsatz zeigen
»Schlagen Sie ruhig zu«, Interview mit H. Mehdorn in: René Pfister und
Melanie Amann, *Der Spiegel 27/15*, 27.06.2015 http://www.spiegel.de/spiegel/
print/d-135691951.html, aufgerufen am 14.11.2015

S. 140 Nicht die Besten, sondern die Zuversichtlichsten werden befördert.
»Führung oder Ent-Führung? Fragen an Stephan A. Jansen«, in: *brandeins 03/2015*
http://www.brandeins.de/archiv/2015/fuehrung/fuehrung-oder-ent-fuehrung/,
aufgerufen am 14.11.2015

S. 147 Der Trainermarkt boomt
»Die 27-Milliarden-Euro-Investition«, in: Weiterbildungserhebung des Instituts
der deutschen Wirtschaft Köln (IW), 2007 http://www.iwkoeln.de/presse/presse-
mitteilungen/beitrag/55294, 25.11.2015

S. 152 Männer haben keine Lust in Wartezimmern zu sitzen
»›Männer sind ungeduldig‹, sagt Michael Mocny vom Männergesundheitszent-
rum Berlin. Sie hätten keine Lust, von Arzt zu Arzt zu rennen und in Wartezim-
mern zu sitzen. So seien es oft die Frauen, die ihre Männer zum Arzt schickten.
›Die Frau ist der Gesundheitsminister der Familie‹, sagt auch Lothar Weißbach,
der das Männergesundheitszentrum aufgebaut hat.«
»Zum internationalen Männertag - So geht's dem Berliner Mann«, in: Laura
Réthy, *Berliner Morgenpost*, 19.11.2014
http://www.morgenpost.de/berlin/article134490695/Zum-internationalen-
Maennertag-So-geht-s-dem-Berliner-Mann.html, aufgerufen am 30.12.2015

S. 158 Männer altern anders
Eckart Hammer, *Männer altern anders: Eine Gebrauchsanweisung*, Verlag
HERDER spektrum, 2010
http://www.bagso.de/fileadmin/Aktuell/BN/Prof._Dr._Eckart_Hammer_Maenner_
altern_anders.pdf, aufgerufen am 14.11.2015

S. 159 Alkohol statt Angst und Depression.
G. Parker und H. Brotchie,»Gender differences in depression«
http://www.ncbi.nlm.nih.gov/pubmed/21047157, aufgerufen am 30.11.2015

In diesem Zusammenhang interessant ist der Vortrag »Depression bei Männern und Frauen oder Männerdepression versus Frauendepression?« von Christine Rummel-Kluge und Nico Niedermeier
http://www.deutsche-depressionshilfe.de/stiftung/media/Praesentation_Nico_Niedermeier_und_Christine_Rummel-Kluge.pdf, aufgerufen am 14.11.2015

S. 161 Plötzlicher Tod von Andreas Schockenhoff
»CDU-Politiker Andreas Schockenhoff ist tot«, in *Die Welt Online*, basierend auf einer AFP Meldung
http://www.welt.de/politik/deutschland/article135352568/CDU-Politiker-Andreas-Schockenhoff-ist-tot.html, aufgerufen am 25.11.2015

S. 162 Politiker in einem Zwangssystem aus Terminen
Tina Hildebrandt, »Die neue Berliner Balance«, *Die Zeit Online*, 11. Mai 2011
http://www.zeit.de/2011/20/Work-Life-Balance/seite-2, aufgerufen am 25.11. 2015

Miriam Meckel, *Brief an mein Leben: Erfahrungen mit einem Burnout*, Rowohlt Taschenbuch Verlag, 2010

S. 165 Vor dem Suizid kommt die Depression
»Die Tatsache, dass bei etwa 80 Prozent der Suizidopfer eine Depression vorangegangen ist, die nicht (adäquat) behandelt wurde, lässt darauf schließen, dass die Depression als eine vermeintlich typische Frauenkrankheit bei Männern unterbehandelt und unterdiagnostiziert ist.«
Anna Maria Möller-Leimkühler »Psychische Gesundheit von Männern«, in: Matthias Stiehler und Lothar Weißbach(Hrsg.), *Männergesundheitsbericht 2013*, Hans Huber Verlag, 2013, S. 66

Folgende Zahlen beziehen sich auf einen Bericht der Weltgesundheitsorganisation (WHO) aus dem Jahr 2014:
»Männer trinken mehr als doppelt so viel wie Frauen. Während ein Mann in Deutschland im Schnitt jährlich 16,8 Liter Alkohol konsumiert, sind es bei den Frauen 7 Liter. Bier macht mehr als die Hälfte des bundesweit konsumierten Alkohols aus (53,6 Prozent), gefolgt von Wein (27,8 Prozent) und harten Getränken (18,6 Prozent).« In »Jeder Deutsche trinkt 500 Flaschen Bier«. In: *Focus Online*, 12.5.2014
http://www.focus.de/gesundheit/ratgeber/psychologie/krankheitenstoerungen/alkoholismus/alkoholkonsum-von-maennern-besonders-hoch-jeder-deutsche-trinkt-500-flaschen-bier-im-jahr_id_3838237.html, aufgerufen am 30.11.2015

Weitere Zahlen in Martina Burger und Dr. Gert Mensink, Robert Koch Institut, »Bundes-Gesundheitssurvey: Alkohol«
http://www.rki.de/DE/Content/Gesundheitsmonitoring/Gesundheitsberichterstattung/GBEDownloadsB/alkohol.pdf?__blob=publicationFile, aufgerufen am 27.11.2015

S. 165 Steigende Gesundheitskosten, insbesondere bei Männern
»Im Gegensatz zu den allgemein sinkenden Krankenständen haben die durch psychische Störungen bedingten Fehlzeiten zugenommen und zwar deutlich stärker bei Männern als bei Frauen (Abb. 14). So stieg zwischen 1994 und 2003 die Zahl der Arbeitsunfähigkeitsfälle wegen psychischer Erkrankungen bei Männern um 82%, bei Frauen dagegen ›nur‹ um 57%. Die wichtigsten Störungen sind: Depression, Angststörungen, somatoforme und Abhängigkeitsstörungen. Psychische Störungen gehören somit zu den häufigsten und kostenintensivsten Erkrankungen.«
Anna Maria Möller-Leimkühler und Siegfried Kasper, »Psychische und Verhaltensstörungen«, in Doris Bardehle und Matthias Stiehler (Hrsg.), Erster Deutscher Männergesundheitsbericht, München, Zuckschwerdt Verlag, 2010, S. 135–156

S. 165 Noch kosten Frauen mehr, aber die Männerkosten steigen gerade.
Doris Bardehle »Psychische Gesundheit des Mannes – international und national«, in: Matthias Stiehler und Lothar Weißbach (Hrsg.), Männergesundheitsbericht 2013. Hans Huber, 2013, S. 20 ff

S. 165 Zwei Drittel bis drei Viertel aller Suizidopfer sind Männer
Statistisches Bundesamt, Todesursachenstatistik 2014, Tabelle »Suizide nach Altersgruppen«
https://www.destatis.de/DE/ZahlenFakten/GesellschaftStaat/Gesundheit/Todesursachen/Tabellen/Sterbefaelle_Suizid_ErwachseneKinder.html;jsessionid=424F209B5B5AC100967165DC074CBCD6.cae1, aufgerufen am 30.11.2015

S. 165 Depression und Selbstmord
»Vollendete Suizide sind ein männliches Phänomen: Zwei Drittel bis drei Viertel aller Suizidopfer sind Männer. Schätzungen zufolge haben etwa 80% der Suizidenten jeden Alters an einer Depression gelitten.«
Anna Maria Möller-Leimkühler und Siegfried Kasper, »Psychische und Verhaltensstörungen«, in Doris Bardehle und Matthias Stiehler (Hrsg.), *Erster Deutscher Männergesundheitsbericht*, München, Zuckschwerdt Verlag, 2010, S. 135–156

S. 166 Diabetes in Deutschland
In »Diabetes: Themen und Fakten«
http://www.diabetes-deutschland.de/aktuellesituation.html, aufgerufen am 30.11.2015

S. 167 Psychische Erkrankungen sind die häufigste Ursache für krankheitsbedingte Frühberentungen.
In: *Psychische Gesundheit in der Arbeitswelt (psyGA)*, »Daten und Fakten« http://psyga.info/psychische-gesundheit/daten-und-fakten/, aufgerufen am 14.11.2015

S. 167 Depression ist teuer.
»Depression – Wie die Krankheit unsere Seele belastet«
Allianz Deutschland AG und Rheinisch-Westfälisches Institut für Wirtschaftsforschung e. V. (Hrsg.), 2011
http://www.rwi-essen.de/media/content/pages/publikationen/sonstige/Allianz-Report-Depression.pdf, aufgerufen am 30.11.2015

S. 168 Gesundheitsausgaben: Männer ab 50 teurer.
Uwe Repschläger, »Der Einfluss der demografischen Entwicklung auf die Gesundheitsausgaben in Deutschland.«, in: *BARMER GEK Gesundheitswesen aktuell 2012*, S. 26-45
Die Daten beziehen sich auf eine Studie des Statistisches Bundesamtes von 2012.

S. 168 Depression und Burnout begünstigen koronare Herzkrankheiten
Anna Maria Möller-Leimkühler »Komorbität psychischer und somatischer Erkrankungen bei Männern – ein Problemaufriss«, in Matthias Stiehler und Lothar Weißbach(Hrsg.), *Männergesundheitsbericht 2013*, Hans Huber Verlag, 2013, S. 95

S. 168 Komorbität
Anna Maria Möller-Leimkühler »Komorbität psychischer und somatischer Erkrankungen bei Männern – ein Problemaufriss«, S. 83 ff.

»Das Risiko für psychische Komorbidität bei chronisch körperlichen Erkrankungen liegt zwischen 40% und 60%.«
Vortrag von Anna Maria Möller-Leimkühler: »Psychische Gesundheit von Männern – Bedeutung und Handlungsbedarf«
http://männergesundheit-bw.de/files/M%C3%B6ller-Leimk%C3%BChler.Psychische%20Gesundheit%20von%20M%C3%A4nnern.pdf, aufgerufen am 14.11.2015

S. 172 Psychische Erkrankungen sind mittlerweile Hauptursache für Arbeitsunfähigkeit (AU).
»Von 1997 bis 2012 nahmen die Arbeitsunfähigkeitstage aufgrund psychischer Erkrankungen um 165 Prozent (…). Die Zahl von Arbeitsunfähigkeiten, also die AU-Fälle, nahm in etwa der gleichen Größenordnung zu, nämlich um 142 Prozent (…). Die Betroffenenquote, also der Anteil der Beschäftigten, die wegen einer psychischen Diagnose krank geschrieben waren, wächst im betrachteten Zeitraum um 131 Prozent (…).«
In: Martin Kordt, *DAK-Gesundheitsreport 2013*, DAK Forschung
http://www.dak.de/dak/download/Vollstaendiger_bundesweiter_Gesundheitsreport_2013-1318306.pdf, aufgerufen am 30.11.2015

S. 172 Fehlzeiten bei Männern
Möller-Leimkühler, A.M., Kasper S., » Psychische und Verhaltensstörungen«

In: Doris Bardehle, Matthias Stiehler (Hrsg.), Erster Deutscher Männergesundheitsbericht, München, Zuckschwerdt Verlag, 2010

S. 176 Ärzte diagnostizieren bei Männern anders als bei Frauen.
Anna Maria Möller-Leimkühler, »Psychische Gesundheit von Männern: Bedeutung, Ziele, Handlungsbedarf«, in: *Männergesundheitsbericht 2013*, S. 69.
Die Autorin bezieht sich dabei auf folgende Studien:
1) M. Deveugele, A. Derese, D. De Bacquer, A. van den Brink-Muinen, J. Bensing, J. De Maeseneer, »Consultation in general practice: a standard operating procedure?«, August 2004, S. 227-233
http://www.ncbi.nlm.nih.gov/pubmed/15288919, aufgerufen am 25.11.2015
2) C. Klöckner und M. Schmid Mast, »Geschlechtsspezifische Aspekte des Gesprächs zwischen Arzt und Patient.«
http://www.affective-sciences.org/content/geschlechtsspezifische-aspekte-desgespraechs-zwischen-arzt-und-patient, aufgerufen am 25.11.2015

S. 176 Missbrauch und Abhängigkeit von Alkohol bei deutschen Männern bis fünfmal häufiger.
In *Robert Koch Institut (Hrsg.)*, »Beiträge zur Gesundheitsberichterstattung des Bundes« http://www.rki.de/DE/Content/Gesundheitsmonitoring/Gesundheitsberichterstattung/GBEDownloadsB/GEDA09.pdf?__blob=publicationFile, aufgerufen am 30.11.2015

S. 176 Alkoholkrankheit ist häufigste Todesursache bei jungen Männern in der EU
»Die Zahl an Menschen, die an Alkoholkrankheit leiden, und die dadurch bedingten sozialen und wirtschaftlichen Folgeschäden sind in absoluten Zahlen in Europa und den USA – neben den Gesundheitsschäden durch Tabakkonsum – um ein Vielfaches höher als bei illegalen Drogen. 7,4 Prozent der gesundheitlichen Störungen und vorzeitigen Todesfälle in Europa werden auf Alkohol zurückgeführt. Damit steht die Krankheit an dritter Stelle als Ursache für vorzeitiges Sterben nach Tabakkonsum und Bluthochdruck. Sie ist zudem die häufigste Todesursache bei jungen Männern in der EU. (…) Nach aktuellen Schätzungen gibt es zwischen 1,3 und 2,5 Millionen alkoholabhängige Menschen in Deutschland, davon 30 Prozent Frauen.«, in Lexas Information Network, »Alkoholkrankheit« http://www.laenderdaten.de/gesundheit/alkohol.aspx, aufgerufen am 14.11.2015

S. 184 Mehrfachbelastung von Frauen begünstigt Burnout
Dr. Dunja Voos, »Geschlechtsunterschiede bei Burnout? »Frauen werden depressiv, Männer süchtig«, Interview mit Professor Dr. med. Götz Mundle, in: *XX - Die Zeitschrift für Frauen in der Medizin*
https://www.thieme.de/statics/dokumente/thieme/final/de/dokumente/tw_psychiatrie-psychotherapie-psychosomatik/216-217_Interview_Mundle.pdf, aufgerufen am 30.11.2015

S. 183 Die meisten Beziehungen gehen im vierten Jahr ihres Bestehens auseinander
Nicola Wildbrand-Donzelli, »Trennungsgrund Kind. Wenn das Elternsein in die Krise führt«, *T-Online*, 27.03.2015
http://www.t-online.de/eltern/erziehung/alleinerziehend/id_56924968/wenn-kinder-zum-trennungsgrund-werden.html, aufgerufen am 30.11.015

S. 184 Das männliche Ideal: Die Frau steckt wegen der Familie beruflich zurück
»Familienreport 2010«, Bundesministerium für Familie, Senioren, Frauen und Jugend (Hrsg.), S. 45
http://www.bmfsfj.de/RedaktionBMFSFJ/Broschuerenstelle/Pdf-Anlagen/familienreport-2010,property=pdf,bereich=bmfsfj,sprache=de,rwb=true.pdf, aufgerufen am 27.11.2015

S. 185 Außerfamiliäre Kontakte
Eckart Hammer, *Männer altern anders: Eine Gebrauchsanweisung*, Verlag HERDER spektrum, 2010
http://www.bagso.de/fileadmin/Aktuell/BN/Prof._Dr._Eckart_Hammer_Maenner_altern_anders.pdf, aufgerufen am 14.11.2015

S. 185 Ehe macht Männer erwachsen?
»Männer aber, die alleine leben, die nicht mehr in die sozialen Strukturen von Ehe und Familie eingebunden sind, tun sich schwerer mit der sozialen Ordnung. Sie werden eher kriminell, sie sterben früher, werden leichter krank. Dass die Ehe die Kriminalitätsrate bei Männern reduziert und sich positiv auf ihre Gesundheit auswirkt, haben in den letzten Jahren zahllose Studien belegt. Warum das so ist, darüber gibt es mehrere Theorien: Die Ehe könnte Männer dazu bringen, Verantwortung zu übernehmen, «erwachsen zu werden»; Frauen übten direkten Druck auf Männer aus, delinquentes oder gesundheitsschädliches Verhalten zu ändern; die neuen sozialen Bindungen, auch eine andere tägliche Routine veränderten das Verhalten zusätzlich.(…)«
Petra Steinberger, *Männliche Singles. Traurige, isolierte, einsame Gestalten*, in: Süddeutsche Zeitung online, 26.8.2012
http://www.sueddeutsche.de/leben/maennliche-singles-traurige-isolierte-einsame-gestalten-1.1449349, aufgerufen am 29.11.2015

S. 188 Die Folgen von Trennungen: 2,3 Millionen alleinerziehende Mütter
Laut statistischem Bundesamt gab es 2014 2,3 Millionen alleinerziehende Mütter und 404 000 alleinerziehende Väter.
http://de.statista.com/statistik/daten/studie/318160/umfrage/alleinerziehende-in-deutschland-nach-geschlecht, aufgerufen am 30.11.2015

S. 188 Alleinerziehende zu über 90 Prozent Hauptbetreuungsperson
Bundesministerium für Familie, Senioren, Frauen und Jugend (Hrsg.), *Monitor*

Familienforschung (Ausgabe 28), »Alleinerziehende in Deutschland – Lebenssituationen und Lebenswirklichkeiten von Müttern und Kindern«.
https://www.bmfsfj.de/RedaktionBMFSFJ/Broschuerenstelle/Pdf-Anlagen/
Monitor-Familienforschung-Ausgabe-28, aufgerufen am 30.11.2015

»Statistisch gesehen ist das Alleinerziehen in Deutschland generell eher ›Frauensache‹: Bei nur rund 8 % der kinderreichen Ein-Eltern-Familien war 2012 der alleinerziehende Elternteil der Vater.«
Statistisches Bundesamt, »Geburtentrends und Familiensituation in Deutschland 2012«, S. 52
https://www.destatis.de/DE/Publikationen/Thematisch/Bevoelkerung/Haushalte-Mikrozensus/Geburtentrends5122203129004.pdf?__blob=publicationFile, aufgerufen am 30.11.2015

S. 188 Höhere Arbeitsausfallquote bei Frauen wegen höherer Belastung
»Die gesamte Zeitbindung durch die bezahlte und unbezahlte Arbeit zusammen ist bei Frauen mit 43 Stunden pro Woche durchschnittlich etwa eine Stunde höher als bei Männern. In Haushalten mit Kindern im Vorschulalter verrichten erwerbstätige Frauen wochentags knapp 11 ½ Stunden Arbeit (Erwerbs- plus Heim- und Familienarbeit). Erwerbstätige Mütter haben durch diese Doppelbelastung ungefähr 1 ¼ Stunden weniger Zeit zum Erholen.«
BARMER GEK (Hrsg.), Gesundheitsreport 2010, S. 17
http://presse.barmer-gek.de/barmer/web/Portale/Presseportal/Subportal/Infothek/Studien-und-Reports/Gesundheitsreport-2010/Teil-1-AU-Daten/Gesundheitsreport-2010-PDF,property=Data.pdf, aufgerufen am 29.11.2015

S. 191 Alleinleben ist gut für Frauen, aber schlecht für Männer
»Richard Scase, Soziologieprofessor an der Universität Kent, erklärte in einem Report, den er für die britische Regierung anfertigte: »Single-Frauen zwischen 30 und 50 haben gut ausgebildete soziale Netzwerke und sind in eine große Bandbreite von Aktivitäten eingebunden. Alleinstehende Männer hingegen erscheinen als traurige, isolierte, einsame Gestalten. Die harte Wahrheit ist, dass das Alleinleben gut für Frauen ist, aber schlecht für Männer.«
Petra Steinberger, *Männliche Singles. Traurige, isolierte, einsame Gestalten,* in: Süddeutsche Zeitung online, 26.8.2012
http://www.sueddeutsche.de/leben/maennliche-singles-traurige-isolierte-einsame-gestalten-1.1449349, aufgerufen am 29.11.2015

S. 191 Scheidung: Frauen leiden stärker unter den ökonomischen Folgen als Männer.
»Als erstes Ergebnis sind zunächst die Geschlechterunterschiede festzuhalten, die die Autoren auf unterschiedlichen Ebenen feststellen konnten: 95 Prozent der befragten geschiedenen Mütter betreuen nach der Trennung mindestens ein minderjähriges Kind in ihrem Haushalt, während dies auf nur 23 Prozent der geschiedenen Väter zutrifft. Ca. ein Viertel dieser Frauen erhält dabei keinerlei

Kindesunterhalt. Frauen betreuen also sehr viel häufiger als ihre ehemaligen Ehepartner nach der Auflösung der Ehe die gemeinsamen Kinder, werden aber nur teilweise und häufig unzureichend durch Unterhaltszahlungen für ihre Betreuungsarbeit entschädigt. (...)Die beschränkte wirtschaftliche Lage nach einer Trennung zwingt viele Frauen zu einer Ausweitung ihrer Erwerbsbeteiligung. Das gilt erneut in besonderem Maße für die Frauen mit minderjährigen Kindern, die während der Ehe in der Regel nur in geringem Maße einer Erwerbstätigkeit nachgegangen sind: Etwa jede dritte nimmt eine Erwerbstätigkeit auf oder ist in größerem Umfang erwerbstätig als zuvor.«
Bundesministerium für Familie, Senioren, Frauen und Jugend (Hrsg.), »Wenn aus Liebe rote Zahlen werden – über die wirtschaftlichen Folgen von Trennung und Scheidung«, S. 5
http://www.bmfsfj.de/RedaktionBMFSFJ/Internetredaktion/Pdf-Anlagen/wenn-aus-liebe-rote-zahlen-werden,property=pdf,bereich=bmfsfj,sprache=de,rwb=true.pdf, 27.11.2015

S. 191 In 55% der Familien arbeiten Frauen Teilzeit und Männer Vollzeit
»Wenn Väter täten was sie wollen«, in: Katharina Schuler, ZEIT Online, 7.7.2015. Basierend auf einer Umfrage des Meinungsforschungsinstituts Allensbach.
http://wrapper.zeit.de/politik/deutschland/2015-07/kitas-schwesig-familien-allensbach, 27.11.2015

S. 191 Trennungskinder
»2,3 Millionen der 15,6 Millionen deutschen Kinder leben laut Statistischem Bundesamt mit dem Schicksal, Scheidungskinder zu sein. Damit war im Jahr 1994 jedes 7. Kind in Deutschland ein Scheidungskind. Fast jede dritte Ehe wird wieder geschieden, am häufigsten im vierten Jahr ihres Bestehens. Die meisten Kinder erleben die Trennung ihrer Eltern mit, wenn sie zwischen drei und dreizehn Jahre alt sind, also in den besonders ungünstigen Altersstufen.«
Jason Stover, http://www.scheidungskinder.com, aufgerufen am 25.11.2015

Die Zahlen beziehen sich auf das Jahr 1994. Es ist allerdings anzunehmen, dass sich daran nicht viel geändert hat. 1994 wurden 89.244 Ehen geschieden, 2014 waren es 84.042 Scheidungen. Die Anzahl der betroffenen Scheidungskinder ist in beiden Jahren fast gleich hoch: 1994 waren es 135.318, 2014 waren es 134.803.
Statistisches Bundesamt, »Ehescheidungen und betroffene minderjährige Kinder«
https://www.destatis.de/DE/ZahlenFakten/GesellschaftStaat/Bevoelkerung/Ehescheidungen/Tabellen/EhescheidungenKinder.htm, aufgerufen am 25.11.2015

S. 197 52 Prozent der Väter würden gerne die Hälfte der Kinderbetreuung übernehmen.
»(...) noch immer sind es in der weit überwiegenden Zahl der Fälle die Mütter, die nach der Geburt eines Kindes kürzer treten. Daran hat weder der Kita-Ausbau der vergangenen Jahre noch die steigende Erwerbstätigkeit von Frauen etwas verändert. Zwar scheint das Modell der Hausfrauenehe auf dem Rückzug zu sein,

doch es wurde nicht durch eine echte partnerschaftliche Arbeitsteilung ersetzt – obwohl sich das 47 Prozent aller Eltern wünschen würden.«
Schuler, Katharina, »Wenn Väter täten, was sie wollen.«, ZEIT Online, 7. Juli 2015, bezugnehmend auf die Umfrage des Meinungsforschungsinstituts Allensbach, 2015 (s.u.)
http://www.zeit.de/politik/deutschland/2015-07/kitas-schwesig-familien-allensbach, aufgerufen am 14.11.2015

Allensbach Studie *Weichenstellungen für die Aufgabenteilung in Familie und Beruf. Untersuchungsbericht zu einer repräsentativen Befragung von Elternpaaren im Auftrag des Bundesministeriums für Familie, Senioren, Frauen und Jugend*, 2015
»Mehr als 3 000 Mütter und Väter, die als Paare mit ihren Kindern unter 6 Jahren zusammenleben, wurden repräsentativ befragt. Erkennbar wird, dass die meisten Mütter beruflich zurückstecken, oft für lange Zeit. Viele Eltern wünschen sich eine gleichgewichtigere Teilung der Aufgaben.«
http://www.ifd-allensbach.de/studien-und-berichte/veroeffentlichte-studien.html, aufgerufen am 14.11.2015

S. 201 »Vielen Deutschen sind ihr Beruf, ihre Hobbys und ihre Freunde wichtiger als ein Kind.«
Die von mir zitierte Publikation des BMFSFJ ist online nicht mehr einsehbar, daher hier aus der Veröffentlichung des Bundesinstitut für Bevölkerungsforschung (BiB): »Der Bereich (weitere) Kinder zu bekommen wird in direkter Konkurrenz mit den anderen Lebensbereichen am niedrigsten gewichtet. (…)Das heißt, dass für die befragten Kinderlosen eine Familiengründung und für die befragten Eltern eine Familienerweiterung überwiegend kein vorrangiges Ziel ist.
Darin könnte eine Erklärung für den relativ hohen Anteil Kinderloser und den relativ niedrigen Anteil von kinderreichen Familien in Deutschland liegen. (…) Für die Kinderlosen ist der Beruf am wichtigsten, gefolgt von Freunden, Freizeit und Partnerschaft.«
Bundesinstitut für Bevölkerungsforschung(Hrsg.), *(Keine) Lust auf Kinder? Geburtenentwicklung in Deutschland.*, 2012, S. 40
http://www.bib-demografie.de/SharedDocs/Publikationen/DE/Broschueren/keine_lust_auf_kinder_2012.pdf?__blob=publicationFile&, aufgerufen am 4.1.2016

S. 211 Immer mehr Dienstleistungsberufe
Laut statistischem Bundesamt gab es 2013 »Erwerbstätige nach Wirtschaftsabschnitten: Dienstleistungsbereiche 74%, Produzierendes Gewerbe 25%, Land- und Forstwirtschaft, Fischerei 1%.«
Das Bundesministerium für Wirtschaft und Energie dazu:
»Der Dienstleistungsbereich stellt in Deutschland heute rund drei Viertel der Arbeitsplätze. Fast ebenso hoch ist sein Beitrag zur Wertschöpfung (70 Prozent). (…) Der Industriestandort Deutschland behauptet sich langfristig nur gemeinsam mit produktiven und wettbewerbsfähigen Dienstleistungsunternehmen.«

http://www.bmwi.de/DE/Themen/Mittelstand/Mittelstandspolitik/dienstleistungen,did=239884.html, aufgerufen am 27.11.2015

S. 219 Die Zahl der Scheidungen nach 26 und mehr Ehejahren hat sich in den letzten 20 Jahren nahezu verdoppelt
In Marion Meyer-Radtke, Michael Fabricius, Die Welt Online, »Die Scheidung im Alter kann beide ruinieren«, http://www.welt.de/finanzen/verbraucher/article134807534/Die-Scheidung-im-Alter-kann-beide-ruinieren.html, aufgerufen am 27.11.2015

S. 227 Des Mannes Lieblingsrolle: Versorger
70 Prozent der Männer glauben, dass man von ihnen erwartet, dass sie für den Unterhalt der Familie sorgen. Nur etwa die Hälfte der Frauen zwischen 18 und 24 Jahren erwartet das von einem Mann; bei den Frauen zwischen 35 und 49 waren es etwas mehr: 59 Prozent.
In: »Der Mann 2013: Arbeits- und Lebenswelten – Wunsch und Wirklichkeit«, Studie von BILD der FRAU (Hrsg.), 2013
http://www.axelspringer.de/downloads/21/16383966/BdF_Studie_Ma_776_nner1-86_finale_Version.pdf Schaubild 8, S. 19

»Der Mann sieht sich gerne in der Versorgerrolle. So steht es auch in der *Brigitte*-Studie ›Frauen auf dem Sprung‹ von 2009. ›Die jahrhundertealte Kultur des männlichen Ernährermodells ist noch deutlich zu erkennen‹, resümiert die Leiterin dieser Umfrage, Jutta Allmendinger, die auch Präsidentin des Wissenschaftszentrums Berlin ist. ›Geld ist für Männer ein Zeichen von Macht.‹ Und eine besser verdienende Frau untergräbt diese Macht. Liebe allein scheint vielen Männern als Sicherheit für eine stabile Beziehung nicht zu genügen.«
In: Annabel Wahba, ZEIT Online, *Armer Mann, was nun?*, 8.10.2009 http://www.zeit.de/2009/42/Sie-verdient-mehr-42, aufgerufen am 30.11.2015

Die obige Brigitte-Studie wurde 2013 aktualisiert:
http://www.brigitte.de/producing/pdf/fads/BRIGITTE-Dossier-2013.pdf

S. 231 Mangel an männlichen Erziehern in Deutschland
Michael Cremers und Jens Krabel in: *Männliche Fachkräfte in Kindertagesstätten. Eine Studie zur Situation von Männern in Kindertagesstätten und in der Ausbildung zum Erzieher*, Bundesministerium für Familie, Senioren, Frauen und Jugend (Hrsg.), 8/2015, S. 19
http://www.bmfsfj.de/RedaktionBMFSFJ/Broschuerenstelle/Pdf-Anlagen/maennliche-fachkraefte-kitas,property=pdf,bereich=bmfsfj,sprache=de,rwb=true.pdf, aufgerufen am 27.11.2015

»Der Anteil der männlichen Absolventen im Grundschullehramt lag 2010 im Bundesdurchschnitt bei knapp 12 Prozent. Die Unterschiede zwischen den Bundesländern sind deutlich. Sind in Niedersachsen und Hessen 15 Prozent der Lehr-

amtsstudenten im Primarbereich männlich, ist Bayern mit gerade mal 5 Prozent bundesweit Schlusslicht.«
In: Bettine Theissen, »Männer an Grundschulen: Herr Lehrerin«, FAZ Online, 03.01.2014
http://www.faz.net/aktuell/beruf-chance/campus/maenner-an-grundschulen-herr-lehrerin-12727820.html, aufgerufen am 27.1.2016

S. 234 Sitz! Platz! Kuscheln!
Mandana und Soheyla Sangi, *Sitz! Platz! Kuscheln!: Die moderne Männerschule*, Eichborn Verlag, März 2007

S. 237 100 Millionen für 24-Stunden-Kitas
In: *Manuela Schwesig eröffnet 24-Stunden-Kita*, 28.11.2014, Bundesministerium für Familie, Senioren, Frauen und Jugend (Hrsg.), http://www.bmfsfj.de/BMFSFJ/kinder-und-jugend,did=211856.html, aufgerufen am 2.12.2015

S. 238 Vätern ist Geld verdienen wichtig
In: »Trendstudie ›Moderne Väter‹«, Väter ggGmbH (Hrsg.), 2012. S. 15
http://vaeter-ggmbh.de/wp-content/uploads/2013/01/130124_Trendstudie_Einzelseiten_FINAL.pdf, aufgerufen am 27.1.2016

S. 240 »Alleinerziehend Geschiedene müssen Vollzeit arbeiten, sobald das Kind drei Jahre alt ist«
BGH Urteil vom 15. Juni 2011 / Az. XII ZR 94/09
BGH Az.: XII ZR 94/09, 2009

S. 240 Was Frauen und Männer vom Leben wollen
In: Wendy Wang, Paul Taylor »For Millennials, Parenthood Trumps Marriage«, Pew Research Center, 2011
http://www.pewsocialtrends.org/2011/03/09/for-millennials-parenthood-trumps-marriage/?src=prc-number, aufgerufen am 27.1.2016

S. 241 Glück und Gleichberechtigung
Maria Sironi, Letizia Mencarini, Forschungszentrum für soziale Dynamiken, Università Bocconi, Mailand. *Happiness, Housework and Gender Inequality in modern Europe*, S. 21
http://www.happinesseconomics.net/ocs/index.php/heirs/relationalgoods/paper/viewFile/136/44,
http://paa2011.princeton.edu/papers/110149, aufgerufen am 25.11.2015

S. 242 Thomas Lampert vom Robert Koch Institut über Eltern
In: *Deutsche Wirtschafts Nachrichten*, Dramatisch: In »Deutschland ist bald jedes zweite Kind seelisch krank«, 21.11.13

Der Artikel bezieht sich auf die Publikation »Beiträge zur Gesundheitsberichterstattung des Bundes Gesundheitliche Ungleichheit bei Kindern und Jugendlichen in Deutschland« des Robert Koch-Instituts von Thomas Lampert, Christine Hagen und Boris Heizmann aus dem Jahr 2010:
https://www.rki.de/DE/Content/Gesundheitsmonitoring/Gesundheitsberichterstattung/GBEDownloadsB/soz_ungleichheit_kinder.pdf?__blob=publicationFile, aufgerufen am 30.11.2015

S. 245 Deutsche Gesundheitspolitik verweigert Anerkennung eines besonderen gesundheitlichen Bedarfs von Männern
Martin Dinges, »Männlichkeit und Gesundheit: Aktuelle Debatte und historische Perspektiven«, in: Doris Bardehle und Matthias Stiehler (Hrsg.), *Erster Deutscher Männergesundheitsbericht*, München, Zuckschwerdt Verlag, 2010, S. 3

S. 248 Teilzeitminister Sigmar Gabriel
Alwin Schröder (Kürzel: als), in: SPIEGEL Online, *Familienvater Gabriel: »Wer mich Teilzeitminister nennt, hat einen Knall"*, 28.01.2014
http://www.spiegel.de/politik/deutschland/gabriel-wer-mich-teilzeitminister-nennt-hat-einen-knall-a-946068.html, aufgerufen am 30.11.2015

S. 249 Interview mit Kristina Schröder
Lara Fritzsche, SZ_Magazin 44/2014, *Ich wollte nie Vorbild sein. Interview mit Kristina Schröder*
http://sz-magazin.sueddeutsche.de/texte/anzeigen/42345/Ich-wollte-nie-Vorbild-sein, aufgerufen am 30.11.2015

S. 261 Tim Mälzer über Coaching
Weiter sagt Tim Mälzer: »Es gibt ja viele Leute, die so fliehen. Aber wenn zum Beispiel ein Top-Manager, der in der Verantwortung steht und sieht, dass er in dem Moment nicht mit der Situation klar kommt, sich Hilfe holt, ist das doch wunderbar. Er steht dann als Top-Mensch da, das ist keine Schwäche.«
Nicole Bußmann, »Der Coach hat mir beim Sortieren geholfen«, Manager Magazin, Juli 2007

S. 262 Markus Miller nach Klinikaufenthalt wegen Depression
Christian Otto, »Markus Miller, der Torwart aus der Klinik«, ZEIT Online, 21.4.2013
http://www.zeit.de/sport/2013-04/markus-miller-depression-hannover, aufgerufen am 2.12.2015